JN438506

연못가 새 노래

박광안 수필
연못가 새 노래

인쇄 2017년 10월 18일
발행 2017년 10월 21일

지은이 박광안
발행인 서정환
펴낸곳 신아출판사
주소 전북 전주시 완산구 공북1길 16(태평동)
전화 (063) 275-4000
팩스 (063) 274-3131
이메일 sina321@hanmail.net essay321@hanmail.net
출판등록 제465-1984-000004호
인쇄 · 제본 신아출판사

ISBN 979-11-5605-469-6 03810
값 15,000원

이 도서의 국립중앙도서관 출판예정도서목록(CIP)은 서지정보유통지원시스템 홈페이지(http://seoji.nl.go.kr)와 국가자료공동목록시스템(http://www.nl.go.kr/kolisnet)에서 이용하실 수 있습니다. (CIP제어번호: CIP2017027014)

Printed in KOREA

연못가 새 노래

박광안

수필

신아출판사

| 머리말 |

가슴에 품은 것을 내려놓다

살아가면서 하고 싶은 일이 참 많다. 그러나 행동이 없는 생각은 허무한 망상이 된다고 하였다. 지나온 세월을 뒤돌아보니 떠오르는 추억이 표현되지 못하면 아쉬운 아픔이 될 것 같아 써 나갔다.

한권의 책을 만들어 보려고 하니 어렵고 두려움이 앞섰다. 시작했으면 마무리까지 최선을 다하여 할 수 있다는 자신감을 가지려고 노력하기로 하였다.

새도 앉았다가 날아가면 발자국을 남긴다는데 이 세상에 나와 살아가면서 흔적을 남겨야 하는데 그것이 무엇일까? "인생은 짧고 예술은 길다"는 말이 있듯이 책을 남기는 것이 가장 효과가 클 것이다.

내가 태어나 살던 고향은 김제 용지면 봉의리 37번지이다.

용이 승천했다는 연못이 있고 학이 무리 지어 살았다고 전해지고 있다.

그래서 책 이름을 《연못가 새 노래》라고 하였다. 새 노래에 포함한 뜻은 새롭다는 것과 상상의 봉황새가 읊은 가락이라 생각했다.

책을 쓴다는 것은 꿈의 시간을 사는 것과 같다고 하였다. 아침부터 저녁까지 시작하여 의미로 가득한 삶이되기 때문이다. 마지막 칸에 승차하여 수필가의 길을 달리고 있다. 좋은 글은 마음속에 흐르는 노래처럼 리듬을 타고 온다고 한다. 왠지 모르게 끌리는 글의 힘은 그 진실성에 숨어 있다고 하였다. 그래서 꾸밈없이 있었던 사실을 기록하였다. 글을 쓰기 시작한 이유는 여러 가지가 있지만 나의 쌓아 놓은 체험을 남기고 싶다는 욕구 때문이며 자아를 세상에 드러내는 것이다.

이 책의 내용은 내가 겪은 체험을 수필과 기행문 그리고 신앙 기록으로 꾸몄다. 가슴에 품고 있던 꿈을 세상에 내보내려니 독자들을 만났을 때 어떤 가치와 의미를 부여할지 부끄러운 마음이 커진다. 문학의 세계를 깨닫지 못한 철부지가 나만의 욕구를 채우려는 것만 같았다.

이 책이 나오기까지 용기를 주시며 지도해 주신 선생님, 수고해 주신 출판사 여러분들께 감사드린다.

2017. 가을

건지산을 바라보면서 池鳳 박광안

| 차 례 |

제Ⅲ부 즐거운 우리 집

제Ⅳ부 자연을 벗 삼아

제Ⅴ부 환상의 북유럽 여행기

제Ⅵ부 성경, 예배 기록

샘물이 혼자서 춤추며 간다 산골짜기 돌틈으로 샘물이 혼자서 웃으며 간다 험한 산길 꽃 사이로 하늘은 맑은데 즐거운 그 소리 산과 들에 울리운다

지봉 박광안

제 I 부

인생 후반전 꿈

새 출발

홍매화

여름날 하루

한세월을 보내며

순종으로 회개

포니2 그리고 아벤데

다리와 같은 존재

홍일점 · 청일점

가요무대

마음의 변화

아름다운 관계

민족의 얼

혼밥 · 혼술

샘물이 혼자서 / 박광안

납매화 / 박광안

새 출발

드디어 지난 40여 년 동안의 교직 생활이 기억 속에 파노라마처럼 펼쳐졌다. 십여 곳 학교에서 천오백여 어린이와 호흡을 같이하면서 달려온 보람으로 정년을 맞이하였다. 나의 일생에서 가장 감격스러운 순간으로 영예로운 황조근정훈장을 가슴에 안고, 정든 교단을 떠날 때 맥아더장군이 남긴 "노병은 죽지 않고 다만 사라져 갈 뿐이다" 라는 말이 문득 생각났다.

'세상은 넓고 할 일은 많다.' 누군가 말한 것처럼 나도 배우고 싶은 것이 많았다. 그래서 서예 · 사군자 · 요가 · 부진아 지도와 등산을 시작했다.

올 봄에는 덕진 노인복지관에서 김경희 교수님의 지도로 수필 창작 강의를 매주 화요일 오후에 수강하게 되었다. 호기심으로 가득 찬 2월 13일 첫 수업시간 모두 자기소개가 있은 뒤, 교수님의 '청복을 기원'합니다! 다정한 인사말에 이어 "세월에 인생이 떠밀려가는 사람이 있고 끌고 가는 사람이 있다. 하루를 어떻게 경영하느냐에 따라 달라진다."라는 말을 들었을 때, 나는 지금까지 무얼 하고 살았을까? 헛것에 인생을 많이 낭비하였구나. 머리가 찡하게 아파 왔다. '새롭게 출발 하여야겠구나!' 하는 마음도 솟구쳤다.

어떤 분야에서 경지에 이르려면 하루 3시간 1주일 20시간씩 10년 동안 1만 시간의 투자가 있어야 한다고 말씀하셨다. 5천 권의 책을 읽고 만 장의 글을 써라. 한 줄 쓰기 전에 백 줄을 읽으라고 권하는데, 무슨 일이든 마음으로만 되는 것이 아니고 인내와 노력의 열매라고 생각되었다.

누구를 만나느냐에 따라 인생이 달라진다고 본다. 나는 천오백여 어린이를 만나 지도할 때 진정 그들의 가슴에 남는 멘토의 역할을 다했는가? 생각해 볼 때 후회뿐이었다. 40대 교사 시절 이 교장 선생님을 만난 적이 있다. 그분은 오랫동안 연구사와 장학사를 거치면서 수업 연구의 달인이셨다. 학교 교육 계획서에 수업 연구를 강조하시며 남녀노소를 막론하고 수업 연구를 하여야 했다. 수업 지도안을 작성하여 연수회 시간에 전 직원이 참여한 가운데 수업자의 설명이 있은 뒤 토론을 거쳐 지도안이 작성되어진다.

수업은 다음날 이루어지며 어린이들은 누구나 한 번 이상 발표하여 수업은 완성되었다. 전 교사 참여와 전 학생 참여로 수업이 완성되며 어린이들에게도 사전에 수업 목표를 제시하여 발표할 것을 준비하도록 했다. 1학년이면 1학년답게 6학년이면 6학년다운 진풍경이 벌어졌다. 어린이다운 엉뚱한 생각에 놀라기도 하고 폭소를 자아내기도 했다. 수업이 끝난 뒤에는 칭찬의 일색이다. 누구나 만족해 했다. 어린이나 교사나 수업에 대한 적극적인 관심 속에서 생활했으며 당시로서는 교육 현장의 혁신이었다.

"수업은 교사의 생명이다. 수업 연구를 한 번 하고 나면 허물을 벗고 변태한다, 그리고 새로운 모습으로 출발한다."라고 강조하셨다.

4월 벚꽃이 만발한 오후, 수필반 수업 시간에 '박찬' 이 쓴 「오십 줄」을 감상하며 교수님의 설명을 들었다. 우리 연령대에 맞게 써보라는 과제를 주시어 나는 다음과 같은 졸필을 써서 베란다에 활짝 핀 군자란을 바라보며 소리 내어 읊어보았다.

육십 줄

벽시계의 초침은 째깍 째깍, 쉬지 않고 돌고 있네.

동쪽하늘 햇살 바라보며, 펜을 들어 써본다.

덧없이 흘러간 세월 앞에, 나도 노인이 되었구려.

그러나 인생은 육십부터라, 말들을 하더구먼.

신체는 늙어 뿌글거려도, 마음만은 늙지 않아야지.

새로운 것을 배우고 또 배우면, 군자란처럼 아름다운 여생 되겠지.

화창한 봄인데 나는 꽃 피는 4월을 맞아 노인이라는 인생 계급장을 달게 되었으니 어찌 된 일일까? 흘러간 세월 자꾸 뒤돌아보아진다. 세월을 아끼며 이젠 100세 시대를 향하여 청사진을 그리며 힘찬 발걸음을 내딛어 보자.

새로운 출발선에서.

홍매화

매화는 엄동설한을 이기고 꽃들 중에 앞장서서 그 꽃을 피우며 맑은 향기를 뿌린다. 봄이 와서 매화가 피는 게 아니라 매화 가지에서 봄이 태어난다. 매화가 봄을 여는 것이다 라고 책에서 읽었다.

해마다 3월이면 남녘에서부터 매화가 피기 시작하여 봄이 왔음을 알린다. 요즈음은 매화나무 열매인 매실이 건강식품으로 각광을 받으면서 많이 재배하여 어디서나 매화꽃을 볼 수 있다.

매화는 장미과에 속한 낙엽 소교목으로 매실나무라고도 하는데 이른 봄에 꽃을 피우고 열매를 맺는다.

매화꽃은 주로 백매화와 홍매화로 나뉘는데 식용으로 매실을 얻기 위해 대부분 백매화를 심고 관상용으로는 홍매화를 선호하는데 우리나라에서 매화꽃으로 유명한 곳은 양산 통도사, 장성 백양사, 순천 선암사, 구례 화엄사 등에 수령이 오래된 홍매화 나무가 있어 해마다 봄이면 많은 사람들이 찾아들어 눈길을 끌고 있다고 한다.

'화첩기행'은 전국의 아름다운 여행지를 다니며 현장의 생생한 느낌을 그림으로 표현하고 또 여행지의 아름다운 풍경을 즐기는 작가의 모습을 담아내는 힐링 프로그램이다. '예술과 여행'의 만남을 통해 자연과 계절의 변화가 전하는 위안의 노래, 자연의 생태적 의미와 여행지의 역사, 문화, 인문학의 향기, 다양한 사람들의 휴머니티를 아름다운 영상미로 담아내고 있었다.

오늘은 선암사 매화를 다음과 같이 설명하고 있었다. 선암사 선암매는 천연기념물 제488호이며 원통전과 각황전을 따라 운수암으로 오르는 담길에 50주 정도로 원통전 담장 뒤편의 백매화와 각황전 담길의 홍매화가 천연기념물로 지정되었단다.

문헌에는 전하는 기록이 없어 수령은 정확히 알 수 없으나, 사찰에서 들려 오는 이야기에 따르면 지금으로부터 약 600년 전에 천불전 앞의 와송과 함께 심어졌다고 전하고 있어 선암사의 여가와 함께 긴 세월을 지내 왔음을 알 수 있었다.

매화꽃이 필 때면 매화를 보기 위해 선암사를 찾는다는 말이 있을 정도로 아름다움을 보여주고 있으며 우리나라에서 천연기념물로 지정된 매화나무 중 생육 상태가 가장 좋은 것으로 알려져 있다고 하였다.

매실나무는 오래전부터 우리나라 각지에 심어 오던 관상용 자원식물이며 이른 봄 피어나는 단아한 꽃과 깊은 꽃향기로 시 · 서 · 화 등에 빠짐없이 등장할 만큼 우리 조상들의 사랑을 받아온 식물이라고 설명하였다. 또한 매실은 식용과 약용으로 많이 사용되고 있어 전문적으로 가꾸는 농장도 많아지고 있다.

담 너머 기슭에서 홍매를 내려다보며 경쾌한 손놀림으로 강약과 속도감을 조절하며 한 폭을 완성하는 장면을 보면서 야! 하고 탄성을 자아냈다. 흥에 겨워 춤추듯 지나간 붓끝에는 만개한 매화꽃이 활짝 웃으며 반기는 듯하였다.

나 역시 작년부터 사군자를 배우고 있어 홍매화와의 만남은 깊은 뜻을 간직하고 있다. 많은 감동을 받아 더욱 정진할 것을 다짐하였다.

지도 선생님께서는 붓을 들기 전 머릿속에서 처음부터 완성까지 구상하여 운필에 있어선 신속히 낙필하여 줄기, 가지, 태점, 꽃, 꽃술, 꽃받침과 꽃자루 순으로 그려 나가는데 그 붓놀림은 미친 듯하며 멈춤이 있어서는 안 된다. 뒤틀리고 혹은 곧게 뻗고 굽기도 해서 변화무쌍해야 한다고 말씀하셨다.

매화처럼 추위에도 아랑곳하지 않고 청청하며 고고한 자태를 본받고 싶다. 그리하여 휘몰아치며 다가오는 어떠한 고난도 피하지 않고 정공법으로 돌파하는 강건함을 간직하고 싶다. 보람된 시간위에 수려한 홍매화 작품을 남기려는 마음이 피어오른다.

여름날 하루

건지산을 향하여 나서니 햇볕이 제법 따가웠다. 피서철이라 어디를 가는지 많은 차들은 바삐 달렸다. 한참을 걸어 숲 속에 들어서니 맑은 공기가 상쾌한 기분을 일으켰다. 역시 나무는 산소 탱크가 되어 고마웠다.

많은 사람들이 오가며 벤치에는 삼삼오오 앉아서 무슨 이야기를 나누는지 좋다고 하여야 할까, 안타깝다고 생각해야 하려는지. 건강을 위해 동료들과 만나 즐거운 시간을 가지는 것도 필요하지만 평일인데도 일자리가 없어 시간을 보낸다면 달라져야 할 것 같다. 역시 나도 마찬가지인 사람이 남의 사정까지 알려고 하니 나무가 나를 보며 자기 할 일 알아서 할 거라고 대답하는 듯하였다.

건지산 작은 도서관에 도착하니 월요일이라서 문이 닫혔다. 화장실에 가기 위해 전북대병원에 들어서니 '개 눈에는 0밖에 안보이더라고' 큰 액자 속의 대나무 그림이 시선을 멈추게 했다. 이 정도 그리려면 얼마나 노력을 해야 할지 상상할 수 없었다. 사군자를 배우고 있어 참 좋은 모델이 되었다. 병원에 사람이 이렇게 많으면 안 되는데 생각하며 행복플러스 8월호와 화광신문을 뽑아들고 시내버스 정류장으로 향했다.

바로 지나간 듯 20분이 지나서야 버스에 올라섰다. 12시까지 도착해야 하는데 마음이 조급해졌다. 바로 버스에 탈 것으로 생각한 것이 큰 착각이었다. 여유를 가져야 하는데 내 마음대로만 되지 않는다는 것을 느꼈다. 12시가 되어 조금 늦겠다고 전화를 했다.

결국 20분 늦게 도착하고 말았다. 약속 시간을 정한 사람이 늦고 보니 가슴을 제대로 펴지 못하고 죄송한 마음으로 기다리는 이에게 사과를 했다. 한 사람이 오지 않아 전화를 해보니 농장에서 일을 하고 있어 오지 못하겠다고 하였다. 이 또한 어떻게 생각하여야 할까, 일에 열중하다 보니 깜박 잊었을까, 알면서도 전화를 하지 않았을까, 확실하지 않으면 미루어 판단하지 않는 것이 좋으리라…….

점심시간에 한 회원 이야기가 있었다. 지난겨울 급성 폐렴으로 하늘나라로 떠났다는 것이었다. 인천이라서 연락을 받지 못해 아무도 마지막 가는 길을 볼 수 없었다. 2년 전 본 얼굴을 상상할 수밖에 없었다. 수십 년을 함께한 회원을 볼 수 없으니 운명 앞에선 어쩔 수 없는 일인가 싶었다.

금산사 경내를 둘러보고 "참 나를 찾아 큰 지혜를"이라는 책을 들고 나왔다. 한 친구가 다리가 아파 기다리고 있는 모습을 보고 젊었을 때는 펄펄 나르던 사람이 세월 앞에 약해져 거동이 불편하니 건강이 얼마나 중요한지를 느끼게 했다

돌아오는 길에 시내버스에서 내려 근무했던 학교를 둘러보았다. 방학 중이라 조용했다. 뒤뜰에서 청소하던 일, 점심시간 울타리를 뛰어넘다 발을 다쳐 등하교하는데 부모님이 고생하였던 일, 강당에서 학습 발표회를 하며 박수를 치던 일, 운동장에서 뛰고 달리며 운동회 했던 장면들이 파노라마처럼 지나갔다. 5년 동안 생활하면서 정이 들었던 곳이라 옛 추억에 잠기곤 했다.

발걸음을 옮겨 옆에 있는 중학교 교문에 들어섰다. 커다란 돌 위에 '지성'이라고 한문으로 크게 새겨져 있었고 밑에는 우리말로 진실을 버리면 모든 것을 버리게 된다! 라고 쓰여 있었다. 학생들에게, 모든 사람들에게 삶의 귀감이 되는 글이었다.

아파트에 도착하니 경비 아저씨께서 쓰레기통에 휴지를 주워 담고 다녔다. 버리는 사람이 없으면 줍는 사람도 없을 텐데, 모두들 알고 있으면서 어찌하여 실천을 하지 않는 것인지…….

경제적으로 세계에서 찾아볼 수 없을 정도로 놀라운 발전을 했는데 공중도덕과 사회 질서는 아직 선진국 문턱에 들어서지 못한 것 같았다. 오늘은 여러 곳에 다니면서 많은 것을 보고 느끼며 앞으로 갈 길에 이정표가 되는 여름날이 되었다.

한세월을 보내며

복지관에서 나와 덕진공원으로 다가갔다. 엊그제의 혹독한 추위가 풀려 오늘은 따뜻한 오후다. 조금 거닐고 싶은 마음에 끌려 연화교로 향하였다. 한바퀴 돌아오는데 왠지 허전하고 쓸쓸한 마음이 들었다.

여름에는 화사한 연꽃의 향기에 끌려 많은 사람들의 발걸음을 붙들었을 텐데. 오늘은 화려했던 시절은 언제였던가 하고 연밥은 물속에 잠기고 연잎은 시들어 고개를 숙이고 있다. 이렇게 계절에 따라 변해버릴까!

나는 지금 어느 계절인가 계절로 보면 가을이 지나고 겨울의 문턱에 들어서는 것 같은데 일체유심조라 모든 일은 마음먹기 달렸다고 한다. 젊은 세월은 지나가고 노인이라는 시절을 거닐고 있다. 인생은 연습이 없다 하고 흘러간 시간은 다시 오지 않는다고 하는데 말라버려 고개 숙인 연밥과 물에 잠긴 연잎을 바라보고 있노라니 마음이 울적하여 다시 발길을 돌렸다.

벤치에 한 노인이 담뱃불을 붙이고 담배 연기를 뿜으며 먼 하늘을 바라보고 있었다. 무슨 생각을 하고 있는 것일까? '내 마음 같이 화려했던 젊은 시절을 머릿속에 그려보고 있는 것일까' 한참을 걸어오다 뒤돌아보았다. 역시 담배 연기를 내뿜으며 허공 속에 펼쳐진 파노라마를 바라보고 있는 듯하였다. 팔순은 넘어선 느낌이었다. 얼마를 지나면 연잎처럼 말라 고개를 숙일 텐데 돌아가는 시곗바늘을 멈춰버리고 싶다. 이리저리 생각하다 보니, 해도 노을을 만들며 서산에 지려고 하였다. 어김없이 새로운 내일을 약속하면서.

봄이 지나고 여름으로 바뀌어 덕진공원 연못에 찾아드니 연꽃 향기가 손짓하며 미소 지으니 발걸음이 빨라졌다. 작년 겨울에 거닐던 길을 따라가며 눈앞에 펼쳐지는 풍경을 바라보니 우리가 할 수 없는 자연의 섭리에 감탄하고 말았다.

고개 숙인 연밥과 물에 잠긴 줄기와 잎에서 화려한 연꽃이 올라오고 싱싱한 잎으로 우거져 바닥이 보이지 않았다. 스마트폰을 내어 이 꽃 저 꽃 아름다움을 가득 담았다. 꽃은 지고 없어도 언제라도 다시 볼 수 있을 것이다. 우리의 삶도 꽃을 피우고 사라져 가도 역사 속에서 영원히 살아가고 있는 훌륭한 분들이 많이 있었다.

한가로이 떠다니는 비단 잉어들이 시선을 고정시켰다. 저 잉어들은 근심 걱정이 없을까, 자유롭고 평화스런 모습을 보니 내 마음도 편안해졌다. "공수래공수거"라 했던가! 잠시 머물다 가는 청지기 인생인데 욕심 부리다 가진 것도 다 빼앗기는 것을 볼 때 날마다 비워 가며 살아가라는 말이 맞는 듯싶다.

왼편 언덕에는 자귀대나무 꽃이 절정을 지나 내년에 다시 만나자고 손 흔들며 떨어진다. 맡겨진 일을 다 하고 미련 없이 떠나고 있었다.

아낌없이 주는 나무는 우리들에게 아름다운 꽃으로 보는 이들에게 미소를 지으며 기쁨을 주면서 아름다운 열매를 우리들에게 남겨준다.

내 세월도 이렇게 화려한 꽃을 피우는 시절은 다시 오지 않을 텐데 얼마를 살았느냐보다 어떻게 살았느냐가 더 중요한 것 같다. 나 만의 의식주를 해결하기 위해서 인생길을 완주했다면 허무함을 느낄 것이다. 100세 시대가 다가온다고 하는데 3막의 인생을 설계해서 차근차근 이루어 가면서 감사하며 배려하는 삶을 향하여 나가야겠다.

연화교 너머에서 감미로운 음악에 맞추어 솟아오르는 분수를 바라보니 하늘을 향해 나도 떠오르고 싶다. 보이는 육체의 모습은 늙어가도 거듭난 영은 날로 새로워져 가는 곳마다 만나는 사람마다 연꽃의 향기처럼 사랑의 향기를 발하며 한세월을 보내련다.

순종으로 회개

고당 조만식 장로가 있었다. 그는 담임을 초빙하기 위하여, 마산에 있는 주기철 목사를 찾아가 무릎을 꿇고 앉았다.

"장로님 편히 앉으십시오."

스승에 대한 주 목사의 예의였다.

"당치않습니다. 전에는 제가 교장이었고 목사님은 학생이었지만 지금 저는 하나님의 종을 받드는 장로이옵니다."

어느 주일, 조 장로는 손님과 이야기하다 예배 시간에 늦고 말았다. 주 목사는 늦게 들어온 조 장로에게 기침없이 "조 장로님 오늘은 의자에 앉지 말고 서서 계십시오." 옛 스승인 장로에게 너무나 가혹한 처사였다. 그러나 조 장로는 그대로 순종했다. 설교를 마친 주 목사는 조 장로에게 기도하라고 하자, 조 장로가 " 하나님 아버지, 이 죄인을 용서하여 주옵소서. 애국 운동 한다고 사람을 만나다, 하나님을 만나는 예배 시간에 늦었습니다. 목사님의 마음이 얼마나 아프시면 설교하다 말고 이토록 책망하였겠습니까? 하나님의 종에 마음을 아프게 한 죄를 사하여 주옵소서. 은혜로운 설교를 듣던 성도들의 은혜 받는 것을 방해한 죄를 용서해 주옵소서."하며 눈물로 기도하여 주 목사와 온 교우들도 함께 울면서, 과연 그 스승의 그 제자요. 그 목사의 그 장로라며 칭송하였다는 내용의 설교를 기독교 방송 텔레비전에서 보면서 2주 전 있었던 일이 떠올랐다.

나는 큰딸이 신학대학에 다니면서 사귀어 결혼한 사위가 시무하는 교회에 우리 가족이 다니고 있었다. 사모님의 지도로 찬송가와 복음성가를 부르고 기도하면서 성령 충만한 가운데 목사님의 예배가 시작되었다.

하나님은 우리를 위하여 선한 뜻을 가지고 계신다. 그러나 우리가 우리 마음속에 오직 한 가지 소원만 남기고 다른 모든 소원들을 없애기 전에는 그분도 우리를 위해 일하실 수 없다. 우리에게 남아야 할 한 가지 소원이란 하나님의 뜻을 이루겠다는 소원이다. 우리의 육신적인 야망을 모두 버렸을 때, 육신 속에 도사리고 있는 독사와 사자를 짓밟아 버렸을 때, 이기심이라는 용의 목을 꺾어버렸을 때, 우리 자신을 죄에 대하여 죽은 자로 여기게 될 때, 그때 비로소 하나님은 우리를 '생명의 새로움' 가운데로 끌어올리시고 성령으로 충만케 하실 수 있다는 것이었다.

부흥과 승리의 삶에 대한 교리를 배우는 일은 그다지 어렵지 않다. 그러나 실제로 자기 십자가를 지고 자기 부정의 뼈아픈 길을 터벅터벅 걸어가는 일은 아주 어렵다. 그러하기 때문에 청함을 받은 사람은 많지만 택함을 입은 사람은 적다는 것이었다.

하나님의 말씀은 단순한 지적 빛이 아니다. 영적 생명이요, 하늘의 불이다. 하나님의 말씀은 하나님의 사랑이 담긴 러브레터이며, 하나님의 얼굴을 비추어 주는 거울이다. 그러므로 뜨거운 마음과 불타는 사랑으로 하나님의 말씀을 읽어라. 영적 질서를 강조하면서 주의 종은 하나님의 말씀을 전해주는 대언자로서 교회 안에서 세상적인 혈연관계를 생각해서는 안 되며 주님이 말씀하시는 것처럼 들어야 은혜가 된다는 것이었다. 설교 내용이 부당하다고 생각되면 다른 교회에 가도 좋다고 강한 어조로 말씀을 전하였다. 앞에 앉은 나는 표정이 굳어졌다. 개척교회로서 열악한 환경인데 세상적으로 생각하면 이해가 되지 않았다. 예배당이 화려하고 성도 수가 많은 것이 좋은 것이 아니라 한 사람이라도 바르게 믿어야한다는 것이었다. 오늘날 교회가 지탄받고 교회에 다니는 사람이 세상 속에서 빛과 소금의 역할을 하지 못하고 있다는 것이었다.

조만식 장로님의 겸손과 순종하는 믿음을 보면서, 지금까지 나는 목사님을 존경하는 마음이 없이 자식처럼 생각했던 지난날을 뉘우치며 회개할 수 있어 한 단계 올라선 성숙된 믿음으로 방향을 바꾸게 되었다.

포니2 그리고 아반데

전주시에서 발행하는 미래를 여는 천년전주. 2014년 8월호에서 32년간 포니2 자동차와 함께한 곽효문 씨가 소개되었다.

1982년 9월에 650만 원을 주고 사서 호남고속도를 달리다 보면 어쩌다 한 대씩 지나가는 시절이었단다. 세월이 지나 차가 많아지더니 봉사 단체회의가 있어 회의장 앞에 차를 바치려고 하니 경비원이 나와 '이 차는 여기 대면 안 되고 저 구석에 대 주세요.'라고 말했단다. 또 한 번은 아들이 다니는 초등학교에서 집에 있는 자동차의 이름을 알아오라고 하여 아들이 '포니2'라고 말했다가 친구들의 웃음거리가 되었다고 하였다.

불편함도 많았다고 한다. 부품이 없어서 한 번 고장이 나면 갈아 끼울 부품을 구하려고 서울까지 가야 해 비용이 많이 들고 여름철에는 에어컨도 나오지 않아 고생한 적도 많았단다.

사실 곽 씨가 돈이 없어서 포니2를 계속 타고 다닌 것은 아니었다. 다른 사람처럼 5년이나 10년마다 차를 바꿀 여유는 있었으나 여전히 포니2를 몰고 다녀도 불편함이 없었다는 것이다. 예전에는 차량을 수집하는 사람이 신형 중형차와 바꾸자는 제안도 사양했을 정도로 차에 대한 애정이 생겼던 셈이다.

시대가 바뀌면서 '포니2'는 복덩이가 되어 곽 씨는 현대자동차에서 진행한 자동차를 가장 오래 탄 고객으로 선정돼 독일 월드컵과 남아공 월드컵에 다녀오기도 했단다.

"나이는 32살이지만 아직 10만㎞도 안 탔어. 오장육부는 청년처럼 씽씽해 아주 밟는 데로 나간다니까."

그의 말이다. 앞으로 얼마를 더 타면서 다가올 좋은 일을 기대해 본다.

전진, 발전, 앞으로의 뜻을 지닌 스페인어로 아반떼. 2001년 10월 하순 산천은 오색 단풍으로 물들어 갈 때 하얀 준마가 나를 찾아왔다. 우리들의 만남은 어느덧 14년을 지나가고 있다. 그 동안 여러 곳을 다니면서 구경도 했지만 갑자기 쏟아지는 소나기를 흠뻑 맞을 때도 있었고 추운 겨울 억센 눈보라를 헤치면서 달릴 때도 아무런 말없이 내가 하는 대로 잘 따라주었다. 중간에 여비서를 채용해 동승하면서 부터는 상냥한 목소리를 들으면서 안내하는 대로 따라가면 되었다. 3년 전에는 안전을 위해 보안관도 동승하면서부터 우리들이 지난 길을 기록해 주고 있었다.

올해 들어서 갈등이 시작되었다. 계속 달려야 할지, 바꿔야 하는지, 새로 맞이하려면 3천만 원은 있어야 하는데 여태껏 정들여 놓고 의리를 저버릴 수도 없고 고민 끝에 40여만 원을 들여 단장을 하니 산뜻했다.

10만km도 안 넘었으니 더 달려보자고 신호하니 고개를 끄덕이는 듯 하였다. 집과 마누라는 가꾸기 나름이라던데 나의 동행자 준마도 꽃

단장을 하니 처음 만났을 때의 기분이 되살아났다.

새 출발을 하려는데 이상한 일이 자주 벌어졌다. 헤어지기 아쉬워 정성을 드렸는데 지금까지 말썽부리지 않고 잘 달렸는데, 올해 들어 세 차례나 머리로 받아 상대편에 상처를 주고 한 번은 뒷발질을 하여 할퀴니 나는 마음을 주어 잘했는데 떼를 쓰며 말썽을 부리는지 도무지 이해가 안 되었다. 인명 피해 없이 가벼운 접촉 사고이어서 보험으로 처리하니 편리하였다. 처음으로 보험 처리하여 무사고 기록이 그만 깨어지니 애석한 일이지만.

이번에는 보험료가 20여만 원 올랐다. 다음 해에는 얼마나 추가될지는 몰라도 돈을 떠나서 피해를 당한 분들께 죄송한 마음 금할 수가 없다. 어떤 사고가 났을 때 불행 중 다행이라는 말을 자주 듣는다. 이 정도로 나에게 깨달음을 주고 경각심을 주니 오히려 감사한 일이었다. 같은 환경에 오래 젖다 보면 타성에 빠져 자기도 모르는 사이에 실수를 하고 말았다. 지금 생각하면 네 번의 실수가 순간적이어서 어떻게 되었는지 연속적인 사고에 내가 이상이 있는지 의심도 해보았다.

누구나 승진을 하면 그랜저를 기념으로 사는데 그래야 체면이 서는지 관례가 되어 버렸다. 남이 하니까 나도 하는 겉치레 문화는 생각해 볼 문제다. 나도 승진을 했으면 진즉 그랜저를 타고 다녔을까? 즐거운 마음으로 14년째 아반떼와 달리고 있다. 지난주에는 2년마다 실시하는 종합 검사에서 이상이 없어 모든 부분 양호하다는 판정을 받았다. 곽효문 씨는 포니2를 32년간 탔기 때문에 좋은 일도 많이 찾아오지 않았던가. 20년은 더 달려야 그런 행운이 나에게도 찾아오려는지! 아반떼여 우리 사랑 변치 말고 통일로를 힘차게 달려보자.

다리와 같은 존재

복지관 도서실에서 나왔다. 계단에서 서른 걸음쯤 구름다리를 지나면 도로와 연결된다. 누구의 구상으로 이런 명품을 남겼을까? 편리하게 이용하며 보기도 참 좋다. 짧은 거리지만 우리에게 많은 도움을 주는 고마운 다리이다.

덕진연못 물결 위에 오리들이 한가로이 떠다니는 풍경을 마주하니 1월 추운 날씨에도 석양의 햇빛에 포근함을 느끼게 된다. 연못을 가로지른 연화교가 나의 발걸음을 끌어당겼다.

그윽이 풍기는 연못 중앙으로 아치형 현수교를 거닐면서 한없는 서정에 젖어볼 수 있었다. 오늘은 사방을 둘러보아도 셀 수 있을 정도의 사람들이 맑은 공기를 마시며 한가로이 거닐고 있었다.

덕진공원의 명물 연화교는 덕진연못을 가로지르는 교량(길이=261m, 폭=1.2m, 높이=17.5m)으로 그간 수많은 시민과 관광객들이 만개한 연꽃과 연잎 사이를 걸으며 연꽃 체험 등 덕진호수의 매력적인 경관의 요소들을 다른 눈높이로 감상할 수 있는 장소로 널리 사랑받아 왔었다. 덕진연못의 수면 위에 펼쳐진 연꽃 모습은 전주 8경 중 하나로 한 폭의 그림과도 같은 서정적인 풍경을 이룬다고 하였다.

하지만 연화교가 설치된 지 35년이 지나면서 노후화로 인해 다리를 이용하는 시민과 관광객들의 안전사고 우려가 꾸준히 제기되어 왔었다. 이에 따라 연화교에 대한 정밀 안전 진단을 실시해 안전 등급 상태와 안전성 등 2개 분야 모두에서 긴급 보수 보강과 사용 제한 여부 결정이 필요한 D등급으로 판명돼 철거키로 최종 결정했다.

세월의 흐름에 따라 우리들도 자취를 감추듯 연화교도 사라진다니 허전하고 쓸쓸한 마음이 겨울바람처럼 다가왔다. 당초 시는 안전 등급이 낮은 연화교에 대해 보수나 보강 공사를 실시한 후 재사용하는 방안도 검토했지만 연화교의 노후화 및 손상 정도 등을 종합적으로 고려해 철거를 결정했다고 하였다.

덕진공원 연화교가 많은 시민과 관광객들에게 관광 명소로 널리 사랑받아온 만큼 재가설해야 한다는 의견과 덕진연못 생태 보존을 위해 철거해야 한다는 의견이 팽팽히 맞서왔기 때문이다. 시는 여러 의견을 종합하여 연화교 재개설 여부가 결정되는 대로 연화교 철거에 착수할 계획이란다. 생태계를 보존하면서 더욱 멋진 아름다운 다리를 머릿속에 그려보았다.

처음 만난 사람하고 인사를 하고 이름을 말할 때 광안이라고 말하면 부산에 있는 광안대교라고 기억하면 되겠네 말하면, 그래요 광안대교를 통과할 때 내 이름 말하면 통행료를 받지 않는다고 농담을 하며 웃을 때가 있었다. 광안대로는 부산 수영구 남천동 49호 광장에서 해운

대구 센텀시티 부근을 잇는 총연장 7.42km의 바다를 가로지르는 국내 최대의 해상 복층 교량이다. 광안대로는 교량으로서의 기능뿐만 아니라 상층부에서 바라보는 주변경관이 일품으로 끝없이 펼쳐진 바다, 손을 뻗으면 잡힐 듯한 오륙도, 광안대로를 둘러싼 황령산과 아기자기한 백사장, 해운대 동백섬과 달맞이 언덕 등이 한눈에 들어온다. 또한, 국내에서 처음으로 예술적 조형미를 갖춘 첨단 조명 시스템이 구축되어 10만 가지 이상의 색상으로 연출할 수 있는 경관 조명은 광안대로의 또 다른 볼거리를 제공하고 있다. 남해안 순환 도로망의 일환으로 건설된 광안대로는 항만 물동량의 원활한 처리와 만성적인 도심 교통량 해소를 위해 총공사비 7,899억 원, 공사 기간은 8년으로 내진 1등급의 지진과 평균 초속 45m의 태풍 및 높이 7m의 파도에 견딜 수 있도록 건설되었다고 한다.

거친 물결 위에 놓인 다리처럼, 세상의 모든 고난과 괴로움으로부터 안전하게 당신을 지켜주겠노라고 당신에게 손을 내밀어 준다면 그 얼마나 고마울까? 영혼이 맑았던 청년 시절 누구나가 커서 어른이 되면 힘들고 지치고 외로운 사람들을 위해 봉사하고 기도하며 살아야겠다고 다짐을 했던 순간이 있었을 것이다.

지금 이 순간 나 아닌 다른 누군가를 위해 묵묵히 도움의 손길과 따뜻한 마음을 전하고 있는 많은 이들이 거친 물결 위를 가로지르는 다리와 같은 존재일 것이다.

2016년 1월. 영하의 날씨가 연일 계속되고 있는 추운 겨울이다. 내 주변의 어려운 이웃을 한 번 돌아보고, 단 하루라도 거친 물결 위를 가로지르는 다리가 되어보는 것은 어떨까?

홍일점 · 청일점

산책길에 나섰다. 바람은 싸늘하였으나 맑은 공기를 마시니 상쾌한 기분이었다. 걷는 것이 건강에 좋다 하더니만 스트레스를 날리는데 안성맞춤이었다. 혼자 걷는데 만나는 사람마다 삼삼오오 짝을 지어 걸으며 수다 떠는 모습을 볼 수 있었다.

남자들은 생활 전선에 뛰어들어 일자리를 찾아 땀을 흘리고 있는지 보이질 않는다. 나이 많은 부부들을 볼 때는 건강을 지켜 가족들에게 부담을 주지 않으려는 것으로 보기에 좋았다. 저수지의 물도 얼어 오리들도 볼 수 없었다.

세월의 흐름에 따라 많은 변화가 있는데 전에는 홍일점 시대에서 오늘날에는 청일점 시대로 바뀌어 가고 있는 것 같았다. 여자들도 집 안에서 살림이나 하는 시대에서 사회로 진출하여 자기 능력을 발휘하고 있다. 남존여비 시대에서 여성 상위 시대로 바뀌어 가고 있다고 말할 수 있을까?

건강 검진을 하니 운동을 많이 하라는 의사 선생님의 말을 듣고 규칙적으로 하기 위해 건강 증진 센터에 신청하여 운동을 시작했다. 일주일에 3일 시간대를 정하여 무료로 운영하였다. 건강 증진을 위해 국가에서 운영하는 고마운 프로그램이었다. 1년이 지나면 다른 사람을 배려하는 차원에서 2년을 지나야 다시 신청할 수 있도록 정해져 있었다.

준비 운동으로 스트레칭을 하는데 25명에서 여자 20명 남자 5명 비율로 이루어져 있었다. 본 운동으로 러닝머신, 자전거 타기를 마치면 근력 운동하는데 차례를 지키며 나가는데 기다리는 시간에 여자들 사이에서 부끄러운 마음이 들 때가 있었다. 어느 날은 정리 운동을 하는데 남자는 나 혼자여서 청일점이 되고 말았다. 남자들 사이에서 홍일점은 많은 사람의 관심 속에서 사랑을 독차지하였는데 청일점인 나는 여자들의 눈치가 보이는 느낌이 들었다.

나의 동작이 어색할 때에 다정한 목소리로 말하며 바른 동작으로 고쳐줄 때는 남녀의 구별이 없는 한 덩어리가 된 공동체 느낌이었다. 어느 곳에서나 친절은 상대방에게 큰 감동을 주는구나. 나의 행동이 어떻게 드러나느냐에 따라 청일점으로 사랑을 받을 수 있다고 생각해 보았다.

한 달 간격으로 검사를 받아 운동 강도를 정해주는데 과학적으로 최적의 운동 효과가 나타나게 프로그램이 정해져 있었다. 영양사의 상담으로 식단을 정해 주면서 부족한 영양을 보충해 가도록 지도해 주었다. 정기적으로 의사 선생님의 조언을 들으며 성인병 예방에 최선을 다하고 있었다.

직업을 선택하는 데도 홍일점 · 청일점이 되어 활동하면 더욱 보람을 느낄 수 있다고 생각해보았다. 정상적인 것보다 남이 생각하지 않은 방향에서 찾는 것도 일자리를 잡는데 좋은 방법일 것이다. 남자 간호사를 볼 때 정상을 뛰어넘는 일이었다. 또한 호텔에서 고급 요리는 남자가 하고 있었다. 그래서 필요한 곳에서 남자만이 할 수 있는 역할을 할 때 좋은 효과를 볼 수 있었다. 소방관으로서 119구급대원으로 여자가 참여하여 남자가 할 수 없는 일을 할 수 있을 때, 여군을 지망하여 남자의 역할을 할 때 힘들지만 보람을 느낄 것이다.

앞으로는 변화무쌍하여 남녀를 구별하지 않고 능력 위주로 나갈 것이다. 고정관념에서 탈피하여 새로운 아이디어로 남녀의 영역이 없어질 것이다.

자녀의 직업 선택을 할 때도 부모의 생각이나 바람보다 자신의 소질에 따라 능력을 최대한 발휘할 수 있도록 도와주어야 할 것이다. 누구나 자기가 좋아하는 일과 하고 싶은 일이 있을 것이다. 또한 자기 자신의 욕망보다 얼마나 사회에 봉사할 수 있는가를 고려해야 할 것이다. 당장 눈앞만 보고 달려가지 말고 멀리 내다보면서 어떤 일을 하든지 즐기면서 하면 보람을 찾을 수 있다. 새로운 생각을 하면서 나아가야 할 것이다.

가요무대

광복 70년, 가요무대 30주년 특별무대가 100분간 특집방송으로 펼쳐졌다. 흘러간 노래와 트로트를 부르며, 향수와 추억을 되새기는 음악 프로그램으로 시청자들의 꾸준한 사랑을 받고 있다. 나도 매주 월요일 밤 10시부터 한 시간 동안 보면서 지난날의 추억에 잠기곤 하였다. 1985년 11월 18일 첫 방송을 시작한 《가요무대》는 2015년 11월 16일 30주년을 맞이하였다. 30년이 흐른 만큼 《가요무대》에서 방송된 곡은 무려 2만 4천여 곡. 그중 시청자들의 사랑을 많이 받은 100곡을 선정해 인기 가수들이 알찬 무대를 꾸몄다. 과연 2만 4천여 곡 중 가장 사랑을 많이 받은 국민 애창곡 1위 곡은 어떤 곡일지 궁금증을 자아내었다.

김연자가 황성옛터를 부르며 시작한 무대는 나그네 설움, 눈물 젖은 두만강, 1위를 차지한 찔레꽃까지 이어지며 시청자들을 추억에 잠기게 했다

시청자들은 '세월을 거슬러 올라간 느낌이었다.' '어린 시절 추억을

더듬으며 눈물을 삼켰다.' '우리 부모님들 세대에 희망을 주셔서 감사합니다.'라는 반응을 보이며 가요무대의 30주년을 축하했다. 가요무대가 지향하는 것은 효도이다. 우리나라를 황무지에서 옥토로 바꾼 7080 세대가 즐겨보고 있다.

해외 각국에서 축하의 메시지도 도착했다. '한강', '아내의 노래'의 심연옥, 티 없이 맑은 꾀꼬리 같은 목소리의 우리나라 대표 민요 가수 최정자, '울릉도 트위스트', '워싱턴 광장' 등으로 최고의 인기를 누렸던 여성 트리오 '이시스터즈'의 김천숙까지. 해외 각국에서 한 시대를 주름잡았던 스타들이 30주년 축하 메시지들을 보냈다. 또 호주, 칠레, 뉴질랜드, 필리핀 등 해외 교민들의 축하 영상도 상영되며 30년간 사랑 받는《가요무대》의 저력을 실감케 했다.

《가요무대》 첫 회 출연자이자, 국민 애창곡 100곡 중 가장 많은 곡을 부른 가수로 등극한 이미자 씨도 출연해 무대를 빛냈다. '섬마을 선생님', '동백아가씨'등 히트곡을 부르는가 하면 조영남과 '그대 그리고 나'를 부르며 눈길을 사로잡았다. 30년이란 세월이 흘러도 변하지 않는 열정과 목소리로 심금을 울린 그녀는 무대를 장악하며 관객을 전율케 했다.

해외 공연도 일곱 차례나 있었다. 그중 감명 깊은 것은 2013년 독일 루르콩크레스홀 근로자 파독 50주년 및 한독 수교 130주년 기념 공연이었다.

1960년대 우리는 달러가 된다면 어느 나라든지 무슨 일이든지 가리지 않았다. 이렇게 해서 광부가 파견되고 곧이어 간호사가 파견되었다. 독일로 간 근로자들은 다른 사람들이 하기 싫은 어려운 일들을 도

맡아서 했고 잠시도 쉴 사이 없이 열심히 했다. 막장 1,000m가 넘는 지하 갱도에서 숨 막히는 작업을 했고 죽어가는 시체 앞에서 싫은 표정 않고 일을 했다. 한 푼이라도 더 많은 돈을 벌기 위해서였다. 물론 자기 자신의 삶을 위해서 한 것이지만 결과적으로 나라를 위하는 일이었다. 50년 전 그들이 떠날 때 제일 못사는나라 대한민국이 이제 자랑스러운 나라가 되었다.

"우리나라 경제 발전의 디딤돌이 됐던 파독 근로자들의 노고에 감사드리고 기쁨을 드리고자 오늘 이 무대를 준비했다"며 "이번 공연이 두고두고 기억될 즐거운 축제가 되기를 바란다."고 말했다. 광복절 기획으로 준비한 KBS 《가요무대》는 2013년 8월12일 제1편 〈독일로 간 청춘〉, 19일에 제2편 〈독일아리랑-동포와 함께〉가 2주 연속 방송되었다.

오늘날 우리나라 현실은 어떠한가. 대학을 나와도 일자리가 없어 실업자가 늘어나고 있다. 일을 하고 싶어도 할 수 없다고 하소연하고 있는 데 50년 전으로 되돌아가서 광부들과 간호사들의 정신을 가진다면 일자리가 없는 것일까? 3D업종은 할 사람이 없어 외국 근로자들이 와서 하고 있으니 무대가 바뀌어버린 것이다. 남이 하기 싫은 일 힘든 일을 하는 것도 보람이요, 애국이 아닐까.

마음의 변화

유럽여행 후 환경이 달라져 시차에서 벗어나지 못하였다. 1시간 시차를 극복하는데 하루가 걸린다는데 보름간의 시차는 쉽게 풀리지 않았다. 장마철이라 몸이 나른하여 마음과 같지 않았다.

20여 일만에 핸들을 잡고 동아리 활동으로 그림 그리는 장소로 향하였다. 평상시 다니는 길이라 흐름을 타고 달렸다. 갑자기 돌발 사태가 벌어졌다. 앞을 보니 황색 신호등으로 바뀌는 순간 앞차가 정지선을 넘어 갑자기 서 버렸다. 순간 브레이크를 밟지 못하고 접촉 사고를 내고 말았다. 지금 같아서는 충분히 방어할 수 있는 상황이었는데…….

빠져나갈 것이라는 잘못된 예측으로 충돌한 것이다. 어안이 벙벙하였다. 어찌 된 일인지 순간적인 상황이 생각나질 않았다. 한쪽으로 비켜 차를 세우고 보니 큰 사고는 아니었다. 오래된 차라 중고로 범퍼를 교체하는데 25만원 정도면 될 것 같다고 하여 계좌 번호를 받아 송금하기로 하고 헤어졌다.

1시간 후쯤 전화가 왔다. 고개가 이상하여 병원에 가야 될 것 같다는 것이었다. 할 수 없이 보험사에 연락하여 만나게 해주었다. 일주일 후에 보험사 진행 사항을 메시지로 받아보니 두 사람 치료비로 98만원에 합의하고 자동차는 수리 중으로 접수 상태라는 것이다.

왜 마음이 변하였을까, 누구의 말을 들었을까? 헤어질 때 잘 해결될 것으로 생각했는데 또 다른 돌발 사태가 벌어진 것이다.

다시 일주일이 지나서 메시지가 왔는데 차량 가격이 90만이라서 더 이상 수리비를 지불할 수 없어서 가격대로 지불하고 렌트비로 30만원에 합의하였다는 것이다. 순간의 실수가 이렇게 상상 못할 일로 벌어진 것이었다. 누구든지 자기 입장에서 유리한 대로 생각한다고 하지만 예상 밖으로 너무한 것 같았다.

텔레비전에서 보았는데 외제차와 충돌하여 사고가 벌어졌는데 양측이 50:50의 과실인데 외제차라서 수리비가 오천만 원이라는 것이었다. 어떻게 된 일인지 알 수 없지만 순간의 실수가 이러한 결과를 가져온다니 놀라운 일이었다. 차량이 너무 많아 자기도 주의하여야 하지만 방어 운전을 잘 하여야겠다. 누군가 말한 것이 생각났다. 외제차와 트럭 옆에는 가까이 가지 말라는.

더욱 놀라운 것은 보험금을 타내기 위하여 고의적으로 사고를 유발하여 억울하게 당하는 것도 보았다. 결국은 나중에 알려지게 되니 보험 사기단의 계획적으로 이루어진 것이었다. 모든 일에는 인과응보가 있기 마련이다. 노력하지 않고 부당하게 얻은 소득은 압수당하며 엄한 처벌도 받게 된다.

사기 수법도 다양하여 복잡한 도로에서 걸어가다 일부러 스마트폰을 떨어뜨려 액정이 깨졌다며 차를 피하려다 일어난 일이라며 20여

명의 여성운전자만 골라 손해배상을 하였다는 것이다.

호사다마라 했던가 보름 동안 북유럽 여행으로 즐거운 시간을 보냈더니만 그 여독으로 이와 같은 엉뚱한 일이 벌어지는 것인가, 인생길에는 희비쌍곡선 위를 달려가는 것처럼 느껴졌다. 엎친데 덮친다는 격으로 실수가 잦은 것을 보니 한 번씩 경험을 해보라는 것인지 순간의 일이라 이해가 되지 않았다. 그래서 만고풍상을 다 겪으며 살아왔다고 하면서 책을 몇 권 썼을 것이라고 말씀하신 어머니의 모습이 떠올랐다. 한 번 실수는 병가상사라고 하듯이 같은 실수를 다시 하지는 말아야겠다.

조금이라도 더 이익을 챙기려는 것보다 상대방의 아픔을 헤아려 배려하는 마음이 릴레이 되어 이어진다면 얼마 아름다울까. 나아가 어떤 일이 일어났을 때 원인이 무엇인지 생각하며 범사에 감사하는 마음으로 실천하며 나가야겠다.

아름다운 관계

어릴 적 죽마고우들 초등학교 27회 동창들을 만나러 고향을 향해 달렸다. 우수를 지나면 대동강 물도 풀린다는데 들녘은 봄기운이 엄마 품처럼 따뜻해 보였다. 부지런한 농부는 밭에서 봄철 농사 준비를 하느라 발걸음을 재촉하고 있었다. 순수한 흙과의 만남이 시작되었다.

어느덧 부모님 산소 옆에서 핸들로부터 손을 놓았다. 아버님은 21년 전 어머님은 2년 전에 이곳으로 오셨다. 흙에서 와서 흙으로 돌아온 것이다. 영혼은 하늘나라에서 영생을 하고 계시지만, 그래도 그리워 기도를 하니 생전의 모습이 환히 떠올랐다. 빈틈을 보이지 않으시며 매사에 성실하셨고 병원 한 번 가시지 않고 떠나셨던 아버지, 나누기를 좋아하고 섬기며 화목한 집안을 이끌었던 손이 크신 어머니의 음성이 실낱같이 들리는 듯하였다.

잡초를 뽑으며 5남 1녀에서 태어난 36명의 이름이 새겨진 묘비를 바라보니 부모님 못 배우고 고생 많이 하셨어도 걸어가신 발자취는 풍성하였다. 오늘날 독신주의자들이나 경제적 사정 때문에 자식을 두지 않으려는 것을 볼 때 그들은 어떤 발자취를 남길까 괜한 걱정이 들었다.

27동창 계모임 장소에 가서 20여 명을 만나 반가이 악수하며 인사를 나누었다. 학교 운동장에서 신나게 뛰놀던 철부지 모습들이 백발로 변해가고 있었다. 나는 조금이라도 젊어 보이려고 염색을 하고 있는데 자연의 순리에 역행하고 있지는 않은지 아리송하였다.

가을에는 부부 동반하여 산천경개를 누비며 관광도 한다. 애경사에 참석하여 기쁨과 슬픔을 같이 나누며 30여 년을 이어오고 있다. 무엇이 급해서 돌아오지 못할 다리를 건너가서 만나지 못하는 동창들을 생각할 때 흘러간 추억들이 그리워진다.

3학년 때까지는 책상도 없어 동그랗게 분단을 만들어 앉아 공부하다 엎드려 글씨를 쓰다 뒷사람을 차면 참았다가 쉬는 시간에 싸움이 벌어진다. 여기저기서 코피를 흘리며 매트 없는 자유형 레슬링 연습장으로 변하고 말았다. 시작 종이 울려 선생님이 들오시면 교실은 먼지로 가득차 목이 컬컬하였다.

지금은 현대식 건물로 다시 건축하여 편리한 환경에서 병설 유치원부터 버스로 통학을 하고 있다. 검정 고무신도 없어 맨발로 뛰어다니던 때가 엊그제 같은데 세계에서 찾아 볼 수 없는 초고속 성장을 한 것이었다.

1960년 우리는 240여 명이 졸업을 했는데, 올해는 졸업생 10명 입학생 9명이라니 어안이 벙벙하였다. 인구 천 명당 8.6명, 작년 출산율이 1.19명으로 최저치를 기록하였다. 70년대 나온 “아들 딸 구별 말고 둘만 낳아 잘 기르자” 라는 표어가 있었는데 지금은 출산 장려금을 주면서 어린이 보육에 많은 혜택을 주고 있다.

저녁 뉴스에서 남북 이산가족 상봉 장면을 보았다. 80대 아버지와 60대 딸이 부둥켜안고 흘리는 눈물, 구급차를 타고 가서라도 생전에 한번 보아야겠다는 혈육의 정, 이별의 아픔을 조금이라도 잊고자 정성어린 선물 보따리를 전하는 모습들, 버스를 타고 떠나는 장면에서 서로서로 손을 흔들며 흘리는 눈물을 볼 때 짧은 만남 긴 여운을 남기고 있었다.

만나기 위해 기다리는 가족은 언제 만날지 왜 이렇게 되었을까, 누가 70년의 남북 분단을 만들었을까? 우리나라만이 안고 있는 슬픔, 가난하고 못 살아서 힘이 없어서 얻어진 결과가 아닐까, 강대국들의 타협에서 만들어진 것을 생각하니 억울함을 어디에다 하소연해야 할지…….

우리는 혈연, 지연, 학연 그리고 사회 생활을 하면서 수많은 사람을 만나 관계를 맺어 놓고 헤어지고 만다. 그러다가 시간이 지나면 또 만나게 되나 아주 긴 이별도 있다. 유비의 삼고초려로 제갈량과의 만남이나, 삼십에 예수님을 팔고 자살한 가롯 유다를 볼 때 우리는 기쁨으로 만나서 풍성한 열매를 남기는 아름다운 관계가 그립다.

민족의 얼

동창생 모임이 한옥마을에서 있었다. 10시에 만나 산책을 하고 12시에 점심을 하자고 연락을 받았다. 난 하는 일 있어 12시에 참석하였다. 식사도 취향대로 주문하여 비빔밥 세 명 불낙전골 3인분을 주문하였다.

한 친구가 대상포진으로 참석하지 못해 아쉬움이 많았다. 일 년이 되어 가는데도 치료 중이라 하니 고생이 이만저만이 아니란다. 모두가 수술을 하거나 입원하여 치료를 받아본 경험이 있었다. 나이가 먹으면서 일어나는 현상들로 막을 수가 없는 모양이다. 세상 돌아가는 이야기 건강에 대한 경험담 등 새로운 정보들을 교환하면서 즐거운 시간을 가졌다.

일찍 온 친구들은 볼일이 있다면서 헤어지고 친구와 둘이서 한옥마을을 둘러보기로 하였다. 봄비가 내린 뒤라 맑은 하늘과 따스한 봄볕은 우리의 마음을 풍요롭게 하였다. 주말이 아닌데도 거리마다 인산인해였다. 연간 천만 명의 관광객이 찾아온다니 국제적으로 알려진 관광지가 되었다. 민족의 얼이 담긴 슬로 시티가 되어 자랑스러웠다.

풍남동과 교동 일대 한옥을 아우르는 전주한옥마을은 2010년 슬로 시티로 지정됐다. 전주의 역사에 비하면 그리 오래되지 않았지만, 한옥마을에는 전주의 꼿꼿한 정신이 담겼다. 시간은 1930년대로 거슬러 올라간다. 일제강점기 양곡을 수송하기 위해 전군가도가 개설됨에 따라 전주부성은 풍남문을 제외하고 자취를 잃었다. 그러면서 성 밖에 머물던 일본인이 성안으로 진출해 상권을 확장했다. 이에 반발한 전주 사람들이 풍남동과 교동에 조성한 한옥촌이 지금의 한옥마을이다. 오늘날 한옥 600여 채가 어깨를 맞대고 있어, 오목대에 올라 전경을 보면 실로 장관이다. 사람들이 실제로 살아가는 한옥마을이라 그 의미가 남다르다

슬로 시티 전주한옥마을 여행은 태조로를 걷는 데서 시작한다. 태조로는 풍남문에서 오목대 방면 약 550m 도로다. 한옥마을의 가장 큰 길이자, 경기전과 전동성당이 조선의 시간을 잇는다. 풍남문 쪽에서 태조로로 들어서면 전동성당이 먼저 반긴다. 전동성당은 로마네스크와 비잔틴 양식이 돋보이며, 1914년에 완공했다. 영화 《약속》의 촬영지로 소문이 나며 그 명성이 전국에서 손꼽힌다. 하지만 그 이전에 천주교의 성지다. 1791년 우리나라에서 처음 순교한 윤지충과 권상연의 순교지 위에 세웠다.

한국 전통 문화전당 또한 전주의 수려한 문화를 담는다. 전주문화관과 한문화관 등 홍보관, 전주의 공예품 전시실 등을 갖춘 열림동, 여러 공방이 입주한 키움동, 공연동 등으로 구성됐다. 특히 한지 문화를

보고 체험할 수 있는 한지산업 지원센터는 한지 뜨기, 한지 공예 등 알차고 실속 있는 체험이 장점이다.

그에 앞서 슬로 시티와 어울리는 전통문화 체험을 빼놓을 수 없다. 최근 전주한옥마을에서 가장 각광 받는 전통 체험은 뜻밖에도 한복 체험이다. 한옥마을에서 한복을 입고 다니며 사진을 찍는 게 놀이처럼 자리 잡았다. 생활 한복에서 기생 한복, 커플 한복까지 젊은 층을 사로잡는 고운 한복이 많다. 한옥마을 거리는 한복 패션쇼를 방불케 하였다. 전주향교에서 시작한 한복 대여소도 한옥마을에만 20여 곳으로 늘었다. 1시간에 5000원, 3~4시간에 1만 원 선으로 대여 비용도 큰 부담이 없다. 매달 마지막 주 토요일 '한복데이'에는 흥미로운 행사들이 여행객을 맞이한다.

전통 공연 역시 각광받는다. 공연만 보는 게 아니라 식사나 체험 등을 결합해 한옥마을을 한층 풍성하게 누리도록 돕는다. 비빔밥, 오모가리탕, 콩나물국밥 등 먹거리도 빠질 수 없다. 전주한옥마을은 전통과 문화, 활기 넘치는 사람들의 슬로 시티다.

구석구석 쉬이 지나칠 수 없는 매혹이 넘쳐나고, 그 속에서 우리 이웃이 살아간다. 천년 고도의 끈끈한 생명력이요, 그 위에 새롭게 더해진 슬로 시티의 숨결이다.

혼밥 · 혼술

삶의 나이테가 늘어나면서 혼자 있는 시간도 많아지고 있다. 태어날 때도 알몸으로 혼자이지만 떠나갈 때도 옷 한 벌 입고 말없이 간다. 세계를 짓밟고 호령하던 알렉산더 대왕도 장례식 때 두 손을 모든 사람이 볼 수 있도록 하라는 유언을 하였다고 한다. 모든 것 다 놓고 맨손으로 떠난다는 것을 보여주기 위한 것이었다. 나이가 들면 가끔은 혼자 생활하는 시간을 가져보라고 한다. 조용히 지나온 생활을 돌아보면서 인생을 정리하여 나름대로 흔적을 남겨보라는 것으로 생각해 보았다.

누구든지 수많은 사람들과 만나 생활하면서 희로애락을 연출하였다. 그러나 지나간 시간은 무효이다. 지금 이 시간 누구와 어떤 일을 하느냐가 중요하기 때문이다. 나도 70고개를 넘어섰지만 100세 시대라는데 변화무쌍한 세상에서 낙오되지 않기 위해서는 평생 교육이 필요하다.

자식들도 가정을 이루어 살아가고 우리도 둘이서 생활하고 있다. 그런데 여자의 일생은 이제 손주까지도 돌보아 주어야 하는 세상이 되었으니 나도 기러기 아빠가 되고 말았다. 주말부부 생활을 하고 있다. 막내딸이 아들을 낳아 산후조리와 살림을 해주어야 하기 때문이다. 네 살배기 선경이를 아침에 어린이집에 준비하여 보내고 오후에는 마중을 나가 받아들여야 하였다. 모성애는 피보다도 진한가 보다. 하루에 몇 차례씩 영상 통화를 하면서 손주들 둘이 커가면서 예쁜 짓 보며 위안을 삼고 있다.

내가 어렸을 때는 시골에서 자라 문화 시설이 없이 자연을 벗 삼아 살았다. 나는 장남으로서 학교에 다녀오면 동생들을 돌보아 주어야 했다. 어머니께서는 밭에 나가 일하시다가 젖이 불으면 오셔서 젖을 먹이고 또 일터로 가셨다. 더운 날에는 모종에 가서 누이면 스르르 잠을 자곤 하였다. 나는 그사이 새집을 찾으러 산을 쏘아 다녔다. 얼마나 지나서 돌아오니 아기는 잠에서 깨어 혼자 놀고 있었다. 예쁘기도 하고 순하여 순둥이라고 하였다. 자기의 환경을 알아서인지 잘 적응하며 살아가는 모양이었다. 요즈음은 너무나 과잉보호를 하고 있다. 그래서 나는 자식들에게 콩나물로 키우지 말고 비바람 맞아가며 콩나무로 강하게 키우라고 말해주었다.

형편에 의해 결혼을 해도 아이를 낳지 못하는 가정이 있는가 하면 아예 결혼을 하지 않고 홀로 사는 사람이 많아지고 있다고 한다. 개인주의와 이기주의가 극에 달하고 있다. 황금만능주의가 되어 자식보다도 돈 버는 것이 먼저가 되었다. 1인 세대가 가장 많아 30%에 이른다고 하니 기이한 현상이 벌어지고 있는 것이다. 우리나라 고령화가 급속도로 늘어나 사회적으로 큰 문제가 되고 있다.

차량 도우미를 하고 오면서 마트에 들러 돼지고기 한 근과 콩나물 1봉지 두부 1모를 샀다. 망설이다 막걸리도 한 병 넣었다. 집에 돌아와

찌개를 끓이는데 시장해서 그런지 군침이 나오며 제법 맛있는 냄새가 진동하였다. 밥 한 공기 막걸리 한 대접에 김치찌개와 상추, 열무김치가 전부이다. 그야말로 혼밥, 혼술이 시작되었다.

혼자 있을 때 타락의 길에 빠지기 쉬운가 보다. 믿는 자는 술을 가까이 해서는 안 되는데 눈치 볼 사람이 없이 한 대접을 비웠다. 갈증이 해소되는 느낌이었다. 알코올의 자극을 받아서인지 기분이 달아오르고 있었다. 외로움도 떠나간 모양이다. 이 기분으로 글을 한 편 써보자 펜을 들어 생각나는 대로 써내려 갔다. 평상시 느껴보지 못한 감흥이 떠올랐다.

월요일 10시 가요무대를 즐겨보고 있다. 오늘은 현충일 특집으로 노래를 들을 때 마다 마음이 숙연해졌다.

"전쟁이 끝나고 평화가 오면 내 너를 찾으리."

한마디 남기고 신혼의 꿈을 달래며 전선으로 달려갔다.

"지금은 어느 전선 어느 곳에서 용감하게 싸우시나 임이여 건강하소서."

기원하며 아내는 혼자 살아가고 있다는 사연을 읽을 때 나라를 지키다 돌아오지 못하는 호국 영령들과 유가족에 우리는 최선을 다해야겠다고 다짐하였다. 군대를 가지 않아 지도자로서 걸림돌이 되어 고난을 겪는 사람들을 텔레비전에서 볼 때 본을 보여야 할 텐데 아쉽기만 하였다. 이제 11시가 넘었으니 잠자리에 들어 고운 꿈 맞아들일 일이다.

絶域春歸盡邊城雨送涼落殘千樹艶留得數枝黃嫩葉承朝露明霞護晩粧移床故相近拂袖有餘香

録洪暹先生詩

제Ⅱ부

추억의 그림자

절역춘귀 / 박광안

난 / 박광안

가슴을 따뜻하게 하는 편지글

새만금 지평선 소식! 한 달에 한 번씩 풍성한 소식을 안고 찾아오는 반가운 손님. 김제시에서 발행하여 시민과 출향인에게 무료로 제공하는 시정 소식지이다. 내 고향이 자랑스러워 기쁜 마음으로 그동안 꼬박꼬박 읽어왔었다.

235호에서 대통령기 국민 독서 경진대회 최우수작으로 뽑힌 고교 1년 여학생이 쓴 편지글을 읽고 감동하여 나는 펜을 들게 되었다. 서로 믿고 의지하던 친구가 3년 전 백혈병으로 먼저 세상을 떠나 받은 충격과 슬픔, 잘해주지 못한 후회, 그러나 덕분에 생명의 소중함을 알게 되어 간호사와 경찰이라는 꿈을 가지게 한 고마움, 후회하지 않는 삶을 살아가게 해 준 안내자, 꿈속에서 만나 행복했던 시간, 70년 후 하늘나라에서 만날 때까지 행복하게 기다리라는 내용들이었다. 편지글을 읽는 동안 진실은 아름다운 것이구나. 두 사람의 우정과 사랑이 읽는 사람들에게 시원한 생수가 되어 주었다.

요즈음은 디지털시대로 손 편지를 쓰거나 받아 본 적이 언제던가 기억조차 아물거린다. 문방구점에서 우표도 팔지 않으며 거리에 우체통도 언제부터인지 자취를 감춰 가고 있다. 전할 소식이 있으면 스마트폰으로 간단히 처리해 버리니, 빠르고 간편하지만 정성과 다정함이 없는 세태다. 결혼 청첩장, 부모님의 부고까지도 스마트폰으로 알리니 이렇게 해도 되는 것인지 예의를 지키던 조상님들의 정신은 사라져 가고 있다. 그러면서도 시간에 쫓겨 허둥지둥 바쁘게 살아가고 있으니 알다가도 모를 일이다.

을미년 새해를 맞이하며 문인화를 하는 친구로부터 연하장을 받았다. 정성을 다해 그린 홍매화에 덕담도 적혀 있었다. 부러워하면서도 얼마나 고마운지 요즈음 처음 느껴 본 감동이었다. 언제부터인지 연하장 보내는 풍습도 사라져 버렸다.

반세기 전의 고교시절 추억이 떠올랐다. 전국적으로 12월이 되면 국군장병에게 위문편지를 써서 보냈다. 국군아저씨들의 추운 날씨에도 고생하시며 나라를 지켜주시는 덕분으로 공부 열심히 잘하고 있다는 감사의 마음과 쟁반에 인절미를 듬뿍 올려 놓고 김이 모락모락 나게 그림을 그린 뒤 식기 전에 맛있게 드시라고 하였다.

겨울방학이 끝나고 개학을 하니 국군아저씨로부터 온 편지가 기다리고 있었다. 누구나 편지를 받으면 기쁜 모양 이었다, 설레는 마음으로 읽어나갔다. 따끈따끈한 인절미로 잔치를 벌여 맛있게 먹었다는 멋진 응답이었다. 이렇게 서로가 즐거운 마음을 갖게 하니 흐뭇하였다.

그 후로 우리는 1년 가까이 편지를 주고받으며 상상의 나래를 펼쳤

나갔다. 그런데 무슨 사연이 있었는지 소식이 끊겨 아름다운 추억으로 자리 잡고 있어 아쉬움뿐이었다. 지금같이 전국이 일일 생활권으로 아침에 집을 나서 할 일을 마치고 저녁에 집에 올 수 있었다면 면회라도 한 번 가서 만날 수 있었건만 서로 보내준 사진으로만 볼 수 있었다.

고향이 전남 광주이며 박두규 하사님……. 지금은 어디서 어떻게 지내시는지요, 한 번도 만나보지 못하고 영원히 끝나버리게 되는 것인지, 이산가족처럼 찾으려고 노력하면 만날 수 있으려는지요. 그 시절이 그리워집니다.

교단에서 처음 만난 어린이들에게 월남전에 참여한 친구에게 편지를 써 보냈던 일도 머리를 스쳐갔다. 이역만리 타국 땅에서 목숨 걸고 자유와 평화를 위해서 싸운 그 정신이 우리들도 할 수 있다는 원동력이 되어 지금은 세계적으로 10위권에 들어가는 경제 대국으로 발전하였다.

집배원 아저씨를 볼 때면 어쩐지 기분이 좋다. 우리들에게 필요한 소식을 전해주기 때문일 것이다. 그런데 대부분 기계에서 나온 인쇄물이다. 인생의 장래를 바꾸어 줄 수도 있는 진심으로 정성을 다해 쓴 편지글은 어디 있을까. 손 편지 글을 받아 보기가 쉽지 않는 세상이 되었다.

경운기는 달린다!

맑은 바람이 고요함을 나르는데 '씨잉 통통 통통통' 적막을 가른다. 시계를 바라보니 5시 반을 가리키고 있었다. 우리 아파트 경로회장은 올해 75세인데 새벽에 경운기를 몰고 농장으로 향하고 있었다.

1정보쯤 되는 밭에 반절은 복숭아 과수원을 나머지는 여러 곡식과 채소를 가꾼다. 우리 아파트 농군 1호 경운기 1번의 주인공이다. 날씬한 키에 단련된 육체미 지금 같으면 잘나가는 농구선수가 될 법하였다.

60년대에는 소를 키우는 집이 대학생을 가르칠 정도로 효자 역할을 하였는데 동네 논밭을 갈아주고 농산물도 운반하면서 이 집 저 집 예약을 하며 대접을 받았다. 꼬마 때 달구지를 타고 가는 맛은 오늘날 비행기를 타고 가는 것보다 신났다. 지금 생각하니 침을 흘리면서 가쁜 숨을 쉬며 힘들었을 것을 왜 몰라주었을까, 태워준 아저씨는 고마웠지만 소한테는 미안한 마음을 이제라도 전할 뿐이다.

70년대 등장한 경운기는 농촌 일 해결사 역할을 하면서 운송 수단의 일도 하였다. 사람의 힘으로 농사를 짓다가 기계의 힘으로 하니 편하고 능률적이었다. 나의 신접살림을 꾸릴 때 사촌 형님이 짐을 실어다 주었다. 오늘날 자동차로 시간 반 거리인데 왕복 하루가 걸렸다. 그 시대는 지금의 자가용 자동차보다 귀했다.

다음 해는 용지황토 고구마를 가득 실고 왔었다. 기름진 광활 쌀과 물물교환을 하기 위해서였다. 최상의 고구마와 최고의 쌀로 서로의 욕구를 충족시켜 주었다. 지금은 직거래 장터가 생겨나 생산자와 소비자가 만나 도움이 되고 있다.

4학년 어린이들과 현장 체험 학습으로 임실 치즈마을에 갔을 때 경운기 타기 체험이 있었다. 누구의 아이디어인가, 도시 학생들에게는 머릿속에 오래 자리 잡고 있을 한 폭의 풍경화를 선물하였다. 10명씩 타고 가로수 밑을 신나게 달리며 부르던 노래는 지금도 귓전에 메아리로 남아있다. 내릴 때에는 개선장군처럼 모두 의기양양한 모습들이었다.

어릴 적엔 논 못자리에서 가꾸어 손으로 모를 쪄서 한 포기씩 줄에 맞추어 심었다. 뒷모쟁이를 하면서 거머리한테 새빨간 피를 빼앗긴 것이 머리를 스쳐갔다. 보름쯤 되면 김매기를 하는데 호미로 벼 포기 사이의 흙을 파 엎는다. 어쩌다 벼가 묻히면 일으켜 세우는 일을 하는데 아픈 몸 치료해 주는 의사의 역할을 한 셈이다. 경지 정리가 안 되어 비가 오지 않으면 심은 벼가 논바닥이 갈라지며 타들어간다. 불볕더위에 기진맥진하고 있을 때 소나기라도 내리면 영양주사를 맞은 것처럼 다시 싱싱하게 하늘을 향해 기지개를 켜며 깨어났다. 가뭄이 계속되다 늦비가 내려 7월초에 모내기할 때도 있었다.

모내기철을 맞이하여 고향마을 집에 갔다. 지난번 사다 심은 고추, 가지, 오이, 호박, 옥수수 등 풀을 뽑아주고 물을 주었다. 부모님 밑에서 형제들이 잔뼈가 굵은 삶의 터전이었는데 이제는 집만 외로이 남아 지키고 있다.

농사철인데도 조용하고 한가로운 풍경이었다. 이양기로 모내기를 하여 일주일 정도면 끝난단다. 단을 조직하여 한 달 내내 손으로 심었을 때를 생각하면 얼마나 힘들게 농사를 지었을까 짐작이 갔다. 사촌동생은 회갑이 넘었는데도 30필지 정도 논밭과 다른 사람 농사일도 하면서 농번기 땐 잠잘 시간이 없다고 하는데, 땀의 댓가는 수천만 원이라고만 했다.

새벽에 출발한 경로회장님의 경운기는 어디쯤 가고 있을까, 나도 새 일터로 나갈 준비를 서두르자. 세계적으로 경제 불황의 늪에 빠져들고 있는데 우리는 모두 선장이 될 수 없으므로 많은 선원이 있어야 한다. 서로 다른 분야에서 협력하며 주어진 임무에 힘을 한 곳으로 향하여 나갈 때 한강의 기적은 또다시 미소 지을 것이다.

지갑으로부터 받은 감동

일교차가 심한 것을 보니 가을의 문턱에 들어서나 보다. 석양 노을을 바라보며 공원의 여러 벤치에서 나무 그늘보다 따스한 햇볕이 드는 곳에 앉게 되었다. 시원한 바람은 상쾌한 기분을 일으키고 있었다.

한 달 전만 해도 산과 바다로 피서를 떠나는 진풍경을 보았는데 처서를 지나더니 더위도 한풀 꺾여 고개를 숙이고 있었다.

지난달 체련공원에서 그라운드 골프 운동을 하는데 날씨가 더워 의자에 점퍼를 걸쳐 놓았다. 게임에 열중하다 보니 두 시간이 훌쩍 지나갔다.

운동을 마치고 옷을 입으려는 순간 이상한 느낌이 들었다. 한쪽에 스마트폰을 넣고 다른 한쪽에는 지갑을 넣었는데 지갑이 보이지 않는 것이었다. 순간 정신이 아찔했다. '아니 이럴 수가, 어떻게 하지' 혹시 차안에 빠졌나 하고 가서 찾아보아도 지갑은 보이지 않았다.

내가 안절부절못하는 것을 보고 친구가 왜 그러냐고 묻기에 지갑이 없어졌다고 말하니 운동을 한 20여 명 모두들 의아한 표정을 지었다.

지금까지 잃어버린 물건이 없었다느니 이상한 사람이 왔다 갔다느니 다른 데서 빠진 것은 아닌지 잘 생각해 보라는 것이었다.

빨리 신용카드 분실 신고를 하라고 해서 두 곳에 신고를 하였다. 여러 사람이 있는 데서 돈은 빼 쓰고 지갑은 우체통에 넣어 주었으면 좋겠다고 하였다. 어린애 같은 순진한 나의 바람이었다.

그 지갑은 첫 해외 여행으로 동남아 여행 때 태국에서 산 악어가죽 지갑이다. 20여 년 동안 나의 품에서 정이 들었는데 딸 시집 보낸 것처럼 허전하였다. 오늘도 우편함을 보았지만 돌아오지 않았다. 생각보다는 경제 사정이 안 좋다는 것을 느꼈다. 얼마나 쪼들렸으면 위험을 무릅쓰고 남의 옷에서 지갑을 꺼내갔을까 측은한 마음도 들었다.

집에 돌아와서 한숨만 쉬고 있는 내 모습을 보고 집사람은 무슨 일 있었느냐며 왜 그러냐고 물었다. 마지못해 사실을 말하니 "지갑은 항상 몸에 지녀야지."하는 것이었다. 설마 하는 순간의 방심이 일을 벌어지게 한 것이었다. 견물생심이라 했던가! 사건의 단초를 제공한 나의 잘못이 크다. 한편으로는 다른 곳에서 빠뜨리고 괜한 사람들 의심하는 것은 아닐까 하고 죄책감도 들었다.

다음 날은 예상 밖의 일이 또 벌어졌다. 오후에 집에 도착하니 새로 산 지갑을 건네주며 맘에 드느냐는 것이었다. 용돈도 새 돈으로 넉넉히 들어 있었다. '전화위복이라 할까', '새옹지마라 할까.' 어제와 오늘의 기분은 너무나 대조적이었다. 난 집사람한테 이렇게 기쁘게 해준 적이 없었는데 한편으로는 미안한 생각도 들었다. 한 치 앞을 모르며 살아가는 우리들, 희로애락이 뒤섞여 다가올 때 어떻게 맞이하느냐가 중요한 것 같았다.

나의 지갑도 아주 없어져 버린 것도 아니고 크게 보면 우리나라 안에 있는 것인데, 소유하는 사람만 바뀌었을 뿐 무슨 대단한 일인가. 이웃을 배려해주고 어려울 때 위로하는 마음을 깨우치게 하니 오히려 감사한 마음이다. 내 곁을 떠난 정든 지갑 나의 보물이여, 새로운 주인한테도 시아버지처럼 생각하고 정성을 다 하여라.

청양의 을미년 새해를 맞이하면서 《좋은생각》 12월 호가 우편함에서 기다리고 있었다. 한 해를 보내면서 생각나는 고마운 분들에게 보내온 뜻밖의 선물이었다. 책을 읽으면서 시선을 멈추게 한 곳이 있어 적어보았다. 지난 5월 어버이날을 앞두고 엄마와 식사한 뒤 예술의 전당에 공연을 보러 갔다. 그런데 다음날 지갑이 보이지 않았다. 카드회사에 전화하니 예술의 전당에서 보관하고 있다는 게 아닌가. 바로 확인해보니 콘서트홀에서 일하는 분이 주워 가져다 놓았단다, 정말 흐뭇한 장면이다.

나의 지갑도 만나볼 수 있을까? 생각하면서 크나큰 감동 마음 깊은 곳에 간직하련다.

허리띠의 향수

나의 중심을 받쳐 주는 삼총사가 있었다. 첫째는 작년 중국 장가계 여행을 하고 오면서 장사국제공항 면세점에서 아내가 기념으로 사준 언힐이라고 하는데 통통하고 첫인상이 사장처럼 보였다. 둘째는 막내딸이 생일선물로 사준 닥스인데 날씬하며 품위가 있어보였다. 그리로 셋째는 예식장을 다녀오다 길에서 만난 헤란도인데 수수하고 누구한테나 다가서는 멋쟁이다.

외출을 할 때 누구를 선택할 것인가 서로들 자기가 뽑히길 원하는 것 같아 망설여진다. 그래서 미리 자기 자리를 지키고 있어 장소에 어울리는 복장을 선택하면 된다. 선택되는 회수가 불공평할 땐 서운해하는 한숨 소리가 머리를 스치는 것 같았다.

능소화처럼 임금님을 그리다 병이 들어 죽게 되어 궁궐 담장 밑에서 피어나 많은 사람들에게 수줍은 듯 보여주듯이 나는 공평하게 대해주어 한이 없도록 하여야겠다고 다짐하였다.

그들은 상대방에게 자기 자랑을 신나게 하고 있었다. 나는 순수한

소가죽이며 모든 사람이 알아주는 메이커야 하며 언힐이 말하자, 나도 마찬가지야 닥스하면 신용으로 지금까지 전 세계를 누비는 거야, 그러자 헤란도는 토종으로써 싼값에 누구나 부담 없이 가질 수 있어 하며 실속을 자랑하고 있었다. 그렇다, 모두가 특징이 있어 필요에 따라 선택을 받으면 되는 것이었다.

사람도 만나면 헤어지고 헤어지면 또 만나듯이 나의 허리띠도 이별의 순간을 맞이하게 되었다. 하나는 아들이 와서 차고 가게 되어 새로운 주인을 맞아 떠나게 되었다. 부디 사랑받으며 충성을 다하라, 장가보내는 기분이었다.

그 후로 산악회에서 등산을 가는 길이었다. 휴게소에서 쉬는 동안 버스 속에 들어와 벨트를 선전하며 만 원에 두 개를 준다는 것이다. 겉보기에는 좋아 보였다. 필요하기에 사 가지고 집에 와서 먼저 있는 친구들과 인사를 시켜주었다. 인연이 있어 만났으니 친하게 잘 지내라고 말해주었다.

우리 인생살이도 마찬가지인 듯싶었다. 태어날 때부터 각자가 다른 달란트를 부여 받아 모두가 다른 삶을 개척하면서 공동체를 이루며 균형을 이루어가는 것이다. 모두가 한 가지 일만 할 수 없듯이 집을 지을 때도 한 가지 재료만 가지고 완성할 수 없는 것이다. 그러므로 위만 보며 불평 말고 자기의 존재 가치도 없어서는 안 된다는 긍지를 가지고 최선을 다하며 만족하는 것이 무엇보다도 중요하다고 하겠다.

성경에 있는 전신 갑주에서 진리의 허리띠 역할을 하면 되는 것이다. 그런데 걱정거리가 생겼다. 다른 사람들은 뱃살을 빼기 위해 헬스클럽도 다니고 등산도 하면서 노력을 하여도 배가 나와 옷이 작아서 못 입는다는데 나는 수술을 하고 나서 자연적으로 살이 빠져 옷이 커서 헐렁거리다 보니 허리띠를 잘라내야 하는 일이 벌어진 것이었다. 나중에 살이 찌면 다시 이을 수가 없기 때문인 것이었다. 그러나 하는 수 없이 10㎝정도씩 자르니 비명소리가 들리는 듯하였다.

한복을 입을 때는 옷 색깔에 맞게 만들어 사용하고 있다. 양복이 들어오면서부터 우리 한복은 명절에나 입게 되어 아쉬움이 많다. 한옥마을 갔을 때 많은 사람들이 한복 체험을 하면서 다니는 것을 볼 때 명절 분위기가 있어 홍보하는데 좋은 아이디어인 것 같았다.

잘못 사용되는 곳이 있는데 바로 우리나라의 허리를 동서로 묶어 두 동강이를 낸 휴전선이다. 엊그제 《광복 70년 국민대합창 나는 대한민국》을 텔레비전에서 보면서 1945합창단 해방둥이 45명이 부르는 하모니는 그야말로 감동의 도가니였다. 400여 명에서 45명을 선발하였으니 경쟁률에서 보듯이 어느 정도의 실력자들인지 짐작을 할 수 있었다. 모두 일어나 손에 손을 맞잡고 〈우리의 소원은 통일〉 합창할 때 지금 당장 통일이 되는 분위기였다.

7만여 명이 운집한 상암월드컵 경기장에서 울려 나오는 통일의 메아리는 휴전선을 끊어 허리띠를 자르니 막혔던 혈관에 피가 흐르고 신경이 통하게 되어 감격의 만세를 힘차게 부르짖는 듯하였다.

나의 특별한 시계

시계를 바라보았다. 어쩌면 내 곁을 떠나 영원히 만날 수 없었을 것인데, 40여 년 동안 초등교사 생활을 하고 퇴직할 때 국가로부터 받은 기념품이었다. 나의 교직 생활 흔적이 스며들어 있어 보물이 된 것이다.

2014년 10월 11일 쉐라톤써니베일 호텔에서 아침 식사를 하고 샌프란시스코공항을 향해 버스는 달렸다. 신비로웠던 3대 캐넌의 경관을 뒤로하고 11시 유나이티드 항공으로 워싱턴을 가기 위해서였다. 공항에 도착하여 보니 역시 인천국제공항이 시설 규모, 청결, 서비스, 시스템 등 종합 평가에서 세계 1위를 계속하고 있다는 것이 실감나고 자랑스러웠다.

공항 검색대에서 겉옷과 소지품을 바구니에 넣고 가벼운 복장으로 보딩을 마치고 면세점 쪽으로 한참을 가다가 시간을 보려 하니 팔목에 시계가 보이지 않았다. 가이드와 같이 황급히 뛰어가 영어로 말할 수 없어 팔목을 가리키며 "워치, 워치"만 되풀이하였다. 눈치를 채고

시계가 들어 있는 바구니를 보여 주었다.

내 시계가 바로 눈에 들어와 집어 들었더니 한참 동안 얼굴을 바라보면서 나이가 들어 보이고 그리 비싼 물건이 아니어서인지 가지고 가라고 하였다. "땡큐, 땡큐"만 하고 돌아섰다. 얼마나 아슬아슬한 순간이었던가! 미국 여행을 하면서 영어로 의사 표시를 못하고 궁색을 떤 바보스런 모습을 보고 헛 세상을 산 것 같아 내 정신을 질타했다.

비행시간은 5시간이지만 시차가 3시간이라서 워싱턴에 도착하니 밤 7시가 되었다. 얼마나 큰 나라인지 상상이 안 되었다. 가도 가도 끝이 없는 사막이 있는가 하면 캘리포니아의 광활한 과일 농장은 가히 장관이었다. 시계를 보면서 샌프란시스코 공항 그때의 모습을 떠올려 보았다. 그러한 사연이 있어서인지 외출을 할 땐 꼭 시계를 차고 나선다.

집을 나간 탕자가 다시 돌아왔을 때 잔치를 벌이며 기뻐하던 아버지의 마음처럼, 나의 실수로 이국땅에서 버려진 미아를 다시 찾은 것 같은 그때의 통쾌한 기분을 생각하면 어디에 가든지 동반자가 될 수밖에 없다.

수려한 모습의 꽃시계. 나이아가라의 또 하나 원예의 극치, 꽃시계는 폭포에서 북쪽으로 2.5km 정도에 위치한 나이아가라 공원 식물원에 있었다. 1950년 처음 만들어진 이 꽃시계는 전 세계에서 제일 큰 꽃시계로 그 넓이가 12.2m이다. 꽃시계의 얼굴은 절기에 두 번 바뀐단다. 봄에는 보라색 계통의 꽃나무로 가꾸어 봄을 예찬하듯 방문객을 환영한다. 그리고 5월 끝 주일쯤에는 전통적인 잔디 모양의 잔잔하고 아담한 꽃들을 섞어 서리가 올 때까지 유지한단다.

이 꽃시계는 250여 종의 화초들로 구성되며 한번에 1200 그루 이상의 많은 양을 심는다고 하며, 총 3만 송이 정도 꽃으로 만들어졌다고 하였다. 시곗바늘 모양은 목발 모양으로 생겼는데 그 이유는 나이아가라 수력발전소를 민간으로 이양하는 과정에서 이곳 주민들은 적극적으로 반대하였다고 한다. 이에 회사는 주민들을 설득하기 위해 몇 가지 요구 사항을 들어주기로 하였는데 주민들 요구 사항 중 하나가 '장애인들을 위하여 세계에서 가장 큰 꽃시계'를 만들어 달라는 것이었다고 했다.

그런 의미로 시곗바늘을 목발 모양으로 만들었다고 하였다. 원예학을 공부하고 있는 원예 교생들이 이 공원을 관리하며 1년에 1~2명 정도 외국인을 선발하여 100% 취업률과 졸업 후 억대의 연봉을 보장받는 원예사가 된다고 하였다.

우리 집에 벽시계가 처음 왔을 때는 내가 고등학교 입학을 한 1963년이었다. 그 전까지는 새벽 5시쯤 기적소리를 듣고 일어나셔서 부엌에서 불을 때 아침밥을 하셨다. 온돌방이 따뜻해져 게으름을 부리고 일어나지 않은 것을 생각하니 죄송한 마음을 이제라도 느끼니 다행스러운 일인가? 그 시대 어머니들 고생은 생각하기도 싫다.

나의 왼팔 손목시계, 나이아가라 공원에 있는 꽃시계, 30여 년 우리 집에서 세월의 흐름을 안내하다 수명이 다 되어 지금은 볼 수 없어 아쉬워하는 우리 집 벽시계는, 이 세상 수많은 시계 가운데 아주 특별한 의미가 있는 시계로 내 마음속에 자리 잡고 있다.

영화 《밀양》을 보고

밀양이란 뜻은 시크릿 선사인 이란 뜻을 가지고 있는 비밀스런 빛이란 뜻이다. 이것은 하늘의 빛 곧 하늘의 뜻을 말하는 것이었다. 인간이 하늘의 뜻을 어떻게, 얼마나 헤아릴 수 있을까? 아들의 죽음 앞에 비춰지는 하늘의 빛에 대한 인간의 이해를 다루고 있었다.

경남 밀양을 배경으로 남편과 사별한 한 여인이 남편의 고향인 밀양으로 내려와 새로운 삶을 시작하려 하나, 뜻밖의 사고로 하나뿐인 아들마저 잃고 절망하는 내용을 그린 드라마 영화이다. 영화의 첫 장면은 차 속에서 바라본 하늘을 그리고 있고 영화의 마지막은 그러한 빛 가운데 비춰진 땅의 모습을 비추고 있었다.

하늘과 땅 사이에 어떤 일들이 벌어지고 있는가? 그것은 "밀양이란 어떤 곳입니까?"라고 묻는 신애와 그의 동생의 동일한 질문을 통해 관찰되었다. 종찬은 그것에 대한 "밀양이나 그 어떤 곳이나 다 사람 사는 곳은 똑같지 않습니까?"라고 반문하였다. 하늘과 땅 사이에 인간이 삶을 공유하고 살아가는 삶의 형태는 동일하다는 것이다라고 말하였다. 조금씩 시간이 지나 신애가 밀양사람들과 마을에 적응하던 중 아들 준이 유괴되는 사건이 발생하고 결국 아들은 싸늘한 주검이 되어 돌아온다.

남편과 아들마저 잃은 신애, 유일한 희망이었던 준의 죽음으로 삶의 희망이 사라지는 고통을 느끼게 되었다. 삶의 아무런 의미 없이 절망 속을 헤매던 신애를 종찬은 안타깝게 지켜보며 그녀를 돌봐준다.

교인이라고 해도 보편적인 인간 감정에 있어서 동일하였다. 장로에게 있었던 성적 욕구나 여전히 말씀을 생활 속에 적용하며 살아가는데 어려움을 겪고 있는 성도들의 삶에서도 느낄 수 있다. 그러나 그러한 삶을 제각각 살아가면서 땅의 사람은 하늘의 뜻을 이해하지 못한다. 차라리 오해하며 불신하고 산다고 말할 수 있었다.

남편이 죽은 이후 하나밖에 없는 아들의 유괴와 죽음 앞에서 신애는 고통과 눌림 그리고 괴로운 마음을 일시적으로 신에게 의탁하기도 하였다. 그리고 아들을 죽인 웅변학원 원장을 용서하기로 마음을 먹는다. 절망 속을 헤매던 신애를 구원해준 것은 다름 아닌 신앙의 힘이었다. 하느님의 은혜를 받은 신애는 자신을 고통 속에 밀어 넣었던 모든 것을 용서하고자 하였다.

마음의 평온과 활기를 되찾는 듯 보이는 신애에게 그러나 고통은 다시 번져 나와 그녀를 괴롭히고, 그 주변인들에게까지 번져나간다. 그러나 신애는 자기가 먼저 용서하기 전에 하나님께서 먼저 그 원장을 용서하셨다는 말에 견딜 수 없이 하나님에 대한 분노를 느낀다.

여전히 인간은 주인으로 행세하고 싶은 것이었다. 그 주권이 하나님께 빼앗기자 신애는 하나님께 복수를 작심하고 교회와 성도들을 훼방

하는 훼방꾼의 역할을 감당하면서 부흥회를 방해하였다. 그것은 하나님을 신봉하는 성도들의 실체를 적나라하게 보여줌으로 장로에 대한 유혹으로 하나님을 욕보이려 하는 것이었다.

영화에서 실제 교회를 폄하하려는 의도는 보이지 않았다. 또한 영화 속의 교회의 모습은 오늘날 실제 현실이기도 하였다. 그 현실을 비춰주는 조명에 대해 옳다, 틀렸다고 말할 수는 없다. 그것은 현실이요, 실제이니까. 그러나 그리스도인으로 우리는 하늘과 땅 사이에서 하늘의 빛을 이해하지 못하는 땅의 인간들을 향해 하늘의 뜻을 보여주어야 하는 대상은 교회라는 사실에 주목하고 싶다.

그 교회의 모습은 어떤 모습이어야 하는가? 그것은 철저하게 땅의 사람들의 모습에는 동화되지 않으면서도 철저하게 땅의 사람들의 고통과 아픔에 공감하고 동참하는 것이다. 기도나 예배나 말씀에 집중하라는 정답보다는 그들 속에서 그들의 가장 밑바탕 속에 품고 있는 그들의 아픔에 동참하는 것이다. 그것이 바로 성육신하신 예수 그리스도의 모습이라고 보고 싶었다.

그러므로 진정한 교회의 모습은 땅의 사람들을 향해 내가, 교회가 그리스도와 같이 그들을 위해 죽는 것이다. 그 죽음을 위해 주님께서 낮아지셨듯이 그들을 위해 죽는다는 것은 그들의 입장에 서서 그들을 헤아려주며 그 고통 가운데 함께하는 것이고 그 고통을 나누는 것이다.

하늘의 신비한 빛을 해석해 주어야 할 곳은 교회이다. 바로 성도이다. 그것은 바로 성도의 온전한 용서와 사랑의 삶을 통해 상처 입은 세상의 사람들과 함께할 때 가능하지 않을까.

저 언덕을 넘어서

시골에서 정미소를 하는 최 주사 부부에게는 아들 셋 과 딸 하나가 있는데 최 주사는 유독 막내 지성만을 미워한다. 집의 재산을 모두 팔아 장남과 차남을 대학까지 보낸 최 주사는 두 아들이 출세했다며 주변 사람들에게 늘 큰소리친다. 하지만 실상은 결혼식에조차 초대 받지 못할 정도로 장남에게는 냉대를 받고 있다. 또 법대를 졸업한 줄 알고 있는 차남은 몰래 미술대학에 가서 가난한 화가로 살고 있을 뿐이었다. 이에 반해 막내아들 지성은 형들의 대학 졸업을 위해 아버지가 진 빚까지 떠안은 채 날품팔이를 하며 부모를 지극정성으로 봉양한다. 그런 지성에게는 같은 마을의 옥이가 힘이 되곤 하였다. 그렇게 두 사람은 장래를 약속한 사이로 함께 소박한 미래를 꿈꾼다. 지성은 아버지의 회갑잔치가 다가오는데 돈이 없어 기르던 송아지를 팔아 잔치를 벌여 아버지는 마을사람들과 기쁨을 만끽한다. 큰아들과 작은 아들은 사업과 직장 관계로 참석을 못한다고 말하였다.

잔치를 마치고 최 주사 내외는 두 아들을 찾아 서울 나들이를 간다.

하지만 장남 집에서는 며느리에게 박대당하고 차남 집에서는 가난하게 사는 아들 내외의 생활에 크게 실망한다. 그렇게 고향으로 돌아온 최 주사는 절망한 나머지 술로 세월을 보내다가 친구로부터 빌린 돈을 갚기 위해 충동적으로 도둑질을 하게 된다. 그런 아버지 대신 죄를 뒤집어쓴 지성은 1년 형을 선고받고 교도소에 간다. 회한과 자책에 병이 든 최 주사는 곧 세상을 떠나고 빚더미에 묻힌 채 어머니 홀로 남게 된다. 형을 마친 지성은 교도소장이 잘 보아 주어서 돈을 벌기 위해 월남에 노무자로 가게 되었다. 옥이도 서울로 올라가 양재 학원을 다닌 뒤 양장점에서 일하며 만날 때 까지 기다려 달라고 하였다.

그 동안만 어머니를 부탁한다며 큰형 댁에 어머니를 모셔둔다. 지성이 월남에서 번 돈으로 어머니의 생활비를 부쳐주지만 큰 형수는 어머니 모르게 집배원 아저씨에게 돈만 받고 편지는 어머니에게 전해주지도 않아 지성이 소식을 궁금해 하였다.

어머니를 가정부처럼 부리면서 박대하기만 하면서도 그러던 어느 날 자신으로 인해 큰 아들 내외가 싸우는 소리를 들은 어머니는 큰 아들 집을 나와 딸의 집과 작은 아들 집을 모두 가보지만 그 어느 집도 몸을 의탁하기는 여의치가 않았다.

결국 어머니는 양로원으로 가게 되고, 지성이 돌아오면 함께 어머니를 모시기로 약속했던 옥이 혼자 이 사정을 알고 안타까워한다. 예정된 2년을 채우고 돈도 어느 정도 모은 지성이 귀국하였다. 그러자 옥이는 지성에게 그동안의 이야기를 하니 분노한 지성은 큰형 집으로 달려가 화를 내며 다그친다. 지성과 옥이는 어머니를 모시기 위해 양로원으로 가고 자신들의 잘못을 뉘우친 장남 내외 또한 그 뒤를 따른다. 마침내 어머니는 양로원에 모인 큰아들 내외를 용서하고 지성이도 뉘우친 형 내외와 화해한다. 옥이도 어머니를 부르며 얼싸안고 며느리가 된다. 막내아들 지성의 효도에 감동받는다. 다섯 명이 팔짱을 끼고 행복한 발걸음을 경쾌하게 걸으며 주제가인 〈저 언덕을 넘어서〉 주인공 남진의 노래가 울려퍼진다.

아버지가 지성을 천대하였을지라도 지성은 부모님을 극진히 공경하였다. 어떤 상황에서도 부모님을 공경하고 사랑하는 모습을 보는 이들에게 전하고 있었다.

이 영화를 텔레비전에서 반세기가 지날 즈음 우연히 볼 수 있어서 너무 감사하였다. 핵가족시대로 효도가 시들어갈 때 가족의 의미를 되짚은 이야기로 이 영화는 요즈음 젊은 사람들에게도 귀감이 되리라 믿는다.

금메달

2012년 런던 올림픽 체조에서 대한민국 첫 금메달이 나왔다. 아직도 양학선이 우리에게 안겨준 감동의 순간을 잊을 수가 없었다.

52년 만에 이루어낸 올림픽 사상 체조 종목에서의 첫 금메달! 영국 런던 노스그리니치 아레나 경기장에서 우리 대한민국의 태극기가 가장 높은 곳에 게양되었고 애국가가 울려 퍼졌다.

이 역사적인 현장에 같이 할 수는 없었지만 텔레비전으로 볼 수 있어 너무도 기뻤다. 방송을 중계하던 아나운서도 해설위원이었던 여홍철도, 양학선의 금메달을 획득하는 순간 앞에서는 눈물을 흘릴 수밖에 없었다.

애틀랜타 올림픽에서 아쉽게 은메달에 그친 여홍철 입장에서는 그가 너무도 대견스럽고 자랑스럽기만 했을 것이다. 그리고 그 장면을 지켜본 대한민국 온 국민 또한 가슴 벅찬 감동에 눈시울을 붉히고 말았을 것이다.

양학선이 그 어떤 금메달리스트보다 자랑스러운 이유는 자신이 직접 개발한 양1 기술로 세계 정상의 자리에 우뚝 섰다는 것에 있다. 그 기술은 뛰어오를 때부터 착지할 때까지 단 6초! 두 번 시도했으니 12초 안에 인생이 바뀌는 순간이었다.

이 12초를 위해 얼마나 피나는 노력을 했을까? 양학선이 개발한 양1은 난도 7.4점으로 공중에서 3바퀴 1080도 회전으로 현재 도마선수들이 쓰는 기술 중에서 제일 난이도가 높은 기술이며 이 기술은 현재 양학선 본인밖에 못 쓰는 기술이다. 거기에 양학선은 더 강력한 공중에서 3바퀴반 회전하는 양2도 개발 중이라고 한다. 2016년 브라질 리우 올림픽에서도 최고의 기술로 또 다시 금메달을 기대해 본다.

나에게도 뜀틀은 숨 막히는 순간이 있었다. 교육대학 입학시험에 체육 실기로 뜀틀 8단 높이를 점프하여 뛰어넘고서 매트 위에서 앞구르기 2회전한 후 농구공을 들고 드리블하다 러닝 슛을 하는 것이었다. 실업계 고등학교를 나와서 연습할 시간이 없었다. 사전 정보가 없어 대비를 못한 것이었다. 줄을 서 기다리면서 자세히 살피며 마음속으로 굳게 다짐하는 것밖에 무슨 뾰족한 방법이 없었다.

드디어 내 차례가 왔다. 힘은 가장 왕성한 때라 무섭거나 두려움은 없었다. 도움닫기를 한 후 힘차게 점프하고 손을 쭉 뻗어 짚고 다리를 벌려 날았다. 무사히 착지 양손을 들어 올린 후 앞구르기를 한 후 러닝 슛까지 마쳤다. 어떻게 했는지 알 수 없었다. 지금 생각하면 아슬아슬한 순간이었다. 그때 뜀틀을 넘지 못하고 넘어졌다면 내 인생은 어떻게 변하였을지도 모른다. 이 체육 실기 점수가 합격을 좌우했을지도 모르기 때문이다.

체육시간 뜀틀 운동을 지도하던 장면이 생각났다. 준비 운동을 한 후 넘는 요령을 설명하며 시범을 보였다. 그런데 힘차게 도움닫기 하여 구름판 위에서 서 버리고 만다. 그래서 안전하게 넘을 수 있게 사전에 친구가 엎드리면 등에 손을 짚고 넘는 연습을 충분하고 개인별로 뜀틀에 와서 넘도록 하였다. 운동 신경이 발달한 어린이는 바로 넘을 수 있어 시범을 보이면 남학생은 거의 넘을 수 있으나 여학생들은 넘어서지 못하고 뜀틀 위에 걸터앉고 무서워하였다. 구름판 위에서 양발로 힘차게 딛고 점프하여 뛰어오르는 연습을 충분히 하여 성공하면 기뻐서 어쩔 줄을 모른다. 다음에는 머리 대고 굴러 넘어가는 동작을 연습하였다. 무서워하지 말고 자신감을 가지는 것이 중요하다고 강조를 하였다.

나도 그때 뜀틀을 넘지 못했으면 지금 어린이들과 체육시간을 함께 할 수 있었을까, 아찔했던 순간이 머리를 스쳐간다. 순간의 선택이 십 년을 좌우한다는 전자제품 선전이 있었는데 나에게는 순간의 장면이 운명을 바꾸는 것이었다. "정신일도 하사불성" 남은 시간 어려운 일이 많이 다가올 텐데 힘을 모아 자신감을 가지고 힘껏 점프하여 나아가리라.

책가방

캐나다 국경 면세점에서 등산할 때도 사용할 수 있고 다용도로 쓸 수 있는 가방이 눈에 띄었다. 가격을 보니 한화로 삼만이천 원이었다. 검정색으로서 내 마음에 쏙 들었다.

등산 가방이 작아 사려고 했는데 낯선 이국땅에서 친구를 사귄 것처럼 기뻤다. 집사람은 딸과 며느리에게 선물한다면서 요즘 유행하고 있는 어깨에 걸치는 손가방을 골랐다. 일행들에게 알아보니 국내 가격의 절반 가량이었다. 필요한 물건을 저렴하게 구입할 수 있는 기회를 잘 활용하는 것이 좋아보였다. 어떤 사람들은 쇼핑을 하기 위해서 해외 여행을 한다는 말도 들었다. 비싼 물건 몇 가지만 면세품으로 사면 여행비가 나온다는 것이었다, 돈 많은 사람들이나 하는 말이겠지, 흘러 넘겼다.

손주가 초등학교에 입학할 때 고모가 사주면 좋다면서 작은딸이 책가방을 고르는데 보니 십만 원이 넘어가고 이십만 원이 넘는 것도 있었다. 어린이 물건이 대체적으로 비싸다는 것도 알았다. 어린이들도 메이커를 따져 친구들보다 좋은 것을 사려고 한단다.

요즈음은 들고 다니는 책가방보다 메고 다니는 가방을 쓰며 무겁다고 끌고 다니는 가방을 가지고 다니는 어린이도 있다. 거기에 뒤질세라 부모님들도 한둘인 자녀에게 올인을 하다 보니 가정 형편보다 자식 기죽이지 않으려고 분에 넘쳐 사행심이 앞서는 시대가 되어버렸다.

50년대 나의 초등학교 시절은 책가방이 없이 책보에 책과 필통을 싸서 허리에 메고 맨발로 뛰면 장단을 맞추듯 짤랑짤랑 필통 속에 있는 연필이 춤을 추는 듯했다. 중학교에 입학하면서 책가방을 들게 되었다.

고등학교 때에 책가방을 잃어버린 사건이 있었다. 학교에서 단체로 이리시 공관에서 상영하는《저 하늘에도 슬픔이》라는 영화를 감상하였다. 주인공 이윤복은 당시 대구 명덕초등학교 5학년으로서 엄마가 집을 나간 뒤 병든 아버지와 동생 셋과 함께 움박에서 살면서 학교가 끝난 오후 껌팔이, 틈틈이 구두닦이, 빈 병 줍기, 보리이삭 줍기까지 안 해 본 일이 없었다. 그러면서도 매일 쓴 일기가 담임 선생님을 통해 세상에 알려지면서 1965년 김수용 감독의 영화로 만들어졌던 것이다.

극장 안으로 들어가 보니 입추의 여지없이 꽉 차 있었다. 겨우 벽에 기대어 보게 되었다. 책가방을 들고 보다가 발밑에 놓았다. 이윤복의 헤어나기 어려운 생활 전선에 뛰어든 소년 가장의 고달픈 삶을 보며 모두 눈물바다를 이루고 있었다. 그 당시 국민소득 90달러에서 오늘날은 3만 달러로 발전했지만 우리 주위에는 여전히 어려운 사람들이 많이 있다.

영화가 끝나고 가방을 들려고 하니 가방이 없어졌다. 누군가 가져간 것이다. 참으로 어처구니가 없어 도저히 있을 수 없는 일이 벌어진 것이다. 모두 다 학생들만 있었는데, 나는 공부를 어떻게 하라고 가방을 훔쳐가다니 배고픈 시대라 교과서를 헌책방에 팔아 풀빵을 사먹기 위한 짓이었다.

배고프면 체면도 없다더니만 장난삼아 했을까 호기심으로 했는지, 꼭 풀빵을 사먹고 싶어서이었는지 눈으로 보지 않았으니 지금도 알 수 없는 영원한 미제 사건이 되고 말았다.

내 손을 떠나 간 책가방아 그립구나. 너를 다스리지 못하고 내 품을 떠나가게 했으니 얼마나 나를 원망하였느냐. 이제와 생각하니 그때의 네 모습이 자꾸 떠오르는구나. 꿈속에서라도 한번 만나 옛정을 생각하며 석별의 아쉬움을 달래보자.

감사하는 마음

이제 남은 것은 쓸쓸하게 3개 뿐이다. 29개는 내 몸에서 빠져나가 사라져 버렸다. 점심을 먹는데 혀에 까칠한 느낌이 있어 빼어보니 한 개가 떨어져 나가 버렸다. 음식을 먹고 나면 양치를 하여야 한다. 이를 닦다 세면대에 떨어드린 것이 충격을 받아 부러진 것이다. 상실감과 허탈감은 비길 것이 없었다.

밖에서 식사를 할 때가 언제나 부담이 되었다. 화장실에 가서 헹궈 끼워야만 하기 때문이다. 공중화장실에서는 사람이 없는 틈을 타서 쫓기는 마음으로 씻어 끼운다. 어떤 때는 다른 사람의 눈에 띄어 반찬 먹은 강아지처럼 움츠러들어 맥없이 나온다. 습관이 되어서 하지 않으면 입안이 어색하여 불안하기 때문이다

불혹에 접어들면서부터 잇몸이 좋지 않아 치통은 시작되었다. 겪어 보지 않은 사람은 모른다. 충치로 인한 치통은 말할 수가 없다. 한두 번 치료해서 끝나는 것이 아니고 예약을 하면서 계속적인 치료를 받아야만 하였다. 그런데도 잇몸이 좋지 않아 흔들려 하나 둘씩 빠져 만날 기약도 없이 이별을 하고 말았다. 20여 년 고생을 하다 이순이 넘

어서 지금의 틀니를 끼우게 되었다.

치과에 가서 떨어진 틀니를 보이며 말하니 편리할 때 오전에 맡겨 오후에 찾으라는 것이었다. 며칠 후 외출이 없는 날을 택하여 어떻게 될 것인가 생각하며 맡기고 점심때가 되어 식사를 하게 되는데 씹을 수가 없어 국수를 삶아 먹게 되었다. 그래도 3개가 남아 있어 우물거려 넘기곤 하였다. 씹지 않으니 맛을 느낄 수가 없었다. 만약에 계속 이렇게 식사를 한다면 상상해보니 아찔했다. 옛 어른들께서 이가 없으면 잇몸으로 먹는다는 말을 들었는데 내가 그렇게 되고 말았다.

석양에 치과에 가니 완성되어 나왔다. 입에 끼우고 불편함이 없느냐고 말하였다. 이상이 없다고 하니 가셔도 된다고 하였다. 수고비도 받지 않았다. 이렇게 고마울 수가. '감사합니다.' 인사를 하고 문밖으로 나왔다.

오랫동안 다녀서 그런지 친절하며 애프터서비스가 참 좋았다. 새옹지마라고 할까 볼품없던 것이 깨끗하고 새것으로 돌아온 것이다. 전문적인 기술이 이렇게 발달하여 편리한 생활을 할 수 있으니 얼마나 좋은 세상인가. 이가 좋은 것이 오복 중 하나라고 말하더니만 체험으로 느끼게 되었다.

어머니께서 이 때문에 고생하신 모습이 떠오른다. 그 당시는 시골이라서 치과에서 치료받은 것은 없었다. 도시에서도 마찬가지였다. 얼마나 치통이 심했으면 피마자 씨를 구워 이에 물곤 하셨다. 지금 생각하면 무슨 치료 효과가 있었는지는 알 수가 없다. 다만 잠시라도 골을 짜개는 듯한 통증을 잊으려고 하셨으리라 짐작할 뿐이었다. 결국은 어머니도 틀니를 끼우고 말았다.

형제간 여섯 남매 중에 나와 넷째가 이를 가지고 고생을 하였다. 어머니로부터 받은 유전인가 보다. 어쩔 수 없는 일이다. 내가 극복해야 할 일이다.

좋은 것을 물려받은 것은 비만 때문에 걱정이 없으며 고혈압과 당뇨도 없으니 얼마나 감사하며 좋은가! 하나님은 공평하셔서 한두 가지 스스로 해결할 것을 주신 것으로 생각되었다. 욕심 부리지 말고 인내심을 길러주기 위해서인지도 모른다.

요즈음 어린이들은 부모님이 관심이 많아 이닦기를 철저히 하며 학교에서도 점심 식사 후에는 이닦기를 실천하고 있다. 그리고 정기적인 검진을 하여 예방을 잘하고 있다. 그런데도 군것질을 많이 하여 충치 치료를 받는 어린이들이 많아지고 있다. 소 잃고 외양간 고치지 말고 규칙적인 생활로 미리 예방하는 것이 가장 좋은 방법이라는 것을 일찍 깨달았으면 좋겠다고 생각하였다.

지난 추석 명절 때 손주들과 둘러앉아 송편을 만드는데 귀여운 세 살배기가 "할아버지는 이가 왜 이렇게 생겼어" 하며 손가락으로 내이를 누르며 말했다. "응, 할아버지는 어렸을 때 말을 듣지 않고 이를 닦지 않아 벌레가 다 먹어버렸어" 그래서 가짜 이를 만들어 끼운 거야. 손주들에게 할아버지 이 같이 되지 않으려면 이를 잘 닦으라고 말해 주었다.

텔레비전에서 연예인들의 웃는 모습에서 이를 볼 때 어쩌면 저렇게 이가 좋을까! 부러울 때가 많았다. 공을 들이고 숨은 노력이 많이 있었을 것으로 생각되었다.

건강할 때 건강의 고마움을 모르고 행복할 때 행복을 느끼지 못하며 조금만 마음에 들지 않아도 불평하고 불만을 터트린 지난날을 생각할 때 항상 감사하는 마음을 가지고 현실에 만족하는 삶으로 나아가야겠다.

펜팔

무거운 짐 하나가 내 앞에 쿵하고 떨어졌다. 들고 가자니 무겁고 놓고 가자니 아쉬워 펜을 들었다. 덕진문학 수필창작반 교수님이 다음 주까지 연애편지에 대해서 한 편씩 써보라는 과제가 짐이 된 것이다.

오늘날은 스마트폰으로 모든 일을 처리할 수 있어 손편지를 써서 달콤한 사랑이야기를 전하는 것을 볼 수 없는 세상이 되고 말았다. 젊은 시절 나는 그런 연애편지를 어여쁜 연인에게 전한 일이 없어 난감했다. 그렇다고 소설처럼 그럴듯하게 꾸며 쓸 수 없는 것이었다. 내 고교 시절 60년대에 처음이자 마지막으로 펜팔을 한 것뿐이었다.

펜팔(Pen pal)은 잘 알지 못하는 사람과 편지를 주고받으며 국내 및 국외 친구를 사귀는 것을 말한다고 하였다. 학생을 대상으로 한 잡지나 주간지에 펜팔하기를 원하여 자기소개와 주소를 보내면 그것을 보고 편지를 보내어 인연을 맺는다.

나 또한 우연히 학원잡지에서 펜팔 소개하는 것을 보고 편지를 보낸 적이 있었다. 기대하지 않았는데 전주기전여고 2학년 학생으로부터 답장이 온 것이었다. 나 역시 이리 농림고 수의축산과 2학년에 다니고 있을 때였다. 여학생으로부터 처음 받은 편지라서 기쁨과 함께 어떻게 또 편지를 보낼 것인가 걱정이 되었다. 누구나 연애를 할 때는 시인이 된다는 말처럼 정성을 다하여 편지를 보냈다. 나는 이리공대(나중에 전주로 이전하였음) 앞에서 친구와 자취를 하고 있을 때였다. 봄부터 시작한 편지는 여름까지 이어졌다.

추억 속의 주인공은 춘향골 남원 학생이며 전주에서 친구와 자취를 하고 있었다. 내가 적극적이었으면 전주에 가서 만날 수도 있으련만 용기가 없어서 사진 교환도 없이 편지로만 사귀었다. 나는 그때까지만 하여도 전주에 가본 적이 없었다. 사춘기 시절 서로가 기쁨으로 편지는 릴레이 되었다.

여름방학이 되어 친구들과 같이 이리에 놀러온다는 것이었다. 어느 일요일 오전 이리공대 앞 운동장에서 만나기로 약속하였다. 운동장 벤치에서 혼자 앉아 이런저런 생각을 하고 있는데 교문으로부터 5명의 기전여고 교복을 입은 학생이 들어오는 것이 시야에 들어왔다. 순간 겁이 번쩍 났다. 약속은 하였지만 오지 않으리라 생각했었다. 어떻게 하여야 할 것인지 용기 없는 나는 그들 앞에 다가서지 못하고 말았다.

얼마를 지났을까 시계가 없어 정확히는 모르지만 한 시간쯤 지나서 다시 되돌아가고 말았다. 얼마나 실망했을까 원망도 하며 비겁한 자식이라고 비난도 하였을 것이다.

다음에 구차한 변명을 들어가며 집에 급한 일이 생기어 약속을 지키지 못했다고 편지를 보냈다. 이리에 온 것이 사실인지 그 뒤로 답장은 오지 않았다. 지금 생각하면 편지로 사귄 러브스토리가 이렇게 싱겁게 끝나다니 50년 전에는 전화도 없어 손편지로만 소식을 전했었다.

미련만 남긴 펜팔 친구 김미숙 학생은 지금 어느 하늘 아래에서 황혼의 꿈을 이루어가고 있는지 6 · 25전쟁의 산물인 이산가족들의 상봉을 다시 추진하고 있는데 나는 억지로 이산가족처럼 그리워만 하고 있는 것인지, 그때에 주고받은 편지라도 있으면 읽어보면서 그 시절로 돌아가 못다 한 이야기를 할 수 있을 텐데. 다시 이룰 수 없는 일이 되고 보니 잊으려 해도 이 글을 쓰는 동안 더욱 그리워 사과 편지를 전하지는 못해도 혼자 쓰면서 위안하고 있다.

반세기 전 김미숙 학생! 그동안 안녕하셨어요. 나처럼 미숙씨도 생각이 나는지, 까마득히 잊어 버렸는지요. 용기 없는 미련한 자 용서해 주세요. 확실한지는 몰라도 이리에 왔을 때 바람을 맞고 돌아가게 한 일을. 그때에 만났더라면 또 다른 푸른 꿈을 펼쳐나갈 수 있을 텐데 고희를 맞이할 즈음 건강하며 즐겁고 보람된 시간 충만하길 기도합니다. 나는 교회에 다니고 있는데 미숙씨도 기전여고 출신이면 크리스천이신지요?

학생 모자

모자가 바람에 날아가 버렸다. 앞을 바라보다 순간적으로 일어난 일이다. 고등학교 1학년에 입학하여 한 달쯤 된 봄날 기차 통학을 하는데 그때에는 석탄을 이용한 증기기관차였다.

정읍에서 출발한 기차는 부용역에 오면 통로에도 오르기 힘들 정도였다. 다음은 마지막 이리역이라 항상 계단에 떠밀려 오른다. 그날은 늦게 타게 되어 팔에 가방을 걸고 두 손으로 손잡이를 잡고 매달려만 했다. 석탄가루가 날려 고개를 숙이고 가는데 어디쯤인가 고개를 들어 앞을 보는 순간 벗겨져 날아간 것이다.

잠시 후 이리(익산)역에 내렸다. 모자를 찾으러 정신없이 뛰었다. 그저 찾아야 한다는 마음뿐이었다. 남들이 볼 때는 무슨 일이 일어났기에 아침부터 학생이 저렇게 바쁠까 생각하였을 것이다. 1km쯤 갔을까 학생 몇 명이 걸어오면서 모자를 내미는 것이다. "하늘도 스스로 돕는 자를 돕는다."라는 말을 이런 때 하는 말일까? 어떻게 학생이 주웠으며 무작정 떠난 나를 만나게 하였는지 지금 생각하면 로또 복권에 당첨되는 확률인 것 같다. 모자를 받아들었을 때의 그 감동은 마라

톤 우승을 하여 금메달을 목에 거는 것처럼 느꼈다면 너무 과장된 표현일까. 지금 학생들은 어떠할까, 하나 다시 사면 되지 하고 찾으려 하지 않을 것이라 생각했다면 잘못된 생각일까?

토요일은 오후에 5시 반까지 기다려야만 했다. 해가 긴 여름날은 어울려 걸어오기도 하였다. 2시간이 조금 더 걸린다. 어떤 때는 방죽에서 미역을 감으며 수영 연습을 하는 것이다. 물이 아주 맑았으며 물고기도 많았다. 모내기철에 물을 다 빼면 물고기가 아주 많았다. 메기며 가물치도 큰 것이 많았다. 지금은 오염되어 물고기도 없으며 냄새가 나서 먹지를 못한다.

이 모자에 또 다른 사연이 담겨 있다. 어느 토요일 오후 친구와 둘이서 동성극장에 갔다. 50환이었던가, 확실치 않다. 1시부터 5시까지 영화를 두 가지 볼 수 있었다. 토요일이라 학생들로 붐볐다. 시설이 좋지 않아 공기도 탁하고 덥기도 하였다. 싼 것이 비지떡이라는 것이 이럴 때 하는 말인가 보다.

서서 보는데 갑자기 손에 든 모자를 뒤에서 잡아당겼다. 뒤돌아보니 학생들이 서 있었다. 누구인지 컴컴하여 알 수가 없었다. 순간적으로 한 학생을 지목하며 '빨리 주어' 하였다. 예감이 적중하였다. 웃으며 순순히 모자를 건내 주는 것이었다.

이 모자는 3년 동안 나와 동행하면서 학생이라는 신분을 말해 주고 나의 머리를 보호해 주었다. 지금은 어디에서 잠들어 있는지 자꾸만 그리워진다.

검정 학생복에 학교 묘표가 붙은 검정 모자를 쓰고 다녔는데 오늘날은 교복도 자율화 되었고 모자도 쓰지 않아 많이 변화된 것을 보며 지난날 추억이 그리워진다.

지금은 막내딸이 생일 선물로 사다준 등산 모자를 쓰면서 산을 다닌다. 색깔도 다르고 모양도 달라 자기가 좋아하는 것으로 선택한다. 용도에 따라 모자의 모양이 달라진다. 농촌에서 일할 때에는 햇볕으로부터 얼굴을 보호하기 위해 밀짚모자를 많이 쓴다. 겨울에는 추위를 막기 위해 털모자를 쓰고 다닌다. 격식을 갖추기 위해 경찰이나 군인이 쓰는 모자도 있다. 그래서 세월의 흐름에 따라 여러 개의 모자가 모아졌다. 쓰지 않는 모자를 어떻게 처리하여야 할지 생각해 본다.

전북대병원 졸업

건강 검진 센터에서 전화가 왔다. 시간을 내어 나오시라는 것이었다. 예감이 좋지 않았다. 2년마다 실시하는 건강 검진에서 이상이 있는 것 같았다. 위내시경을 할 때 조금 이상한 곳이 있어 조직 검사를 하였는데 결과가 나왔다는 것이었다.

다음 날 찾아가니 의사 선생님께서 위에 암세포가 발견되었다는 것이다. 전국 어느 병원이든지 안내를 해주겠다는 것이었다. 위급한 상황이 아닌 것 같아 전북대병원을 희망하였다. 2년 전 종합검진을 하였을 때는 이상이 없었는데 은퇴 후 2~3년은 건강 관리를 잘하라는 선배들의 이야기가 있었는데 나에게 다가온 것이다.

병원에서 연락을 받고 찾아가니 위암 초기라면서 바로 수술을 하자는 것이었다. 복강경 수술로 간단히 할 수 있으니 너무 걱정하지 말라는 것이었다. 지금까지 병원에서 치료받은 적이 없었는데 세월이 흐름에 따라 나에게도 찾아온 불청객이었다.

집사람과 막내딸의 기도를 들으며 수술실에 들어섰다. 두려움 없이 담담하였다. 마취를 하고 깜박하는 순간 의식이 사라졌다. 4시간 후 회복실에서 눈앞이 어른거렸다. 어떻게 수술하였는지는 기억이 떠오르지 않았다. 죽었다 다시 태어나는 부활이었으면 얼마나 좋을까? 옛것은 지났으니 보라 새것이 되었도다. 믿음으로 새로운 길을 찾아 떠나는 출발점으로 생각하였다.

일주일 입원하는 동안 가족과 친척, 친구들이 격려와 용기를 주어 빠르게 회복되었다. 감사하며 나의 인생길에서 높은 산을 넘어서는 기분이었다. 정기적인 건강 검진으로 조기 발견하여 치료하면 완치율이 90% 이상이라고 의사선생님이 말씀하셨다. 항암제는 맞지 않고 정기적인 검사를 하여 5년 동안 지켜보자는 것이었다.

퇴원 후 3개월마다 검사를 하여 확인하다가 2년이 지나면서부터 6개월 만에 검사를 받았다. 검사 때마다 이상한 점은 발견되지 않아 마음이 편안하였다. 지금 생각하니 만약 재발되어 다시 수술을 받아야 한다면 어떠하였을까. 상상하기도 싫은 악몽일 것이다.

이가 좋지 않아 잘 씹지 못하니 음식 맛을 제대로 느낄 수 없으며 조금만 과식을 하여도 소화하는데 어려움이 많았다. 여러 번 나누어 소식하면서 단백질 보충을 잘하라고 하였다. 규칙적인 생활을 하면서 운동을 꾸준히 하라는 것이었다. 5년이 되어 마지막 종합검진으로 장내시경까지 하였다.

2017년 2월 15일 검사 결과가 나오는 날이었다. 집사람과 같이 의사 선생님을 찾아뵈었다. 검사 내용을 하나씩 자세하게 설명하여 주셨다. 모든 항목에서 이상이 발견되지 않아 100점으로 졸업을 하라는 것이었다. 정기적인 건강 검진을 잘 받으면 된다는 것이었다. 그동안 수고해 주신 의사 선생님과 친절히 안내해 주신 간호사께 감사의 인사를 하고 병원 문을 나섰다. 싸늘한 바람은 불어오지만 시원하게 느껴졌으며 하늘의 흰 구름은 어디론지 바쁘게 흘러가고 있었다. 구름아 쉬었다 가거라. 건강이 제일이니.

두 달이 지나면서 이글을 쓰며 생각하니 "돈 벌려고 무리하게 일만 하여 모은 돈, 병 치료하는데 다 써버린다"는 말을 들었다. 평상시 건강 관리를 잘하여 신체적 정신적으로 이상이 생기지 않도록 나에게 정성을 다하여야 겠다.

나 한 사람 아픈 것으로 끝나는 것이 아니다. 가족 모두가 일손이 잡히지 않으며 장병에 효자 없다고 하였다. 화목한 가정 분위기가 흐려지기 때문에 건강이 행복의 제일이라는 것이다. 스트레스가 만병의 근원이라고 하는데 욕심 부리지 말고 비워가며 가볍게 달려가련다.

제Ⅲ부

즐거운 우리 집

양유교음 / 박광안

국화 / 박광안

기억 속의 아버지

문득 아버지가 그리워서 기억을 더듬어 보았다. 어느덧 아버지와의 이별이 22년이나 되었다. 나와의 나이 차이가 30년이라 살아계셨으면 내년이 100세이시다. 앞으로는 백세시대라는데 아버지께서는 77세에 편안한 나라로 가셨다.

아버지에 대한 최초의 기억은 내가 5살쯤 되었을까? 마을 동쪽 벌판에서 20여 명이 동그랗게 둘러 고무공을 차던 모습이 떠오른다. 지금으로는 패스 연습이라고나 할까, 공이 자기 뒤로 넘어가면 뛰어가 공을 들고 골기퍼가 차는 것처럼 공중을 향해 힘껏 차면 어찌나 높이 올라가는지 함성을 질렀다. 아버지가 차던 모습도 떠오른다. 어렸을 때 있었던 일이 오래 기억된다는 말이 사실인 것 같았다.

초등학교 입학식날 아버지의 손을 잡고 학교에 갔었다. 큰아들이라 아버지도 기뻐하셨으리라. 어머니들과 많이 갔는데 어머니께서는 그날 품앗이로 다른 집일을 가셨던 모양이었다.

입학식이 끝나고 반 편성을 하는데 끝까지 내 이름은 부르지 않는 것이었다. 아버지께서 알아보시더니 내년에 오라는 것이었다. 호적에 1년 늦게 올려 입학 대상이 아니라는 것이었다. 동네 친구들과 같이 다니게 해달라고 부탁하여 입학이 되었다.

우리 마을은 70호 정도인데 11명이 입학하였다. 한두 살에서 4살까지 많은 사람도 있었다. 4반으로 편성하였는데 한 반에 60명씩이 넘었다. 27회로 졸업하는데 240명이 넘었다. 지금도 27동창계가 이루어지고 있어 1년에 두 번씩 만나고 있다.

수리 시설이 안되어 하늘에서 비가 내려야만 모내기를 할 수 있었다. 가물어 논바닥이 갈라지고 심은 모가 타들어 갈 때 안타까움이란 이루 말할 수가 없었다. 둠벙을 파서 며칠 만에 물이 차오르면 아버지와 고리박의 네 줄을 두 줄씩 맞잡고 품어 올리던 모습이 떠오른다. 두 사람이 정확히 박자에 맞추어야만 물을 흘리지 않고 퍼 올릴 수 있었다. 힘들게 농사를 짓더라도 식량이 부족하여 보릿고개를 넘어야만 했던 시절을 생각하면 꿈을 꾸고 있는 것 같았다.

아버지께서는 대나무로 갈퀴를 만들어 파셨다. 신태인장 조원옥 씨와 주객을 맺어 대나무 살 돈을 미리 가져다가 갈퀴를 만들어 기차 수화물로 보냈었다. 지금생각하면 형제간처럼 오랜 세월을 지내며 물건이 딸리면 집에 직접 오셔서 가져가기도 하였다.

만드는 순서를 대략 살펴보면 긴 대나무를 60㎝ 정도 톱으로 자른다.— 열에서 열다섯 정도 도막을 한 다발로 만든다.– 마디를 중심으로 위로 3종류 아래로 3종류 칼로 선을 긋는다. 나중에 다시 찾기 위한 암호라고나 할까.— 대나무 통을 1㎝ 정도로 두 쪽씩 쪼갠다.– 아랫부분 반절 정도를 칼로 쳐낸다.— 두 쪽을 한쪽으로 가른다.— 아랫부분을 다듬는다.— 윗부분을 다듬는다.— 물에 담근다.– 잿불에 구워 고를 끼운다.— 식은 후 고를 벗긴다.— 긴 상위에 한 다발씩 펼친다.– 표시한 금을 찾아 가른다.– 칡으로 가운데 엮은 부분에 가름대를 대고 엮는다.— 밑 부분을 엇갈려 부채모양으로 펼친다.– 윗부분 가름대를 대고 칡으로 엮는다. 칡이 없을 때는 비닐 끈으로 대용했다.– 구부러진 끝을 뾰족하게 깎는다.— 완성품이 된다.— 20개씩 포개어 한 다발로 묶는다. 사람의 손으로 하는 완전 가내수공업제품이다. 너무나 힘들어 지금 생각하면 고생이 많으셨다.

농촌에서 있어야 할 필수품으로 긍지를 가지시고 인내하셨던 것 같았다. 한 자루의 값은 대략 쌀 1kg 정도인 것 같았다. 오늘날 계산하면 2000원 정도이다. 가을 타작할 때는 꼭 있어야 했으며 땔감이 부족하여 산에 가서 소나무 가루를 긁어오는데 필요했었다.

값이 저렴한 플라스틱 제품이 공장에서 대량 생산되어 나오면서부터 모든 죽세공품은 사양길에 접어들고 말았다. 아버지의 손때 묻은 그 수많은 갈퀴는 다 어디로 갔으며 군살로 까칠했던 아버지의 손을 언제 다시 볼 수 있으려는지 지난날의 기억만 되돌려 보았다.

어릴 때부터 대나무가 있는 집에서 살고 싶었다. 초가지붕보다 기와지붕이 많아 부유하게 보였었다. 그래서 대나무밭을 생금밭이라 불리어졌는데 매년 대나무를 팔아 돈이 들어오기 때문이었다.

아버지와 나는 공통점이 있다. 아버지는 대나무로 40여 년간 갈퀴를 만들어 파셨는데 나는 40여 년간 어린이들이 바르게 성장하는데 조력자 역할을 하였다. 6남매 교육을 시키는데 학자금 마련의 수단이 되었다. 농번기가 지나 7월부터 만들기 시작하여 겨울까지 이어진다.

대나무 크기는 한 다발 기준으로 4치는 20개 4치 반은 15개 5치는 10개 5치 반은 6개 6치는 4개씩 묶는다. 크기는 어른 키 높이에서 대나무의 둘레를 재어 정하였다. 아버지가 사용한 대나무가 몇천 개인지 만들어낸 갈퀴는 몇 만 자루인지 계산할 수가 없어 궁금하였다.

이른 새벽 일어나셔 하루 종일 힘써 일하셨다. 그렇게 힘들게 일하셨어도 부모님으로부터 좋은 체질을 받고 태어나셨는지 평생 동안 병원 문턱을 밟아 본 적 없이 77세로 떠나셨다.

기억 속의 어머니

어머니는 키가 크고 날씬하셨다. 농구 선수가 되었으면 좋았을 텐데 시대를 잘 만나지 못해 농촌에서 흙과 더불어 살으셨다. 자기의 타고난 재량을 발휘하지 못한 것이 안타까우나 이제 와서 어찌하랴.

구구단을 외울 때였으니 초등학교 3학년쯤 여름 방학 때, 어머니를 따라 처음으로 솜리장(오늘날 익산)에 간 일이 어렴풋이 떠올랐다. 새벽에 일어나셔서 콩밭에서 열무를 뽑아 다듬어서 다발을 지어 묶어서 광주리에 담아 머리에 이고 가는 길에 나는 강아지처럼 뒤따라갔다.

집에서 이십 리 길이다. 그 당시는 버스가 다니지 않아 모두들 걸어서 장보기를 하였다. 지금 생각하면 얼마나 머리가 아프셨을까? 혼자서는 머리에 이을 수가 없어 쉬지도 못하고 가셨다. 지름길로 가기 위해 나룻배를 타고 건너서 논길을 따라 솜리장에 이르렀다. 호호 방문, 가정집을 들러 파셨다. 어느 집에 갔을 때 아저씨들이 모여 장기를 두면서 더위를 식히고 있었다. 한 아저씨께서 한 다발 가격을 물으시면서 전체를 얼마에 팔라는 것이었다. 지금 생각하니 아저씨들이 나누어 싸게 사려는 것이었다. 어머니께서는 학교에 다니지 않아 계산을 할 수 없어 대답을 못하시는 것이었다.

내가 땅바닥에 곱셈을 해보았으나 확실히 할 수가 없었다. 지금 3학년 학생들에게는 간단한 문제일 텐데 그때 나는 곱셈을 해본 적이 없었다. 어머니께서 얼마의 돈을 받았는지는 몰라도 일찍 다 팔 수 있어 다행이었다.

구 시장으로 가서 부채, 메리야스, 내 고무신과 생선을 사 가지고 집으로 향하였다. 그 검정고무신은 명절이 되어서나 신고 다닐 수 있을 정도로 귀했다. 점심때가 언제 지났는지 시간을 알 수 없었다.

점심을 사먹은 기억은 나지 않고 목이 말라 아이스케기를 사 먹은 것만 생각났다. 그 당시는 설탕물을 얼린 것인데 어쩌면 그렇게 맛이 있었는지, 참 어려운 시절이었다. 동네에서는 가끔 아이스케기 장사가 와서 외치면 고물을 주고 사 먹었다. 마을 공동 우물에서 시원한 물을 떠다가 사카린을 녹여서 마시면 그렇게 시원하고 맛있을 수가 없었다.

어머니께서 하신 말씀이 생각났다. 솜리장에서 동생 돌날 입히려고 산 옷이 집에 와서 보니 없어졌다는 것이었다. 오는 길에 나무 그늘에서 쉬면서 모르는 아주머니와 옷이 예쁘냐고 자랑을 하였다는 것이었다.

그 아주머니를 찾아 나섰다는 것이었다. 다행히도 서로 사는 동네를 말하여 알 수 있는 것이 한 가닥 희망이 되었던 것이었다. 3km쯤 떨어진 마을이고 처음 본 아주머니이어서 찾을 수 있다는 것은 한양 가서 김서방 찾는 것이나 다름이 없는 일이었다.

돌날 아들에게 입힐 옷만 생각하며 정신없이 집을 나선 것이었다. 마을에 도착하니 석양이 되어 저녁밥을 하고 있어 연기가 나고 있는데 집집마다 들러 아주머니를 찾았다는 것이었다.

지성이면 감천이라 했던가! 아주머니가 부엌에서 불을 때고 있는 모습을 보면서 순간, 기지를 발휘하여 내가 정신이 나간나 봐 우리 아기 옷을 보고서 아주머니 보따리에 넣었어, 집에 와서 보니 없어서 이렇게 아주머니를 찾아와 만나니 반갑다며 즉흥적으로 멋진 원맨 쇼를 하는 바람에 아주머니도 감동이 되어 옷을 내놓더라는 것이었다.

아주머니가 옷이 예뻐 슬쩍했는데 만약에 단도직입적으로 옷을 내놓으라고 했으면 찾을 수 있었을까? 지금 생각하니 곡예사가 외줄타기를 하는 것처럼 아슬아슬하고 멋진 장면을 머릿속에 그려 보았다.

어머니의 재치와 유머를 생각하면서 나도 일상생활을 하는 동안 수많은 사건을 맞이할 때마다 포기하지 말고 최선을 다하면 이룰 수 있다는 확신과 상대방에 상처를 주지 않고 원만하게 문제를 해결할 수 있는 지혜를 지녀야 한다는 가르침을 주셨다. 황소같이 일만 하신 어머니의 모습에서, 오직 자식들을 위해 베푼 한없는 사랑이 그리워진다.

《인간과문학》 신인상 수상작

칼국수 한 그릇의 행복

저녁식사를 하러 나섰다. 아내가 과로로 인하여 몸살이 나 입맛이 없다 하여 나선 길이었다. 갈비탕을 먹자고 하니, 칼국수를 먹으러 가자고 하였다. 음식점으로 들어서니 많은 사람이 먼저 와 있었다. 차림표를 훑어보았다. 냉면, 만두, 칼국수, 새알팥죽, 소바, 등 종류는 다양했다. 해물칼국수 두 사람 분을 주문하였다. 숨을 고르고 주위를 둘러보니 대개 가족끼리 자리를 잡고 있었다. 그러나 부인들 모임과 나이든 친구들 모임도 있는 것 같았다.

서비스로 보리밥이 나왔다. 여러 채소를 고루 집어넣고 비벼 먹으니 맛이 제법이었다. 어릴 때는 식량이 귀해 꽁보리밥도 제대로 먹지 못했다. 그런데 오늘날은 맛 따라 일부러 식당을 골라가면서 먹고 있으니 세상 참 많이 달라진 생활 풍습이다. 주문한 해물칼국수가 큰 그릇에 푸짐하게 나왔다. 바지락이 많이 들어 있어 까먹는 맛 또한 일품이었다. 모처럼 아내와 마주앉아 먹으니 맛이 더욱 좋은 것 같았다.

나이 든 아저씨들 세 사람은 주문량을 다 먹지 못하고 남은 음식을 비닐봉지에 포장해 달라고 하였다. 젊은 사람 같으면 남기고 그냥 갔을 텐데 어려서 고생한 분들이라 아까워서 가지고 가는 것 같았다. 지금도 갈수록 빈부의 차이는 심해 나이가 들어 노후 준비가 안 된 사람들은 생활고를 겪는다는 생각도 들었다. 나는 남은 음식을 가지고 가는 사람 마음을 이해할 수 있었다.

계산대에서 만 원짜리 한 장을 주며 '맛있게 잘 먹었다.'고 인사를 하고 나왔다. 아내와의 외식은 만 원짜리 한 장으로 끝이 났다. 그리고 행복감까지 느낄 수 있었다. 비싼 것만이 좋은 것은 아닌가 싶기도 했다. 서로 감사할 줄 알며 만족해하는 것이 행복이 아닐까! 하고 자위적 판단도 해보았다.

집에 돌아오니 어릴 때 어머니께서 해주시던 칼국수 생각이 났다. 나 살던 고향은 논이 적고 야산 지대로서 60년대에도 식량이 부족하여 보릿고개를 넘기기가 힘이 들었다. 그리하여 야산을 개발해 호밀을 심었다. 이모작으로는 고구마를 심어 식량으로 대체하기도 했다. 황토 땅으로 고구마 맛은 매우 좋았다. 그 당시 점심으로 김치하고 먹던 고구마의 맛 감각은 지금도 잊을 수가 없다.

비료가 부족하여 토박한 땅에는 호밀을 심었다. 그리고 호밀을 베어서 다발로 묶어 나무통을 놓고 기술적으로 어깨 위로 올려 돌려 치면 호밀 알은 잘 빠져나왔다. 호밀대는 땔감으로 사용하였다. 호밀은 방앗간으로 가져가서 밀가루로 만들어 가지고 왔다. 식량이 부족한 때라 껍질째 가루로 만들어 한 끼라도 늘려 먹기 위해서였다.

그날 어머니와 나는 호밀가루를 가지고 집으로 와서 반죽하여 방망이로 굴려 둥글게 만들어 칼로 썰어 칼국수를 빚었다. 이어서 가마솥에 끓여 옹기그릇에 퍼 담아 상 위에 올려놓고 여덟 식구가 빙 둘러앉아 먹기 시작했다. 먹는 모습은 마치 석잠 자고 깨어난 누에가 뽕잎을 갉아먹는 것 같은 장관이었다. 중학생이던 나는 한 양푼을 먹고도 더 먹었다. 양념이라곤 간장과 마늘씨와 풋고추 정도였는데 그렇게 맛이 있었는지 정신없이 먹다가 마루에서 토방으로 굴러 떨어지기도 했다.

오늘날은 좋은 환경에서 잘 먹고 자가용을 굴리며 살아가고 있다. 때문에 운동 부족으로 인한 비만으로 골머리를 앓고 있는 사람들을 많이 볼 수 있다. 비만 증상이 여러 성인병을 일으키기 때문이다. 그런데, 지금 이 순간에도 세계 여러 곳에서는 먹을 것이 없어 굶어 죽어가고 있는 사람이 있다. 그런 면을 본다면 우리가 살고 있는 이 세상이 공평한 것만은 아닌 것 같다. '만 원의 가치와 칼국수 한 그릇의 행복'이 꼭 물질의 질량으로만 계산하여 얻을 수 있는 것은 아닌 것 같다. 배고픈 사람에게는 물고기 잡는 법과 사냥을 할 수 있는 능력이 필요하다. 그리고 비만인 사람에게는 식성도 인격이라고 분수에 맞는 절식으로, 이웃과 함께 나눔의 정신에서 오는 것을 생각해 볼 수 있지 않겠는가! 하고, 나는 자신에게 타이르듯 창밖을 보면서 혼잣말을 하고 있다.

《인간과문학》 신인상 수상소감

가뭄의 소낙비처럼 시원하다

수없이 망설임 끝에 용기를 내어 응모한 작품이 행운의 소식으로 날아왔다. 가뭄 속의 소낙비처럼 시원하였다.

은퇴한 후 주어진 시간을 보람 있게 사용하고자 2013년부터 덕진문학 수필창작반에서 수강하였다. 지나온 세월을 뒤돌아보며 추억을 더듬어 글로 옮기었다. 후회도 하고 반성도 하면서 새로운 지혜를 깨닫게 되었다.

무슨 일이든 쉽게 이루어지는 것은 없는가 보다. 처음에는 생각나는 대로 덤벙거리며 쓰다 보니 영향력 있는 글을 쓸 수 없었다. 하나하나 배우면서 수필은 자신의 체험을 소재로 한 글이지만 많은 사람들에게 흥미나 인생의 의미를 일깨워 주어야 한다. 읽는 보람을 안겨주기 위해서 공감대를 형성하여 감동을 느끼는 글을 쓰고 싶다.

끈기를 가지고 더욱 노력하라고 뽑아주신 심사위원님께 감사한 마음 드립니다. 이제 등단의 길에서 첫걸음을 옮기는 순간 넘어지더라도 다시 일어나 마음의 밭을 일구어 아름다운 열매를 풍성히 맺어보자고 다짐하여 본다.

그동안 열정적으로 지도해주신 김경희 교수님 그리고 덕진문학 회원님들과 기쁨을 나누고자 합니다.

《인간과문학》 신인 추천 심사평 / 수필부분

미학적 상상력을 확대해 나가는 힘

수필은 일상적 삶의 체험에 대한 글쓰기다. 그 글쓰기가 문학작품이 되기 위해서는 문화 가치의 창조적 행위에서 이루어져야 한다. 그 창조적 가치는 여러 가지 각도에서 평가되어야 하는데 수필에서의 그 핵심적 기준은 삶의 지혜가 어떻게 표현되었는가 하는 지표에 의해서 평가된다.

박광안의 수필 〈칼국수 한 그릇의 행복〉은 아내와의 외식 체험에서 느꼈던 일상적 체험을 담담하고 진솔하게 표현한 수필이다. 해물칼국수와 딸려나온 보리밥을 통해서 어린시절 어머니의 칼국수와 보릿고개를 회상한다. 칸트가 말한 바, 재생적 상상력을 끌어내는 솜씨가 자연스럽고 그 상상력을 생산적 상상력을 거쳐 미학적 상상력으로 확대해 나가는 힘을 느낄 수 있어 다른 작품이 기대되어 좋았다.

특히 결말 부분의 인식이 돋보여 '신인추천' 당선작으로 문단에 선보인다. "만원의 가치와 칼국수 한 그릇의 행복"이 꼭 물질의 질량으로만 계산하여 얻을 수 있는 것은 아닌 것 같다. 배고픈 사람에게는 물고기 잡는 법과 사냥을 할 수 있는 능력이 필요하다. 그리고 비만인 사람에게는 식성도 인격이라고 분수에 맞는 절식으로, 이웃과 함께 나눔의 정신에서 오는 것을 생각해 볼 수 있다는 체험에 대한 인식의 특별함이 그것이다.

앞으로 좋은 작품을 쓸 것으로 믿고 정진을 부탁한다.

추천 심사위원: 서정환, 유한근(대표집필)

아름다운 삶과 죽음

설 명절이 일주일 지났다. 아내의 어깨 통증이 심해 병원에 가보아야겠다고 하였다. 큰아들로서 명절이 되면 온 가족이 모인다. 집 안 정리를 하다가 감자 박스를 옮기는데 어깨가 삐끗했다고 하였다. 자녀들이 병원에 가자고 했으나 괜찮다고 하면서 약만 바르고 말았다.

통증이 멈추지 않아 할 수 없이 병원에 가게 되었다. 전에 갔었던 정형외과에 10시쯤 도착하니 많은 사람들로 붐비고 있었다. 접수를 하고 기다리는데 대기석 옆에 여러 신문과 교양서적이 있었다.

한권을 들고 읽고 있는데 20여 년 전 같이 근무하였던 선생님이 83세로 결혼한 지 60주년을 맞아 회혼식을 하고 있는 사진과 글을 읽게 되었다. 참 보기 좋고 흐뭇하였다. 오래 산다는 것보다 어떻게 살아야 하느냐가 중요했다. 나도 하고 싶은 장면이었다.

계속 읽다 보니 이번에는 문화원장을 지낸 분이 91세로 돌아가셨다는 기사를 읽게 되었다. 인자하고 덕이 있는 분이었는데 세월이 흐르니 누구에게나 다가오는 죽음을 피할 수는 없는가 보다. 어쩐지 쓸쓸한 마음이 들었다.

차례가 되어 의사 선생님이 진찰을 하였다. 손을 흔들고 어깨를 누르고 주무르며 반응을 물었다. 엑스레이를 찍어보자고 하였다. 가는 곳마다 앉을 자리가 없이 붐비고 있었다. 병원에 오면 아픈 사람이 어찌나 많은지 건강의 중요성을 피부로 느꼈다.

허리가 기역자로 구부러진 할머니를 아들이 모시고 다니는 장면을 볼 때는 처량하기도 하고 안타까웠다. 나도 고희에 접어드니 가족들한테 부담을 주지 않아야 할 텐데 장병에 효자 없다고 하지 않았던가?

기다리는 시간에 《빛나는 삶을 위한 죽음 수업》 이라는 책을 보게 되었다. 다음과 같은 글을 읽게 되었다. 싸나토로지(Thanatology)는 질병 치료나 통증 완화와 관련된 자연과학, 사람 됨의 의미와 자기완성을 다루는 인문과학, 인간과 사회의 관계를 다루는 사회과학 등이 어우러지는 통섭 학문이다. 품위 있는 죽음을 맞이할 수 있도록 돕는 학문으로 싸나토로지스트(Thanatologist)는 죽음교육 전문가를 말한다고 하였다.

웰빙(well-being)이 현대사회의 트렌드로 자리 잡으면서 그 관심이 웰다잉(well-dying)으로 확산하고 있다. 웰다잉 이라는 것은 말 그대로 살아온 날을 아름답게 정리하고 죽음을 잘 맞이하자는 것으로 고령화 사회로 들어선 우리나라에는 절실한 교육이다. 제아무리 억만장자라도 죽음 앞에서는 모두 평등하다는 사실을 겸허히 받아들인다면 주어진 삶을 더욱 의미 있게 쓸 수 있다. 2009년 타계한 故김수환 추기경이 생명 연장 치료를 거부하고 자연스럽게 죽음을 맞이하는 모습을 보면서 잘 준비된 품위 있는 마무리에 대한 관심이 높아지고 있다.

차례가 되어 엑스레이 사진을 보면서 의사 선생님의 설명을 들었다. 갑작스런 충격을 받아 나타나는 증상으로 사진 상에는 특별한 이상이 보이지 않는다고 하였다. 일주일 약을 복용하고도 통증이 있으면 정밀검사를 해보자고 하였다.

나이가 들어감에 따라 운동량이 부족하여 조금만 무리해도 증상이 나타나게 되어 생활 습관에 관심을 갖고 실천해야겠다고 생각했다. 주위에서 심한 운동을 하다 다쳐서 고생하는 친구들도 많이 보아 왔었다.

책을 읽다 놓고 오려니 아쉬워 집으로 가져갈까 망설이다가 모든 사람이 보아야 할 책을 나 혼자 읽기 위해 가져온다는 것은 길가에 핀 꽃을 꺾어서 꽃병에 꽂아 놓고 나만 보는 일 같아서 제자리에 두고 나왔다.

약국에 가서 일주일 처방약을 받아 들면서 이 약을 먹고 완치되기를 간절히바라며 나섰다. 차를 몰고 오다 점심때가 되어 명절 후유증을 조금이라도 풀어주기 위해 곰탕집으로 향하였다. 아내는 아침을 먹지 않아서인지 맛있게 먹는 모습을 보면서 나는 이가 좋지 않아 깨물기 힘들다며 고기를 건져 넣어 주었다. 지금 이 시간은 가고 나면 다시 오지 않는다. 후회 없이 최선을 다해 살아가야 하고, 죽기 위해서 마음의 준비를 하는 게 아니다. 우리의 삶이 죽음을 향해 가고 있는 것은 맞지만 그렇다고 죽을 준비만 하고 있을 순 없다. 나도 지금부터 하루하루 하고 싶은 일에 충실하고 무의미한 시간을 보내지 않아야겠다고 다짐하였다.

즐거운 나의 집

포근하던 겨울날씨가 이번 주는 동장군의 기세가 꺾이지 않는다. 우리 가족 10명은 봉고차로 고속도로를 신나게 달리고 있었다. 거침없는 탄탄대로였다. 밖에는 영하 10℃ 날씨지만 우리 가족의 온기를 당할 수는 없었다,

창밖으로 펼쳐진 풍경은 하얀 눈으로 덮여 쓸쓸하면서도 깨끗하여 기분이 좋았다. 수원이 가까우니 밀리기 시작하였다. 우리는 버스 전용차선으로 달리니 혜택을 단단히 보았다.

남산터널을 지나 예식장을 찾는데 어려움이 있었다. 도로가 아주 복잡하여 내비게이션이 아니면 찾을 수 없었다. 좌회전 하면 가까운 텐데 한 바퀴 돌아야 건너갈 수 있어 불편함을 느꼈지만 여러 경우의 수에서 가장 능률적인 최선의 신호 체계를 구성하였으리라 생각만 할 뿐이었다. 내비게이션의 안내가 없으면 많은 고생을 하였을 것이다.

화려한 식장의 맨 앞자리에 앉았다. 어느덧 가족의 연장자가 되어 버렸다. 축제의 분위기에서 결혼식이 진행되었다. "창밖에 앉은 바람

한 점에도 사랑은 가득한 걸, 널 만난 세상 더는 소원 없어 바람은 죄가 될 테니까. 네가 있는 세상 살아가는 동안 더 좋은 것은 없을 거야." 10월의 어느 멋진 날에 축가는 식장을 고요함으로 바꾸었다. 바로 앞에서 보는 신랑 신부의 미소 속에는 행복함이 가득해 보였다. 한 가정의 출발점인 이 시간 이 행복한 마음으로 백년해로하기를 마음 속으로 기도했다.

오랜만에 만난 일가친척들을 대하니 얼굴에는 웃음이 떠날 수 없었다. 명절에도 만날 수 없던 사람들과도 서로가 반가움으로 화목의 시간을 연출하고 있었다. 오늘 같은 날이 계속된다면 세상은 얼마나 평화로울까 생각해 보았다. 아쉬움을 남긴 채 3시가 넘어 다시 고향 길로 향하였다.

맑았던 날씨가 천안을 지나니 갑자기 눈보라가 치면서 앞을 잘 볼 수가 없을 정도였다. 우리나라 같이 작은 나라도 이렇게 날씨가 달라지니 큰 나라들은 얼마나 변동이 심할까 상상해 보았다. 정안 휴게소로 가려는데 그만 앞이 잘 안 보여 정안 나가는 길로 들어서고 말았다. 아차 하는 순간 이미 때는 늦은 것이었다.

톨게이트에서 요금을 지불하고 돌아서 다시 진입하려는데 눈보라 속이라 길을 분간할 수가 없었다. 설상가상으로 계기판을 바라보니 기름은 바닥을 가리키고 있었다. 전혀 예상치 않은 일이 벌어져 마음을 졸이게 하고 있었다. 바닥이 미끄러워 멈추어 있는 차들도 많아 30분 동안 헤매다가 겨우 다시 진입할 수 있었다.

와이퍼가 얼어 움직이지 않았다. 젊은 사위가 운전해도 이런 상황이 벌어졌는데 내가 만일 운전을 했더라면 어떻게 되었을까? 아찔한 순간이었다. 가족들이 한 곳에 있어 서로 위로하며 든든했지만 혼자 운전하며 간다고 생각할 때 얼마나 힘들까 생각해 보았다.

우리는 한 치 앞도 알 수 없는 인생길을 걸어가고 있다는 것을 느끼게 했다. 이런 경험을 한 사람들이 말한 것 같다. 장거리 여행을 할 때는 가족이 한 차에 타지 말라는 것이었다. 돌발적인 사태를 대비하기 위해서 말한 것 같았다.

휴게소에서 쉬면서 긴장을 풀고 봉고차에게도 허기진 배에 힘을 낼 수 있는 기름을 가득 넣어주었다. 고마운 듯 조심스럽게 달려 한결 부드러운 느낌이 들었다. 익산에 도착하여 저녁식사를 마치고 동생들 가족과 설날 다시 만나기로 하고 전주로 향하였다.

집에 들어서니 10시 조금 전이었다. 아침 8시에 출발하여 14시간 만에 내 편히 쉴 곳 나의 집에 도착하였다. 19년 동안 지내온 나의 보금자리이다.

오늘 본 수많은 사람들, 수많은 차들은 다 어디로 갔을까? 힘든 일 바쁜시간 주어진 일 열심히 하고서 편히 쉴 곳 즐거운 나의 집으로 찾아갔겠지 아무리 고된 몸으로 늦게 집에 들어가도 가족들을 만나면 피로가 마파람에 눈 녹듯 사라지니 가정은 만병통치의 병원과도 같다고나 할까?

힘들다고 옆길로 빠지면 더욱 힘들고 가야 할 목적지가 더욱 멀어지게 되니 할 수 있다는 자신감을 가지고 그때마다 둘이서 힘을 합쳐 용기를 가지고 정면 돌파할 수밖에 없단다. 그러할 때에 보람도 느끼고 기쁨도 맛 볼 수 있는 거란다. 큰아빠는 새 가정에 항상 〈즐거운 나의 집〉 노래가 온 누리에 울려 퍼지도록 간절히 바라며 두 손을 모은다.

한 방울의 물이라도

새벽부터 봄비는 내리고 있었다. 자연의 선물을 아낌없이 보내주고 있어 감사한 마음으로 창밖을 바라보았다. 만물이 기지개를 키면서 잠에서 깨어나는 것 같았다.

햇빛, 공기, 물 은 생물체가 살아가는데 없어서는 안 될 아주 중요한 것들이다. 모두 하늘에서 내려오는 것으로 우리들이 만들어 쓸 수 없다. 어려움이 없이 사용할 수 있어 고마움을 모르면서 살아가고 있다.

작년에 봄부터 여름까지 비가 내리지 않아 농사를 제대로 지을 수 없고 생활용수가 없어 물 배달을 하여 사용하는 불편함을 텔레비전에서 보았다. 몇십 년 만의 가뭄으로 댐이 바닥을 드러내는 일이 벌어졌다.

우리들이 자연환경을 오염시켜 일어나는 현상이라고 하였다. 북극의 빙산이 녹아내려 해수면이 높아져 해변이 잠기어 가고 있다니 놀라운 일이다. 전 세계적으로 심각한 가뭄 지역이 있는가 하면 홍수로 막대한 피해를 주는 곳도 있었다.

물이 있어도 오염되어 식수로 사용할 수 없어 물 부족 현상이 일어나고 있다. 낭비가 심할 때 물 쓰듯 한다고 말하는데 물마저도 마음대로 쓸 수 없게 되었다. 유비무환 정신으로 어려움이 오기 전에 미리 준비를 잘할 수밖에 없다.

건지산 체련공원에 갔을 때 많은 사람들이 건강을 지키기 위해서 열심히 운동을 하고 있었다. 땀을 흘리고 목마르면 지하수가 나오는 곳에 와서 물을 마시며 흐뭇해하는 표정을 보니 내 마음도 시원하였다. 또한 많은 사람들이 물통을 가지고 와서 물을 받아가고 있었다.

수돗물을 사용할 수 있는 것만도 감사한 일인데, 생수를 사서 먹으려면 돈이 들어가게 되어 깨끗한 지하수 물을 받아 가는 것이었다. 식당에서 왔는지 큰 통을 여러 개 가져와 받아가는 사람도 있었다. 자기들의 건강을 위해서 많은 노력을 하는데 물의 오염을 막는 자연 보전은 왜 안할까?

작년 여름 가족들과 피서를 간 일이 있었다. 맑은 물이 흐르는 계곡은 음식점에서 평상을 만들어 놓고 장사를 하고 있었다. 어느 곳에 가든지 쉴 만한 곳은 돈을 받고 빌려주고 있었다. 여름 한철 장사를 하여서 일 년을 먹고 살아야 하기 때문에 어쩔 수 없다는 것이었다. 평상을 하나 빌려 준비한 음식을 조리해서 맛있게 먹었다.

주위를 둘러보니 "금강산도 식후경"이라 했던가! 가족끼리, 친구들 모임에서 온 사람들로 가지각색 만물상이었다. 그동안의 스트레스를 날려 보내는 듯 맛있게 먹으며 즐거운 시간을 만끽하고 있었다. 경제사정이 안 좋아 억눌렸는지 얼큰하게 한 잔씩 하며 내일 일은 걱정하지 않는 모양이었다. 그래서 휴가는 필요한 것이구나 생각하였다.

물이 깨끗하게 흐르고 있어 손주들은 신나게 물놀이를 하고 있었다. 서로 떨어져 살다가 만나면 그렇게 좋은가 보다. 물장구치며 돌고래처럼 재주를 부리다 물싸움도 하였다. 힘이 들면 물놀이 기구를 타면서 노래 부르며 즐거워하는 하는 모습에 나의 어린 시절을 떠올리며 바라보고 있었다.

반바지를 입고 물속에 발을 담그고 있으니 물이 차가워 더위가 어디로 도망가 버리는 듯하였다. 세수를 하고 무심코 침을 뱉었다. 평상에 앉아 있던 아주머니가 보았는지 "침은 왜 뱉어"하는 것이었다. 내 나이쯤 되었을까 처음 보는 데 거침없이 하는 말에 말문이 막혀 꿀 먹은 벙어리처럼 아무 말도 못하였다. 이렇게 무색하게 당한 일은 칠순의 세월이 흐르는 동안 기억에 없었다. 지금도 그때 장면이 머리에 꽂혔는지 선명히 떠오른다. 깨끗한 물에 침을 뱉어 오염시키느냐는 뜻이 담겨 있었다. 그때는 불쾌했지만 지금 생각하니 앞으로 환경 보전하는데 고마운 약이 되었다.

돈은 아끼고 저축하는데 물은 너무 소홀히 취급되고 있다는 것을 느꼈다. 우리 모두 물을 절약하는 생활 습관으로 화장실 통에 벽돌 한 장 넣기, 빨랫감 모아서 세탁하기, 설거지나 세수할 때 받아서 하기를 실천하여 우리나라도 물부족 국가에서 벗어나야겠다고 생각하였다.

집에서 물을 절약하기 위해 재활용을 하고 있다. 소변 한 번보고 흘려보내는 물을 볼 때 너무나 아까웠다. 그리하여 세수한 물 사워한 물을 큰 다라에 받아놓아 소변을 볼 때 사용하고 있다. 나부터 작은 것이라도 절약하는 정신이 중요한 것 같아서였다.

물이 얼마나 귀한지 한 컵의 물로 세수하고 이를 닦는 나라도 있다고 들었다. '내가 돈 내고 마음대로 쓰는데 누가 뭐라고 해.' 하는 이기주의보다는 어려움을 겪고 있는 사람들을 위해 배려하는 마음, 한 방울의 물이라도 아끼는 순수한 마음이 어느 누구나 가득했으면 좋겠다.

가족사랑

부활절 예배 때 승재가 유아 세례를 받았다. 태어난 지 한 달 지나 교회에 나온 것이다. 주님과 동행하는 삶으로 하나님 영광 높이는 자로 성장하도록 목사님이 축복 기도를 해주셨다. 우리들 모두는 '아멘'으로 화답 하였다.

점심시간에 승재를 안아 보았다. 평화스러운 얼굴을 바라보노라니 누구든지 어린아이 같아야 천국에 들어갈 수 있다는 말씀이 떠올랐다. 가장 좋은 것으로 순진하고 순수한 모습이었다. 뿌듯한 마음을 표현할 길이 없었다. 건강하게 자라 필요한 일꾼이 되기를 기원하였다.

승재가 태어나기 전 병원에서 웃기는 일화가 있었다. 우리 세대에는 병원에 갈 수 없어 태어날 때까지 남녀를 알 수 없었다. 그래서 아들만 계속 낳는 사람이 있는가 하면 칠 공주를 낳은 사람도 있었다.

요즈음은 하나 아니면 큰 맘 먹고 둘째를 낳는 시대라서 태아 감별을 비밀로 지키던 의사들도 부모들이 알 수 있도록 비유하여 전해 준다고 하였다. 승재도 4개월이 지나면서 초음파를 보며 잘 안 보인다는 힌트를 주어 공주라는 것을 느끼게 하였다.

딸을 낳은 후라서 친가나 외가 모두 은근히 왕자를 기대했다. 누구나 건강하게 태어나길 원했지만 나 역시 겉으로 표현은 못했지만 마음적으로 서운한 느낌이었다. 그러나 집사람은 한사코 아들이라고 의사 앞에서 생고집을 부렸다는 것이다. 얼마나 아들을 원했으면 그랬을까?

그런데 6개월이 되면서 여러 검사를 한 결과 아들이라는 것이다. 의사선생님도 놀라운 표정이었다고 하였다. 긍정적인 믿음이 현상을 바꾼 것일까. 지금 생각하면 과학과 경험도 완벽하지 않아 오진이 있을 수 있다는 것을 알게 되었다. 지금도 나이를 든 우리 세대들만 하여도 아들은 있어야 하는 마음이 남아 있는 듯하였다.

요즈음 젊은 세대들은 여러 환경 조건으로 결혼을 못하거나 포기하는 사람들이 많다는 것이다. 경제적으로 여유가 있는 사람은 자기가 하고 싶은 일 하면서 독신주의로 살아가는 사람이 많아져 간다고 하였다. 사람들이 많고 삶의 목표가 다르겠지만 가정을 이루고 자녀를 양육하는 것이 가장 큰 행복이 아닐까 한다. 직장이 없어 결혼을 못하는 노총각이 있는가 하면 농촌으로 시집올 사람이 없어 젊은이들이 도시로 떠나 노인들만 살고 있으며 아기 울음 소리 책 읽는 소리 다듬이질하는 소리가 그리워지는 고향이다.

친할아버지께서 돌아가셔서 나한테 이름을 지어 달라는 사위의 부탁을 받고 며칠을 생각 끝에 부르기 좋고 듣기 좋으며 좋은 뜻을 담고 있는 글자를 찾아 적어보았다. 평생을 두고 부르는 이름을 지으려니 간단하지가 않았다. 벼슬을 하여 여러 사람을 잘 받들길 바라는 뜻으로 받들承(승) 재상宰(재)라고 작명하면서, 백승재 훌륭한 사람이었다는 이름으로 남기를 기원하였다. 부모가 만족해하여 기분이 좋았다.

자식보다도 손주가 더 예쁘다는 말을 많이 들어왔다. 나에게는 여섯 번째 손주로 막둥이가 되어서인지 더 애착이 갔다. 나도 그만큼 나이가 들었다는 것이리라. 마음은 청춘인데 아이들 커가는 것을 보면 늙어가고 있다는 것을 느꼈다.

올 추석에는 열네 명이 모두 모여 가족사진을 찍기로 하였다. 6년 전 찍은 가족사진을 보면서 아들 막둥이 세형이가 사진을 가리키며 나는 왜 없느냐고 '할아버지 미워.' 하면서 원망을 하는 것이었다. 그 후로 3명의 손주가 태어나 네 가정이 하나 되는 가족사진을 찍기로 하였다. 모두들 건강하고 맡은 일 충실히 하면서 서로 사랑하며 화목한 가정 이루기를 기원하였다. 하나님이 주신 달란트로 열심히 살아가는 것이 복이라고 생각하였다.

허무한 외출

시간에 맞추어 전주역에 도착하였다. 어제 예약했던 승차권을 받기 위해 창구에 가 이야기 하였다. 컴퓨터로 확인하더니 예약이 안 되었다고 한다. 어제 예약한 내용을 이야기 하니 다시 확인하더니만 출발 시간 전 20분이 지나 취소되었다는 것이었다.

어떻게 해야 되느냐고 부탁하니 좌석이 있어 다른 번호로 받았다. 오후 7시 50분, 내려오는 것도 같이 받았다. 출발 20분전 조금 늦어도 괜찮겠지 하는 안일한 생각의 결과였다. 매사에 빈틈이 없이 정확히 하라고 나에겐 커다란 경각심을 주었다. '좌석이 있어서 다행이었지 없었으면 입석으로 서서 가야만 되지 않았는가.' 생각하면서 긴장감을 풀고 플랫트홈에 나가니 기차가 들어오고 있었다.

얼마만인가, 아내와 기차를 타고 외출했던 때를 더듬어 보았다. 열차 안에 번호를 찾아 앉으니 포근한 느낌이 궁궐 같았다. 차창 밖으로 펼쳐지는 파노라마는 녹음으로 우거지고 아지랑이 속에 농부들의 농사 준비하는 모습이 평화로웠다. 계절의 여왕 5월 풍경은 엄마 품처럼 포근해 보였다. 준비한 음료수와 과일을 먹었다. 전에는 열차 안에서 파는 것을 사먹는 맛도 좋았는데 지금은 하나의 추억거리가 되고 말았다.

12시 20분 영등포역에 내리자 바로 전철 1호선으로 갈아탔다. 도봉구청까지 1시간쯤 걸렸다. 미리 인터넷으로 조사하여 처고모님이 계시는 요양병원을 찾아가는 길이었다.

부근에서 점심식사를 하고 요양병원에 들어가 마주하는 순간 달라진 모습에 너무나 놀랐다. 화장실에서 주저앉아 허리가 부서진 것이었다. 나이가 많으면 특히 여자들은 골다공증이 있어 조그만 충격에도 크게 다치게 되어 조심해야 한단다.

성격이 쾌활하고 노래도 잘 불러 치마만 둘렀지 황소 같았던 분이 침대에 누워서 묻는 말에 힘없이 대답만 하는 것을 보니 '누구나 늙으면 저렇게 되는 것인가.' 허무한 마음에 눈가에는 이슬이 맺혔다.

한 방을 둘이 쓰고 있는데 옆에 있는 할머니는 여든일곱이라는데 재산도 있으며 얼굴에 주름도 없이 건강하셨다. 아들딸이 서울에 살고 있어 자주 찾아온다며 떨어져 살아야 서로 편하다고 말씀하셨다.

창밖에는 저녁부터 내린다는 비가 5시가 되면서 내리기 시작하였다. 멀리 가려면 나서라고 하여 밖에 나가 음료수와 여러 과일을 조금씩 사 가지고 수고하시는 분들과 같은 방에 계시는 분들에게 나누어 드렸다. 언제 다시 올 수 있을지 몰라 용돈을 조금 드리고 무거운 발길을 옮겼다.

현대판 고려장이 요양병원이라 누군가 말했던가. 나의 어머니도 마지막엔 2년 2개월 동안 요양병원에서 생활하시다 가셨다. 나누기를 좋아하시고 인정이 많아 화목한 집안을 이루셨는데 정든 집을 떠나 객지에서 떠난 것이 지금도 마음에 맺힌다. 고통 없이 잠자듯 데려가시라고 하나님께 기도하시더니만 감기가 폐렴으로 돌아서 일주일 만에 88세의 고생 많았던 여자의 일생을 마치고 하늘나라로 가셨다. 목숨이 모질기도 하지만 그렇게 빨리 가시다니 기도하신 대로 되고 말았다.

숙모님도 요양병원에 가신 지 2년이 지났다. 자식들을 생각해서 본인들이 자진해서 가고자 하신단다. 부모는 열자식을 거느리는데 열자식이 부모를 모시지 못해 요양병원에서 일생을 마치는 세상이 되었으니 편한 것인지 효도가 사라진 것인지…… 오늘날의 현실이다.

영등포역에 도착하니 대합실에는 서글픈 광경이 벌어지고 있었다. 노숙자들 3명이 앉아 있는데 고약한 냄새가 바람 타고 퍼져 나갔다. 한참 후에 방범 경찰이 와서 나가라고 하니 큰소리를 치며 다투고 있는 것을 보니 50대쯤 되어 보이는데 '왜 그럴까 열심히 일해야 될 텐데 왜 혼자서 노숙자 생활을 하는지 씁쓸한 마음'을 감출 수 없었다. 어차피 늙으면 요양병원에서 혼자 살아야 하는데…….

7시 50분 전라선 무궁화호에 몸을 맡겼다. 창밖은 어둠에 깔려 눈을 감고 명상에 잠겼다. '나도 70고개에 올라서는데 어떻게 건강을 유지해야 하는지 100세 시대라고 하는데 활동하지 못하고 요양병원 생활을 하는 것도 살았다고 할 수 있을까?' 한편으로는 걱정도 되었다.

전주역에 도착하니 11시 30분, 휴게실 텔레비전에서는 내가 즐겨보는 가요무대가 끝나가고 있었다. 5월 가정의 달을 맞이하여 효도를 주제로 가요무대가 특집으로 90분간 하고 있었다. 출연자들이 모두 나와 〈어머니 마음〉 노래를 부르는 것을 보고 부모님에게 효도하지 못한 것만 머리에 떠올라 또 다시 마음은 가라앉았다. 참으로 허무한 하루의 외출이 되고 말았다.

다시 찾은 기쁨

건지산 산책길에 나섰다. 습작 노트에 볼펜을 꽂아 들고서 그늘을 찾아 걸어도 햇볕은 제법 따가웠다.

한참을 걷다 보니 한 아주머니께서 '어르신 이 책 한 번 읽어 보시지요.' 다정한 목소리로 부르며 팜플릿 하나를 건네주었다. 밝은 표정으로 감사합니다, 인사를 나눈 뒤 얼마 후 산 입구에 접어들으니 아주머니 두 분이 나를 보면서 빙그레 웃고 있어 눈을 마주치며 어디서 본 듯합니까? 하고 말을 건네니 손에 든 팜플릿을 가리키며 어디서 받으셨군요? 하는 것이었다. 자기들도 종교 전도를 하고 있다는 것이었다.

한참을 걷다가 노트를 바라보니 꽂아 둔 볼펜이 보이지 않았다. '어디서 빠졌을까' 한참을 망설이다 발걸음을 뒤로하였다. 산책은 어느 길이나 마찬가지이니까 볼펜을 찾아 나섰다. '찾을 수 있을까, 내 것이 되려면 만나겠지' 생각하면서 걸어온 길을 자세히 살폈다.

얼마 전 아주머니들을 만났던 부근에서 녹색 볼펜이 내 눈 안에 들어왔다. 반가운 마음에 집어드니 내 것이 분명했다. 이 순간의 기쁨을 무엇에다 비기랴! 포기하지 않고 정성을 다하면 이루어진다는 진리를 다시금 깨닫게 되었다.

가벼운 발걸음으로 오송 생태공원에 도착했다. 정자에 올라앉아 오송제를 바라보니 시원한 바람이 땀방울을 식혀 주었다. 강태공처럼 빈 낚시 던져놓고 시조 한 수 읊으면 얼마나 좋을까! 생각을 하니 아련한 추억이 다 떠올랐다.

아버지를 먼저 보내시고 고향집에서 17년을 건강하게 사시다 아들들은 많지만 자식에게 폐를 끼치기 싫다며 요양병원으로 들어가신 어머니. 돌아가시기 1년 전쯤 이곳에 왔을 때가 생각났다. 그때의 어머니 모습이 지금 현실이었으면 얼마나 좋을까, 자꾸만 그리워지는 것을 어찌 지우라는 것인지 흘러간 세월이여, 대답 좀 해다오!

6월의 따스한 노을을 바라보며 병원에 도착하여 차에서 내리려 하니 지팡이가 보이지 않았다. 정자에 놓고 온 것이었다. 다시 차를 몰고 그곳에 도착하니 지팡이가 그대로 있지 않은가! 얼마나 반가운지, 많은 사람들이 보았을 텐데 손대지 않은 것이 얼마나 감사한 일인가! 자기 물건이 아니면 손대지 않는 예향 시민의 성숙된 공중질서 의식에 흐뭇해져, 자동차도 한결 시원하게 달렸다.

도착하여 어머니한테 드리니 어떻게 그대로 있었더냐, 받아들며 사위가 사다준 것이라면서 보물처럼 여기던 지팡이를 보면서 좋아 하셨다. 물건 값의 비싼 정도를 떠나서 잃은 물건을 다시 찾은 기쁨을 요즈음 어린이들도 맛보았으면 한다.

어린이들과 같이 생활할 때 교실 청소를 하고 쓰레기를 보면 연필과 지우개 크레파스등 학용품이 한 주먹씩 나온다. 주인을 찾아주는 바구니에 놓아 필요할 때 누구든지 가져다가 사용하였다. 우산꽂이에도 우산을 놓고 가 며칠이 지나도 찾아가지를 않는다.

자기 것인 줄 알면서도 여러 사람 앞에서 부끄러운 마음 때문일까, 귀찮아서일까, 어려움을 겪지 않아 부족함을 느끼지 못해서일까, 아껴 쓰고 고마운 마음으로 자기 물건을 소중히 하는 태도를 길러주는 것이 중요함을 다시금 느꼈다.

어머니는 가셨어도 분신은 남아 현관에서 오늘도 바라보았다. 잃은 물건을 다시 찾아 만날 수 있듯이 가신 어머니는 다시 만날 수 없을까? 언젠가는 나도 어머니의 손때 묻은 저 지팡이를 짚고 다닐지 모를 일이다.

벽골제를 찾아서

설 명절에 가족이 한자리에 모였다. 초이튿날은 아내의 생일이어서 아침식사를 같이하였다, 날씨도 따뜻해 밖으로 나가 바람을 쏘이자고 하였다. 마침 TV에서 나의 고장 벽골제가 소개되고 있었다.

우리 가족 열한 명은 승용차로 벽골제를 향하여 달렸다. 날씨도 풀려 상쾌한 기분이었다. 어린이들뿐만 아니라 누구나 밖에 나가면 좋은가 보다.

벽골제에 도착하니 햇볕은 내리쬐어도 2월의 바람은 싸늘하였다. 음식점에 들어가 청국장과 두부 모둠, 파전으로 점심을 하였다. 어릴 적 어머니께서 만들어주신 청국장 맛이 떠올랐다.

전국적으로 알려진 지평선 축제 기간에는 사람들이 몰려들어 제대로 구경할 수 없었는데 오늘은 한가해서 자세히 볼 수 있어 좋았다.

민속놀이 상설 체험장이 연중 운영되고 있어 그네뛰기, 널뛰기, 고리걸기, 투호, 굴렁쇠 굴리기, 윷놀이, 제기차기, 팽이 돌리기 등 옛 선조들의 놀이 문화를 고스란히 재현해 볼 수 있었다. 손주들도 처음이라 다들 유익한 체험학습을 많이 할 수 있게 되어 즐겁다는 표정들이었다.

벽골제 농경문화 박물관에서는 국가사적 제111호 고대 최대의 수리 시설 벽골제의 역사적 의의 및 발굴 경과와 수리와 치수의 역사 및 전래 농경 도구와 농경문화, 오래된 고을 김제를 주제로 하여 전시를 구현하고 있었다. 급속한 현대화의 과정에서 유실한 전통 농경 사회의 기억과 경험, 그리고 사적 벽골제를 만날 수 있는 교육공간이었다.

농경사 주제관 및 체험관에서는 벽골제 관광 단지 중심부에 자리 잡고 있어 벽골제의 과거와 현재, 미래를 연결해주는 교량 역할을 담당한다고 볼 수 있었다. 관리 공간과 학습 공간은 1층에, 참여형 관람 공간과 테라스형 쉼터를 2층에 배치하고 3층 전망대를 설치하여 벽골제의 제내와 제외를 한눈에 조망할 수 있는 스카이라운지 기능을 추가한 시설이었다.

전망대에서 사방을 둘러보니 논으로 끝없이 이어져 그야말로 지평선을 이루고 있었다. 김제에서 생산되는 쌀은 전국의 40분의 1로서 그 품질은 어디서나 인정받고 있다.

체험 학습실은 홍보 영상실과 체험 학습실로 구성되어 있었다. 홍보 영상실에서는 김제 벽골제 관련 각종 영상을 관람할 수 있으며, 체험 학습실에서는 해시계, 메뚜기, 개구리, 백호 등 다양한 종이접기를 할 수 있었다.

농사철에 따라 사용하는 농기구를 살펴보고, 모내기도 직접 해 보면서 농경 문화를 쉽게 배울 수 있었다. 짚으로 만든 농기구와 재미있는 공예품들도 전시되어 있었다. 옛날 사람들은 농사일을 하지 않는 동안에는 짚을 꼬아 다양한 공예품을 만들었다.

주제관 기획 전시실은 논, 아름다운 공존(共存)의 자리 주제로 다양한 역사, 문화, 생태, 환경의 보고로서 논의 가치를 함께 나누기 위한 기획으로, 총 6개의 주제로 구성되어 전시하고 있었다.

상설 전시실에서는 농경의 역사 주제로 농경의 역사를 참여와 체험을 통해 보다 쉽게 이해하기 위해 조성된 체험 전시 공간이었다. 신석기부터 현대에 이르는 농경의 역사를 도구의 발달, 농업 기술의 발달 등을 따라 관람할 수 있도록 전시하고 있었다.

제방 둑에 올라서니 어린이들과 부모들이 연날리기를 하고 있었다. 바람이 불어 아주 높이 올라가 신나게 시합을 하는 모습이 보기 좋았다. 나도 어릴 때 추운 날씨도 아랑곳하지 않고 연날리기를 한 장면이 눈에 떠올랐다. 서로 엉켜 연싸움을 하다 연줄이 끊어지면 연을 잡으러 논밭과 산을 넘어 뛰던 때가 좋은 추억으로 오늘날은 볼 수가 없어 아쉽다.

단야각과 단야루를 보면서 단야낭자가 보여준 의리와 양심에 가책을 느껴 아버지의 잘못된 생각과 월내낭자를 위해서 헌신한 단야의 정신을 오늘날 이기주의로 팽배한 사람들이 본받아야겠다고 생각했다.

청룡과 백룡의 엄청나게 큰 조형물을 보면서 초등학교 운동회 때 쌍룡놀이를 한 일이 생각났다. 많은 학생이 참여하여 연출한 작품으로 많은 감동을 주어 박수갈채를 받았는데 오늘날 민속놀이가 사라져 가는 것을 볼 때 안타까운 마음뿐이다.

전국 민속놀이 경연 대회가 있어 시도별로 자기 고장의 민속놀이를 하여 전통을 이어가고 있었는데 지금은 그마저도 볼 수 없어 안타까운 마음이다.

오늘 벽골제 가족 나들이는 3세대가 모여 사라져 가는 농경문화를 체험하면서 손주들에게 산 교육으로 보람된 시간을 갖게 되어 마음 흐뭇하였다.

복덩이 황구

서른 살쯤 젊었을 때 일이다. 모내기를 마치고 밤꽃 향기를 맡으며 집으로 돌아오는 길이었다.

한참 후 뒤를 돌아보니 강아지 한 마리가 쫄랑쫄랑 따라오는 것이었다. 강아지를 바라보며 빨리 뒤돌아가라는 손짓을 하며 발을 굴렀다. 그렇게 해 강아지를 떼어냈다고 생각했는데, 얼마 후 뒤돌아보니 또 따라오고 있는 것이었다. 이번에도 뒤로 가라는 신호를 보내며 발을 굴렀다. 나를 힐끗힐끗 보면서 강아지는 또 쫓겨났다.

서늘한 바람과 함께 석양노을을 붉게 물들이며 해는 자취를 감추려 하고 있었다. 뒤를 돌아보니 언제 왔는지 강아지가 또 따라오고 있었다. 어미로부터 갓 젖을 떼 돌아다니다가 길을 잃고 나를 보자 주인으로 알고 따라오는 모양이었다. 그래 너와 나의 인연인가 보다, 생각하며 집에까지 같이 갔다.

그 시대는 강아지를 서로 나누어 키우는 시골 인심이었다. 나는 직장관계로 한 달에 한 번씩 집에 오곤 하였다. 그럴 때마다 어떻게 알아보는지 꼬리를 살랑살랑 흔들며 반갑게 맞아주는 것이었다. 강아지는 무럭무럭 귀엽게 잘 자라 어느덧 어미가 되어 막내 동생처럼 정이 들었다. 하룻밤을 자고 떠날 때에도 황구는 꼬리치며 따라와 버스를 타면 뒤돌아가곤 하였다.

어느 때부터인지 황구의 배가 불러오르고 있는 것을 보니. 뱃속에는 새끼가 자라고 있는 것이었다. 물끄러미 앉아 볼 때마다 눈도 노랗고 털도 노랗고 얼굴도 예쁜 황구가 새끼를 10마리나 낳았다. 얼마나 귀여운지 강아지가 예뻐서 동네에서 서로 키운다고 가져갔다. 돈은 얼마씩 주었는지 모르며 농사일을 해주기도 하였다.

그 후로도 황구는 1년에 한 번 꼴로 새끼를 낳았다. 자연적으로 자기들끼리 교미를 하여 무려 아홉 번이나 새끼를 낳았다. 열 마리 가깝게 낳아 기르니 복덩이라고도 하면서도 한편으로 안쓰럽기도 하였다. 영양 보충도 제대로 해주지 못하니 바짝 야위고 말았다.

어느 때인가 집에 오니 반가이 맞아주던 황구가 보이지 않았다. 알아보니 개장사한테 팔았다고 하셨다. 서운한 마음은 이루 말할 수 없었다. 그렇다고 죽을 때까지 기를 수도 없고 살아있는데 생매장을 할 수도 없는 상황이었다. 우리 집에 스스로 찾아들어 많은 자식들을 낳아주고 늙어지니 토사구팽 하는 것 같아 죄스러운 마음 금할 수 없었다.

나도 새끼를 한 마리를 가져다 길러보았다. 오후에 퇴근하면서 '메리'하면 어디서인지 달려 나와 내 앞으로 두 발을 들고 달려든다. 예쁘다고 쓰다듬어 주면 꼬리 치며 납작 엎드린다. 시골집이어서 밖에서 자유롭게 커면서 어찌나 귀엽고 예쁜 짓을 하는지 정을 더해갔다.

막내딸 중학교 진학 관계로 전주로 이사를 하게 되었다. 좋기도 하였지만 메리를 어떻게 해야 할지 문제가 되었다. 먹이통에 사료를 부어놓고 줄을 기둥에 메고 이삿짐 차는 출발하였다 내일 퇴근길에 만나기로 하면서. 누구한테 기르라고 주어야 할지, 아니면 팔아버려야 할지 갈등을 하다가 아파트가 아니고 주택이기 때문에 일단 데리고 가기로 하였다. 차가 없어 시내버스로 출퇴근하기 때문에 어떻게 같이 가야할지 난감했다. 택시도 개는 실어주지 않는다고 하였다. 그러자 집사람이 어디서 국화를 한 아름 가져오더니만 사람이 적어 올라타니 자리가 있었다. 기사님이 보았으면 안 된다고 했을 텐데 집사람이 국화로 개를 감싸고 올라타 의자 밑에 앉혔다.

지금 생각하면 007구출 작전 같이 스릴이 있었다. 만일 개가 짖어 소리라도 냈다면 중간에서 내려야 했을 텐데 내릴 때까지 소리를 내지 않고 버스에서 내려 집에까지 같이 올수 있었던 일을 생각하니 지금도 알 수 없는 신기한 일이었다.

나팔꽃 향기처럼

우리 집 아파트 입구 화단에는 큼지막한 나무가 하나 서 있습니다. 덕분에 집을 나설 때나 들어올 때 기분이 아주 좋습니다. 나의 마음을 기쁘게 해주는 천사의 나팔꽃이 웃으며 향기를 주기 때문이지요.

지난 초여름부터 노란색 꽃이 몇 번이나 피고 지면서 보는 이의 마음을 즐겁게 했습니다. 시월인 지금도 몇몇 가지에선 꽃이 피었고, 그보다 더 많은 꽃망울들이 개화를 기다리는 중입니다. 햇빛을 아주 좋아하며 가끔 물만 주면 잘 자란다고 합니다.

추위에 약하여 5℃ 이하로 내려갈 때는 실내로 들여 월동을 하면서 지냅니다. 1층에 사시는 분이 올해로 삼 년 동안이나 공을 들여 우리들을 기쁘게 해주고 있습니다. 얄궂은 태풍 차바 때문에 크게 몸살을 앓았지요. 꽃이 크고 독특한데다 하나같이 지면을 향해 꽃이 피는 것이 신기해 꽃 이름을 물으니 '천사의 나팔꽃'이라고 알려주었습니다.

천사의 나팔꽃은 통화식물 목가지 과 독말풀 속에 속하는 여러해살이 풀입니다. 정식 학명은(Datura suaveolens Humb. et Bonpl)이고요. 흔히 성경에 나오는 하늘을 나는 천사가 긴 나팔을 입에 물고 소식을 전하는 모습이 연상된다고 하여 '엔젤스 트럼펫(천사의 나팔꽃)'이라고 부르기도 한답니다. 그러고 보니 꽃 모양이 꼭 나팔 같기도 하거니와 하늘이 아닌 지면을 향해 핀 모양새를 보니 꼭 맞는 이름이다 싶었습니다. 다투라라는 원 이름보다 '천사의 나팔꽃(Angels Trumpet)'이라는 이름으로 더 잘 알려진 이 나무는 남아메리카 원산의 상록 저목 입니다. 초여름부터 나팔 모양의 긴 꽃이 아래를 향해서 피며, 한 송이만 있어도 방안 가득 향기로 채울 만큼 향이 강렬합니다. 일반적으로 꽃잎은 하얀색과 노란색의 두 가지이며, 잎은 크고 넓은 활엽수 계통입니다.

관심 있는 것에 대해서 궁금증을 참지 못해 인터넷을 찾아보니 대충 위와 같은 정보를 찾을 수 있었습니다. 아는 만큼 보인다고 이 정도 정보라도 알고 나니 새삼 꽃에 대한 애정이 새록새록 피어나고 있었습니다. 지나치게 고개 숙여 겸손한 꽃, 색깔도 다양하고 향기도 백합처럼 코끝을 아주 자극합니다. 망울을 터뜨리는 천사의 나팔꽃을 바라보며 스마트폰으로 사진을 찍고 나니 나팔과 관련한 몇 가지 생각이 떠올랐습니다. 성경에서는 나팔 소리가 재앙을 알리는 의미로 쓰이며, 성도들을 모으기 위한 것이기도 하고, 마지막 날 주의 재림과 성도들의 변화를 알리기 위한 것으로 이용되었습니다.

또 다른 곳에서는 자신을 자랑하는 것을 가리켜 '나팔을 분다.'고 비유하기도 했습니다. 이런 면에서 볼 때 나팔은 소리를 내는 것이 주된 사용 용도라는 것을 알 수 있었습니다.

오색단풍으로 꾸며진 따스한 가을날 결혼식장에 가기 위해서 시내버스에 올랐습니다. 자리에 앉아 창밖을 바라보며 갈 수 있어 긴장감도 없이 편안하였습니다. 한참 후 정류장에 멈추었을 때 건너편 교회 출입문 앞에 커다란 천사의 나팔꽃이 시선을 끌었습니다. 이렇게 기쁨을 느낄 수 있을까 싶었습니다. 순간 머릿속에 사진을 찍어놓은 것처럼 계속 떠오르는 게 있었습니다.

우리 아파트에서 매일 보아 왔는데 뜻밖에 교회 앞에 심어진 아주 커다란 꽃무더기를 볼 수 있었습니다. 위에서 말한 것처럼 교회와 특별한 관계를 맺고 있다는 것을 알 수 있습니다. 맑고 싱그러운 꽃향기처럼 성도들의 그리스도 향기가 온 누리에 흘러넘쳐 깨끗한 세상이 되었으면 얼마나 좋을까요?

우리 파트 화단에 핀 '천사의 나팔꽃'은 소리를 내지 않고, 대신 강한 향기를 소리 없는 울림으로 퍼트리고 있습니다. 향기로 내면의 울림을 전하는 천사의 나팔꽃을 보며 나는 과연 어떠한 울림과 향기를 지니고 있을까 생각해 보았습니다. 그리고 우리 아파트는 어떤 울림과 향기를 발하는 아파트일지도 생각해 보았습니다.

오늘도 들어오는 길에 노랗게 핀 천사의 나팔꽃을 바라봅니다. 앞으로 날씨가 풀려 맺힌 꽃망울이 활짝 필 것을 기다려 보기도 합니다.

문득 이런 생각도 듭니다. 언젠가는 저 나팔꽃처럼 이 세상에서 삶을 다하고 떠날 때 무엇을 남기려는지, 아름다운 향기를 남겨야 할 텐데. 유명한 작가들처럼 세월은 흘러가도 독자들이 공감하여 감동을 전하듯이, 나 또한 수필 한편이라도 남길 수 있을까? 한참동안 생각에 잠기다 문득 고개를 들어 바라보니 태풍이 지나간 하늘은 더 높고 푸르렀습니다.

가정의례

올해는 설날에 한복을 입었다. 결혼할 때 입어보고는 장롱에서 잠자고 있었다. 고희에 접어들어 입으니 어린 시절 설빔으로 입었을 때처럼 식구들 모두 보기 좋다고 하였다. 어느덧 가족에서 연장자가 되고 말았다.

부모님 생각이 떠오른다. 어릴 때 설날이 기다려졌다. 설날이 되어야 검정 고무신을 선물로 받아 신고 다닐 수 있기 때문이었다. 신발을 잃어버리면 기다리는 수밖에 없었다. 그 시대에는 얼마나 어려웠던지 초등학교를 맨발로 다녔다.

세시풍속도 세월의 흐름에 따라 달라져 버렸다. 어렸을 때는 설날 차례를 지내고 집안 웃어른을 찾아다니며 세배하였다. 우리 집도 세배 발길이 이어져 어머니께서는 술상을 차리시느라 바쁘셨다. 음식도 한 달 전부터 준비했다. 정월 대보름에는 새벽에 오곡밥을 한 시루해서 방 윗목에 놓고 냉수 한 그릇 떠놓고서 어머니께서는 두 손을 비비면서 기원을 하셨다. 잠자리에서 듣고 있으면 집안 화평과 자식들 건강하게 자라게 해주시라고 간곡히 아뢰는 것 같았다. 30분이 넘는 시간을 무슨 말을 하셨는지 그야말로 지극정성이셨다. 기도의 영향으로 우리 6남매는 행복한 가정을 이루면서 형제끼리 화목하게 살아가고 있다. 집집마다 다니며 한 그릇씩 얻어 아홉 집 밥을 먹어야 여름을 건강하게 지낼 수 있다는 것이었다. 여러가지 탕과 나물을 차려 오곡밥을 먹던 시절이 부모님 모습과 아련히 떠오른다. 지금은 옛 추억이 그리워 조금해서 맛으로 먹고 있다.

오늘날은 제사 지내는 것도 달라져 간소화 되었다. 고조부까지 지내게 되어 없는 집 제사 돌아오는 듯하다고 하였다. 그래서 장남한테는 시집을 안 간다고 하는 말도 있었다. 아무리 어려운 시절이더라도 정성 들여 제사상을 차려 자정이 지나야 철상을 하였다. 농경문화 시대라 낮에 일을 하고 피곤할지라도 조상을 숭배하는 정신은 본받아야 할 것이다. 지금은 아기를 적게 낳아 모두가 장남이 되니 할 말이 없다. 종갓집 며느리는 한 달에 한 번 꼴로 제사를 지내야 하기 때문이었다. 그래서인지 장남과 맏며느리는 타고 난다고 어른들은 말씀하셨다.

오늘날은 종교에 따라서 달라지고 있다. 그래서 형제들끼리 다투고 가족의 화목이 깨지고 있다는 것을 들었다. 우연의 일치인지는 모르지만 어머니와 아버지는 4월 달에 돌아가셨다. 어머니는 10일 아버지는 29일로 꽃피고 새 우는 좋은 계절에 하늘나라로 가셨다. 우리 집도 기독교식으로 예배를 드리고 있다. 어머니께서 교회에 다니셨고 형제들도 믿고 있으니 따르고 있다. 명절에는 모두 참석하지 못하나 부모님 추모 예배 때에는 온가족이 모두 참여하고 있다. 장남인 나로서는 혁신적인 제안을 하였다. 서로들 멀리 떨어져 살고 있으며 직장에 나가야 하기 때문에 4월 첫 주 토요일 산소에서 만나기로 하였다. 주변을 깨끗이 정리하고 추모 예배를 드린다. 부모님한테 집으로 찾아 오시라기보다 자손들이 찾아뵈는 것이 더 의미가 있다고 엉터리 같은 생각도 해보았다. 아무튼 형식보다도 마음적으로 부모님을 잊지 않고 감사하는 태도가 더 중요할 것이다. 부모님 자손이 44명이나 되어 찾아오니 얼마나 기뻐하실까? 우리 집은 가장 큰 가정 행사가 되었다.

청명 한식이 들이있는 주간으로 성묘를 하느라 전국적으로 효도의 물결이 일어나고 있었다. 부모님께서 자식들을 생각해서 오고 가기 복잡하니 좋은 계절에 한번 만나게 해주셨는가 생각도 해보았다. 예배가 끝난 후에는 음식점에 가서 식사를 하면서 즐거운 시간을 가진다. 집집마다 좋은 일이 많아 식사비를 서로 내겠다고 하니 얼마나 흐뭇한 풍경인가! 우리들은 여름휴가 때 또 만난다. 휴가 일정이 조절 안 될 때에는 광복절에 만나기로 했다.

세상은 발달하여 살기 좋아지는데 시간에 쫓기어 가족들이 한자리에 모이기가 힘들어지고 있다. 우리의 전통을 지키며 효도하고 화목한 가정으로 항상 웃음꽃이 피어나길 그려 본다.

신의를 지킨다는 것

궂은비는 하염없이 내리고 있었다. 텔레비전에서 일기 예보를 보니 남쪽에서부터 내리기 시작하여 전국적으로 많은 비가 오겠다고 하였다. 어떻게 해야 할지 걱정이 태산 같았다. 우리들은 살아가는데 많은 문제들에 부딪치게 된다. 그럴 때마다 어떻게 하는 것이 가장 합리적인가, 지혜가 필요한 것이다.

형제들과 피서를 가기 위해 펜션에 예약을 했다. 지인을 통해 20일 전 구두로만 예약을 한 것이다. 예약금을 보내야 하는데 서로 믿고 당일 지급하기로 하였다. 편리하기도 하였지만 고민거리가 되고 말았다. 매매가 이루어질 때에도 계약을 하면서 규정된 금액을 지불하고 약속을 지키려고 최선을 다해도 이행을 못할 경우에 어긴 쪽이 손해를 보게 되는 것이다. 그 중간에서 공인 중계사가 역할을 하고 있는 것이다. 그런데 이번 일은 내가 부탁한 사람을 믿고 예약금을 전하지 못해서 딱한 입장이었다.

나 개인의 문제만 같으면 간단한데 여섯 형제 가정들이 모이기 때문이다. 어렵게 날짜를 조정하여 택한 날이었다. 내 혼자의 힘으로서는 해결하기가 어려웠다. 거리가 멀어서 운전하고 오는데도 힘들고 빗길에 안전도 문제였다. 이것저것 생각하다 보니 걱정만 커지는 것이다. 그래서 펜션 주인에게 전화를 했다. 비가 많이 온다고 하니 어떻게 했으면 좋겠냐고 하니 딱한 듯 오시든지 안 오시든지 무엇이라 말할 수 없다는 것이다. 동생들 의견을 종합하기 위해 전화를 하게 되었다. 세 가정은 계획대로 실행하자고 하였다. 한 가정은 건강 상태가 좋지 않아 어렵겠고 한 가정은 오후 늦게까지 일을 해야만 하는 일이 생겨 비가 오는데 장거리 야간 운전하기가 어렵다면서 계획대로 진행하라는 것이다. 추진하는 나로서는 어려운 환경에서도 실행하는 쪽으로 결정을 하게 되었다. 동생들도 바깥 활동을 못하면 펜션에서 편히 쉬자는 것이다.

다음 날 점심때가 되니 펜션 주인에게서 전화가 왔다. 어떻게 결정되였냐는 것이다. 오후 입실 시간에 맞춰 도착하겠다고 하였다. 출발을 하였는데 비는 오락가락 하면서 운전하는데 지장이 많았다. 네비게이션을 보면서 가는데 소리가 적게 들려 내가 아는 그전 국도 길과 고속도로 길을 생각하니 갈등이 생겼다. 고속도로 쪽으로 안내를 해주어 들어섰다. 처음 가는 길이면서 기계에 얽매여 따라가야 하니 염려가 되었다. 고속도로에서는 나가는 길을 놓치면 다음 지점까지 계속가야 하기 때문이다.

비는 더욱 세차게 차창을 때려 안내판 보기가 힘들었다. 설상가상으로 안내 소리도 적게 들려 긴장이 되었다. 아차 하는 순간에 나가는 길을 통과 하고 말았다. 순간 화가 치밀어 올랐다. 결국 10km쯤 돌아목적지에 도착하니 4시가 되었다. 제일 먼저 가야 할 사람이 마지막으로 도착한 것이다. 미안한 표정을 지으니 무사히 도착했으니 다행이라 하면서 위로를 하는 것이다.

다음날 출발하려는데 황당한 일을 당하고 말았다. 자동차 앞바퀴가 쪼그라들어 있었다. 무슨 일을 당했을 때 불행 중 다행이란 말을 하는데 만약에 고속도로에서 일어났더라면 큰 사고로 이어졌을 것이다. 바로 보험회사에 전화를 하니 20분도 안 되어 도착하였다. 살펴보더니 못이 박혀 있었다는 것이다. 순식간에 원상복구시켜 놓는 솜씨가 보기 좋았다. 이렇게 편리함을 누릴 수 있는 것은 무엇 때문일까? 보험회사와 맺은 규약 때문이다. 누구나 누려야 할 공휴일인데도 책임을 다하는 것이다. 우리들이 살아가는데 평탄한 길만 달릴 수 없다. 돌발 사태를 만났을 때 도와주고 어려움을 해결해주는 여러 가지 보험에 가입하고 있는 것이다.

"윗물이 맑아야 아랫물도 맑다"고 하는데 높은 지위에 올라 권력을 가지고 나라를 다스려야 할 지도자들이 믿음이 없고 의리를 지키지 못하는 것을 볼 때 어떻게 살아야 하는지를 다시 한 번 생각하게 되었다.

올 여름 피서는 무슨 일을 할 때 '치밀한 계획과 안전 점검을 잘하여야 겠다.'고 느꼈다. 어려운 환경에서 고생을 하였어도 신의를 지킨다는 것이 살아가는데 얼마나 중요한가를 체험하면서 마음은 평화스러웠다.

제Ⅳ부

자연을 벗삼아

教子詩書真活計傳
家孝友是生涯
池鳳 朴光安

교자시서 / 박광안

池鳳 朴光安

전서 / 박광안

대나무 / 박광안

모악산에 올라

신록의 계절 5월 근로자의 날 아침, 밖을 내다보니 화창한 날씨여서 어디론가 떠나고 싶은 마음이었다. 상쾌한 기분으로 모악산을 향하여 집을 나섰다.

버스에서 내려 친구들과 만나 반가운 인사를 나누었다. 오늘이 쉬는 날이라 젊은이들이 많고 기분이 좋아 봄기운이 샘솟는 듯했다. 오색찬란한 등산복으로 차려입은 등산객들은 길을 메워 가을 단풍처럼 아름답게 색칠되어 있었다. 산에 오르는 동안 숨이 차오르고 등에서 땀이 나기 시작하였다.

한참을 말없이 걷자 대원사가 보였다. 경내에 들어서니 초중하생들이 사생대회를 하여 남긴 많은 그림을 볼 수 있었다. 뛰어난 솜씨에 마음이 흐뭇해지면서 어쩌면 저런 소질을 가지고 태어났을까 싶어 부러웠다.

시원한 물소리가 들린다. 그 물소리를 따라 오르니 산자락에 핀 진달래가 만발하여 환하게 미소로 반긴다. 한참을 더 오르니 쉼터에서는 많은 사람들이 간식을 먹으면서 즐거워하고 있다. 그 모습을 보고 있노라니, 대학생 시절 처음으로 모악산에 오른 일이 머리를 스친다. 그때 처음 먹어본 라면 맛은 지금도 잊을 수가 없다. '반세기가 흐르는 동안 산천은 그대로인데 내 모습은 많이 달라졌구나.' 세월의 무상함을 느끼며 발걸음을 옮겼다. 땀방울을 닦으며 숨소리가 거세지자 수왕사가 보였다.

샘터에서 물 한 바가지를 마시니 날아갈 것 같은 기분이었다. 송화백일주 12대 전승자인 벽암 스님은 수왕사 약수는 좋은 물이 지녀야 할 4가지 덕목을 모두 갖췄다고 말한다. 서쪽에서 나서 동쪽으로 흘러야하고 바위틈에서 나와야 하며 늘 같은 온도를 유지하는 것은 물론 물이 무거워야 하는 4가지 덕목, 이 모든 조건을 갖춘 물이 바로 수왕사 약수란다. 구이저수지가 보이는 멋진 풍경을 보면서 땀으로 오욕을 씻고 잠시라도 신선이 된 기분이다.

가벼운 발걸음으로 올라 무제봉에 도착했다. 정상에는 공터로 되어있으며 사방으로 시야가 터져 조망이 좋았다. 완주 모악산 마실 길 안내도를 읽으니 무제봉은 기우제를 올리던 곳으로 각 고을에서 준비한 제물을 올렸으며 시작할 때부터 끝날 때까지 농악을 울리며 밤을 새웠다고 전해준다.

오늘은 이천 원짜리 막걸리 한잔을 마시며 새로운 에너지를 충전하는 장소로 바뀐 모습이다.

어느 산이든지 정상은 쉽게 내어주지 않나 보다. 가파른 길을 오르려니 숨이 턱까지 차올랐다. 오르는 사람, 내려오는 사람, 그야말로 인산인해이다. 한 걸음으로부터 시작하여 걷고 오르니 정상에 도착하였다.

값진 선물

어느 날 내 품으로 다가 온 반가운 손님
그 님은《산길 따라 10만 리》의 기행문집
교육자 운영 선생의 살아 있는 발자취
"성취는 도전하는 자의 것이다."라는 집념으로
이산 저산 누비며 넘어간 5000여회 산행 길
얼마나 흘렸을까? 구슬 같은 땀방울을
건강을 주고 자신감을 심어준 시원한 활력소
나의 앞길 밝은 빛으로 인도한 값진 선물
다음에는 덕진 문학 5호를 기다려 보련다.

눈앞에 펼쳐진 한 폭의 아름다운 풍경! 전주 시내가 한눈에 들어왔다. 이 맛을 느끼려고 산에 오르는가? 모든 것이 내 것인 것 같고 모든 근심 걱정 날려 버리고 깨끗하고 선한 마음으로 채워지는 순간이었다. 시원한 바람도 불어와 흥겨운 노랫소리가 저절로 나왔다. '내 고향 남쪽바다 그 파란 물 눈에 보이네, 꿈엔들 잊으리오. 그 잔잔한 고향바다 어릴 때 같이 놀던 고향동무 그리 워라.' 우리들의 대표적인 가곡 가고파의 한 소절이다.

나는 모악산 정상에 오르면 김제 하늘을 본다. 그 하늘 아래 복숭아꽃, 살구꽃이 피던 고향에는, 어릴 적 공놀이하고 방죽에서 헤엄치던 친구가 살았었다. 그 친구들은 지금 무엇을 하고 있을까? 나는 그들이 보고 싶어지면 모악산 정상에 올라 친구들을 생각하곤 했다. 푸르른 서쪽 하늘을 바라보며.

덕진문학 기행

8시 30분 버스는 시내를 벗어나 소양에 다다랐다. 화심을 지나 모래재를 오르니 차창 밖에는 단풍이 들어가는 모습이 청명한 날씨로 기분을 들뜨게 하였다.

정상에서 휴식을 하며 호흡을 가다듬었다. 지하수 물을 조롱박으로 받아 마시니 오장육부가 싸늘하며 마음까지 시원하였다. 시내 사람들이 더위를 피하여 저녁에 와서 큰 통에 물을 받아가는 사람이 많다고 하였다.

버스는 장승초등학교를 지나 새로운 길을 따라가서 마령고등학교를 거쳐 백운초등학교를 지나고 있었다. 10년 전에 3년간 근무한 곳이라서 추억을 더듬으며 차창 밖을 유심히 바라보았다. 마음 같아서는 내려서 학교를 한 바퀴 돌며 달라진 모습을 보고 싶었는데 버스는 내 마음을 아는지 모르는지 그냥 달려가고 있었다.

어느덧 섬진강 발원지인 데미샘을 돌아간다. 언제 길을 확장했는지 아스팔트로 포장되어 있었다. 1학년 때 가르친 꼬마가 머리를 스쳐갔다. 가을 학예 발표회때 첫 인사를 귀엽고 멋지게 하여 많은 박수소리가 지금도 들려오는 듯하였다. 공부를 잘해서 좋은 대학을 나와 지금은 사회가 필요로 하는 유망한 인재로 활약하고 있을 것이다.

좌우 차창 밖의 풍경은 아직 단풍이 절정은 아니지만 새로운 감회가 들었다. 정상에서 차를 세우고 내려다보는 경관은 정말 아름다웠다, 우리나라의 산천은 사계절의 변화에 따라 우리들의 마음을 달래주고 있었다. 선생님께서는 글 쓸 소재를 하나씩 생각하여 좋은 작품을 써보라는 당부의 말씀도 있었다.

장수군으로 넘어서니 장수 읍내가 한눈에 들어왔다. 읍내를 지나 논개 사당이 있는 공원에서 관람하였다. 추석 전 처음으로 장수 한우 축제가 열린 곳이라서 그때의 추억이 되살아났다. 버스는 다시 논개 생가를 찾아 장계를 향해 달렸다. 축제 때 들러본 곳이라서 새로움이 덜했지만 한 바퀴 돌아 나왔다. 버스는 번암면을 향해 달리면서 덕산계곡의 아름다움을 보여주었다. 지지계곡과 제방저수지의 물은 남원시내 상수원이란다.

소재지에 도착하니 한시 반이 넘어 점심이 좀 늦었다. 김치찌개 백반인데 깨끗한 반찬에 음식 맛이 독특한 시골 밥상에 오미자 술을 곁들이니 금상첨화의 점심을 맞이하였다. 아직까지는 정겨운 시골 냄새가 풍기는 것 같았다.

점심도 먹지 않은 버스에는 미안하였다. 그러면서도 불평 없이 신나게 달려 광한루에 도착하였다.

일편단심 춘향이가 이몽룡을 사랑하였듯이 버스도 우리를 위해 헌신하는 모습으로 내 마음에 들어왔다. 나도 여러 곳에서 조그마한 일이라도 봉사 할 수 있는 일을 생각하며 광한루 원을 한 바퀴 돌아보았다.

최명희 문학관을 향해 달렸다. 아담하게 꾸며져 있었으며 생전에 쓰던 유품과 남겨 놓은 작품들이 진열되어 있었다. 문학의 힘이 대단하다는 것을 느꼈다. 나와 동갑인데 이런 훌륭한 업적을 남긴 것을 생각할 때 내 자신을 되돌아보게 하였다. 너무 일찍 세상을 떠나게 되어 아쉬움이 많았다. 좋은 작품 더 많이 남겨 여러 사람의 영혼을 더욱 빛나게 해주었으면 얼마나 좋았을까?

4시가 되어 전주로 향하였다. 버스는 신나게 달렸다. 차창 밖으로 비쳐지는 가을 풍경들 추수를 마친 가을 들녘을 보면서 나도 한 해의 수확을 하여 남겨야 할 텐데 어떤 작품을 남길까 생각에 잠겼다. 예정된 시간 5시 반에 복지관에 도착하였다. 참으로 유익한 하루였다. 교통의 발달과 도로가 정비되어 하루의 나들이였으나 옛날 같으면 안 될 일이었다. 급속도로 발전하며 변화하는 세상에서 어떻게 대처하며 무엇을 남겨야 할 것인가, 문제였다. 어쩐지 촌음이 아깝고 세월을 아끼라는 말이 자주 되뇌어졌다.

그리운 천문산

아침 일찍 장사공항을 출발한 버스는 12시쯤 장가계에 도착하여 점심식사를 한 후 천문산 관광에 들어갔다.

세계에서 제일인 7.4km의 케이블카를 타고 35분에 걸쳐 올라 정상에 도착했다. 지금까지 볼 수 없었던 웅장하고 기기묘묘한 산들 앞에서 탄성이 저절로 나왔다. 장가계는 200일 정도 흐리고 비가 내린다는데 쾌청한 날씨에 아주 좋았다.

귀곡잔도를 거닐어 갈 때 어떻게 이런 공사를 하였을까 그야말로 명물이었다. 유리잔도 위를 걸어갈 땐 천릿길 낭떠러지가 눈 아래 보였다. 어떤 여자 분은 놀라서 손을 잡아 주어야 했다. 사진을 찍는다고 핸드폰을 조절하다 삐어 나온 돌에 머리를 받혀 상처를 입었다. 가벼운 증상으로 다행이었다. 천문산사에 도착하니 참으로 웅대하였다. 이 산꼭대기에 이런 절을 어떻게 건축하였을까? 동서좌우로 멋진 풍경을 감상하면서 디프트 타는데로 발걸음을 옮겼다.

2인씩 타고 가는데 부부가 같이 타고 가며 경치를 감상하는 기분은 말로 형언할 수 없었다. 이런 추억의 시간을 주신 하나님께 감사를 드렸다. 다시 케이블카를 바꿔 타는데 기다리는 시간이 많았다. 케이블카를 타고 중간에서 내려 버스를 타고 구불 길을 내려가면서 느낀 스릴은 지금도 잊을 수가 없다.

버스에서 내려 10월 1일 국경절을 맞아 개통한 에스컬레이터를 타고 계속 내려갔다. 어떻게 이런 공사를 하였을까 감탄하면서 임시 개통의 행운으로 이 길을 가고 있으니 얼마나 감사한 일인가. 천문동으로 연결되었다. 사진을 촬영하고 999계단을 내려왔다. 전에는 이곳으로 올라와서 다시 내려가야 하는데 오늘은 행운을 맞았다. 999계단도 에스컬레이터로 내려가도록 되어있었다. 저녁 식사는 삼겹살 파티가 벌어졌다. 전깃불이 공사 관계로 정전되어 촛불로 분위기를 살리고 있었다. 중국 전통주에 삼겹살을 마음껏 먹을 수 있으니 오늘 같은 날이 또 있으랴!

저녁식사를 마치고 천문호선 쇼를 관람하였다. 중국의 3대 뮤지컬하면 송청가무쇼, 인강여강쇼, 천문호선 쇼를 꼽을 수 있는데. "천문호선"은 세계 최초로 협곡과 산수 천문산를 실제 배경으로 연출한 뮤지컬로, 호남성의 민간에 전해 내려오는 나무꾼과 여우의 이야기 "유해감초"를 소재로 한 작품이다. 줄거리는 호왕(여우왕)이 반려자(왕비)를 찾는 장면부터 시작된다. 모든 여우들이 왕비가 되고 싶어 호왕을 유혹하지만 호왕은 만족하지 못하고 다른 여우를 찾아다니다가 우연히 백호(흰여우)를 발견하고 반하게 된다. 호왕은 백호에게 커다란 구슬을 보내 결혼을 요청하지만 천 년을 수련한 백호는 구슬을 거들떠보지도 않자 호왕은 일방적으로 결혼 날짜를 잡는다.

백호는 그런 호왕을 무시하고 여기저기 돌아다니다가 평소에 갈망하였던 인간 세상의 아름다운 생활을 보기 위해 인간 마을까지 오게 된다. 인간의 마을에 들어온 백호는 사냥꾼들에게 들켜 쫓기게 되는데, 서른이 넘었지만 가난하여 장가를 못든 나무꾼 류해가 위험을 무릅쓰고 백호를 사냥꾼들로부터 구해주어 백호는 무사히 산으로 도망치게 된다.

이때부터 백호는 류해를 사랑하게 된다. 백호는 밤이면 류해가 살고 있는 인간 세상에 내려와 류해의 집에 가서 우렁이 각시처럼 음식을 해놓다가 어느 날 류해에게 들키게 되고 서로의 마음을 안 둘은 아름답게 사랑을 키워 나간다. 그 장면을 본 호왕은 여우들을 인간으로 변신시켜 마을사람들에게 여우가 인간을 홀린다고 이간질을 하여 둘을 떼어 놓으려 한다. 류해는 백호를 지키려고 사냥꾼들과 싸우다가 붙잡히고 백호는 마을사람들과 사냥꾼들에게 쫓겨 깊은 산으로 몸을 숨기게 된다. 호왕과 인간의 박해를 피해 깊은 산속에 숨어 있는 백호가 흘리는 눈물은 폭포가 되어 흐르고, 사냥꾼에게서 풀려난 류해는 백호를 찾기 위해 산으로 들어가 헤매던 중 간신히 백호를 발견하지만, 둘 사이에는 깊은 계곡이 있고, 서로가 벼랑 건너편에 서 있는 것을 알게 된다.

난 당신이 한평생 나의 아내로 살기를 원하며, 난 하루라도 당신의 낭군님이 되고 싶습니다. 서로를 하염없이 바라보면서, 백년이 흐르고 천년이 흐르고 또 천년이 흐르고 만년이 흐르자 하늘도 감동하여 계곡 위로 다리를 놓아 둘의 사랑을 이루게 하였다. 1000년 여우와 산골 총각의 사랑 이야기였다.

내 안의 바람

바람은 공기의 이동이다. 고기압에서 저기압으로 움직인다. 자연적인 바람은 우리에게 고마울 때도 있고 너무 세게 불어서 많은 피해를 주기도 한다. 어릴 때 모기를 쫓으며 땀을 식혀 준 부채가 그리워진다. 그러나 요즈음은 선풍기나 에어컨이 있어 편리하게 이용하고 있다. 환경 오염으로 더위와 추위가 심해지고 가뭄과 홍수의 피해가 늘어나고 있는데 떠오르는 바람들이 있었다.

학창 시절 맺어진 영롱 회원 7명은 지금까지도 이어져 두 달에 한 번씩 부부 모임을 하는데 두 명은 멀리 떨어져 아쉬움이 많다. 이번엔 방학 동안에 백두산을 향했다. 2005년 8월 13일 폭염으로 땀을 닦으며 버스에서 내려 배정된 지프차에 올랐다. 신나게 오르니 시원한 바람이 불었다. 가슴이 설렜다. 맑고 쾌청한 날씨라서 천지를 잘 볼 수 있겠구나하고 기대가 컸다. 지프차에서 내려 한참을 오르니 전혀 예상치 못한 일이 벌어졌다.

날씨가 갑자기 돌변해 버려 백두산은 역시 높다는 것을 실감했다.

눈보라 속의 거센 바람으로 앞을 잘 볼 수 없을 정도였다. 천지라는 표지 석을 어루만지며 인증샷을 함으로 아쉬움을 달랬다. 삼대가 덕을 쌓아야 천지의 푸른 물을 볼 수 있다는데 그때 눈보라치며 내 품으로 다가온 거센 바람을 생각하면 언제 다시 가서 천지의 푸른 물에 손을 적셔볼까 하고 북녘 하늘을 바라보았다.

2013년 1월 10일 J산악회에서 소백산을 향하여 새벽 6시 출발하였다. 맑은 날씨에 그리 춥지는 않았다. 차창 밖으로 보이는 높은 산은 눈이 많이 쌓여 있었다. 소백산은 처음이라서 좀 무리가 되더라도 전국 100대 명산을 가고 싶은 호기심으로 참가했다. 10시 반쯤 버스에서 내려 오르기 시작했다. 어의곡 탐방 지원 센터에서 천동리 소백산 국립공원 북부사무소로 내려오는 코스로 11.9km, 5시간 반 코스다.

눈이 쌓인 길을 오르는 재미는 쏠쏠했다. 산 중턱에 오르니 어디서들 왔는지 많은 사람들이 있었다. 마치 새까맣게 이어져 가는 모습이 꼭 개미 떼들의 비 오기 전 이동 모습 같았다. 계곡과 능선을 따라 나무 사이로 올라서인지 그리 춥지는 않았다. 그런데 정상에 가까운 주목 단지 부근 나무가 없는 바람의 언덕 2㎞쯤을 가로질러 가는데 어찌나 바람이 차가운지 고개를 들 수가 없었다.

정상 비로봉 1439m 표지석에서 인증샷을 하고 내려가는 길은 미끄럽기만 하였다. 지금까지 겪은 바람 중에서 처음 느끼는 그야말로 칼바람이었다. 점심을 먹으려니 물이 꽁꽁 얼어버렸다. 누군가 말하는데 체감온도가 영하 30도가 넘는다고 하였다. 그때의 내 몸 속으로 파고드는 칼바람은 그야말로 살을 에는 듯하게 거세고 사나웠다.

"여보 오늘 점심은 비벼 먹지."

밖에서 돌아오는 나에게 아내는 말했다.

"뭐가 있는데."

프라이팬에는 아침에 먹은 양파와 호박 볶음이 조금 있었다. 입맛이 없을 때나 반찬이 조금씩 남아 있어 처분할 때 가끔 비빔밥을 해서 먹었다. 요즈음은 푸성귀가 많아서 쌈도 많이 한다.

어느 때부터인지 맛이 있다며 자연스럽게 내가 하게 되었다. 냉장고 문을 열고 조금씩 남아 있는 반찬을 청소하고 참기름을 쳐 가스 불에 얹어 주걱으로 좌우상하로 비비니 고소한 냄새가 구미를 당겼다. 식탁에 올려 놓고 열무 물김치를 꺼냈다. 식탁에 마주앉아 맛있다고 먹는데 뒷문에서 들어오는 시원한 바람! "그 바람 살찔 것 같네."하니 집사람 웃는 얼굴이 돌 지난 손주 얼굴처럼 예뻐 보였다. 비빔밥 맛을 배가시켜 준 바람이여 고마워해야 돼, 하고 나는 말했다.

나에게 바람이 있다면 남녘의 훈훈한 정이 가득한 평화의 바람이 북녘으로 올라가서 꽁꽁 얼어 붙은 동토의 땅, 고통의 얼음을 녹여 시원한 청량수를 만들어 우리 민족 모두가 축배의 잔을 들고 〈희망의 나라로〉의 가곡을 힘차게 부르는 날을 하루 빨리 볼 수 있다면 하는 것이다.

추억속의 길 따라

학창 시절 하숙집이 보고 싶었다. 고향의 집안 형님 되는 분으로 지금은 내외분이 세상을 떠나셨다. 남부시장 버스정류장에서 내려 전주천을 건너 옛길을 생각하며 변화된 모습을 살폈다.

완산초등학교에 들어서니 교생 실습을 하면서 있었던 일이 떠올랐다. 1906년 전주에서 두 번째로 개교하여 한 학년이 12반씩이나 되는 아주 큰 학교가 지금은 전교생 6학급에 91명이라니 60년대 웅장했던 학교가 형편없이 작아지고 말았다. 신도시 개발로 아파트를 따라 이사를 하여 구 도심의 공동화 현상으로 빚어진 결과라니 모든 것이 부귀영화를 오래토록 누릴 수 없는 모양이다.

어린이들은 다 어디로 갔단 말인가? "산천은 의구한데 인걸은 간데없네!" 옛시조가 떠올랐다. 옆에는 곤지중학교가 새로운 모습으로 버티고 서 있었다. 운동장을 한 바퀴 돌며 푸른 꿈을 단련하던 한 달간의 생활을 되돌려 보았다. 교장선생님께서는 매일 교사 주위를 돌면서 휴지를 줍는 모습을 볼 때는 페스탈로치를 연상케 하였다. 우리들은 수업이 끝난 오후에는 협동 작품을 만들어 복도에 새롭게 환경 정리를 하였다. 배운 것을 현장에서 실습하는 기회가 되어 즐거운 시간이었다.

어느 날 아무런 연락도 없이 숙모님께서 찾아오셨다. 그때의 반가운 마음은 하늘을 나는 기분이었다. 오후에 남문시장에 가서 구두를 사 주셨다. 나는 처음으로 구두를 신고 다니게 되었다.

후문으로 나와 조금 걸으니 옛날 하숙집이 보였다. 도롯가의 초가집이었는데 누가 사는 지는 모르지만 깨끗한 기와집으로 바뀌었다. 주위의 모습이 변화되지 않아 쉽게 알아볼 수 있었다. 수도 시설이 제대로 되지 않아 집 앞에서 동전을 넣고 수대로 물을 받아가던 모습이 엊그제 같은데 반세기가 흘러갔으니 세월의 무상함을 느꼈다. 바로 뒤에는 관음선원이 있고 완산칠봉 정상에 오르는 길이 있었다.

옛날 오른 기억이 있어 길을 따라 갔었다. 많이 다니지 않은 오솔길로 방향을 잡아가며 오르다가 뒤를 돌아보니 완산동과 남부시장이 보이며 전주천의 맑은 물도 눈에 어리었다. 한참을 오르니 용두봉이 보였다. 용머리 고개로 내려가는 길과 장군봉으로 오르는 갈림길이었다. 장군봉 정상 쪽으로 오르니 백운봉 비석이 있었고 계속 오르니 무학봉이 나타났다.

잠시 숨을 고르며 스트레칭을 하고 걸으니 완산 칠봉의 하나인 옥녀봉 정상에는 송아지 형상인 바윗돌 하나가 누워 있는데 속칭 금송아지 바위라 하였다. 전설 내용을 읽어보니 완산칠봉의 하나인 금사봉 아래에는 산과 내가 둘러 있어 경치가 좋은 곳이 있는데 금사당 골짜기라 하였다. 까마득히 지나간 옛날 이 골짜기에는 금송아지 한 마리가 살고 있었다. 금송아지는 한 발도 이 골짝을 벗어나지 못한다는 산신령의 계율을 받았는데도 어느 날 천상에서 부르는 옥녀의 아리따운 목청에 마음이 황홀해졌다. 옥녀는 금송아지에게, 내 목에 건 옥

구슬의 금실 줄이 어쩌다가 동강났으니 네 목에 달린 금줄 하나만 빌려다오. 내가 하늘에 올라가게 되면 다음 내려올 때 옥단지에 천상의 감로수를 담아 가지고 와서 주마. 그 물을 마시면 너도 천상에 올라가 땅에서 볼 수 없는 눈부신 금잔디 위에서 곱고 아름다운 풀과 꽃을 보게 되고, 진종일 먹어도 먹이가 줄지 않는 향기로운 풀이 있을 것이라고 감언이설로 꾀었다. 이 말을 곧이들은 금송아지는 엄한 계율도 까마득히 잊어버린 채 옥녀봉으로 올라가서 옥녀에게 금실 한 개를 건네자 그 자리에서 화석으로 변하여 금송아지 바위가 되고 말았다는 전설 내용이 적혀 있었다.

나무 계단을 타고 한참을 오르니 정상 장군봉에 도착했다. 팔각정에 올라 사방을 둘러보니 전주시가 한눈에 들어왔다. 온 천지가 발 아래로 와서 머뭇거리는 듯하였다. 전주 하면 완산칠봉, 완산칠봉 하면 전주를 생각하게 할 만큼 전주의 대명사로 불리는 산이 바로 완산칠봉이다.

천년고도 전주와 함께 이어 온 완산의 명맥이 호남평야로 흐르고 있었다. 시민들의 휴식처 뿐 아니라 예부터 도시를 보호하고 있는 지맥을 가지고 있다 해서 사람들이 산의 형세나 산의 모습을 훼손하면 큰 재난을 겪는다고 전해져 보호하고 가꾸고 있기도 하였다.

완산공원은 장군봉 정상을 중심으로 남북으로 뻗은 두줄기 내칠봉과 평화동 꽃밭정이로 이어지는 외칠봉으로 13봉우리로 이루어져 있다. 외칠봉우리를 향해 발걸음을 옮겼다. 혼자 걸으며 고요함속으로 빠져들어 사색하는 시간을 가지니 마음이 홀가분하였다. 건강할 때 가보고 싶은 곳이 있으면 찾아가 아쉬움을 달래보리라 생각하며 걸었다.

충무공 이순신 장군의 유적을 찾아서

약속한 시간에 전주역에 도착하였다. 일행 5쌍의 부부는 8시50분 여수행 ktx에 몸을 실었다. 오랜만에 기차 여행이라서 어린이처럼 설레는 마음은 부풀어 올랐다.

기차 속의 풍경도 옛날과는 많이 변했다. 이야기를 하고 있는데 지나가던 승무원이 목소리를 작게 하라는 것이었다. 기차 속도 도서실 같이 조용히 하라는 것일까? 그러하니 누구나 앉으면 스마트폰을 바라보고 있으니 누구와도 소통할 수 있는 길이 없어졌다.

종착역에 도착하여 우리는 관광 안내소의 안내로 여수 시티 투어 버스에 올랐다. 모두 27명의 관광객이 인연이 되어 하루 생활을 같이하게 되었다. 평일이라서 그런지 우리들과 같이 나이가 많은 분들이었다. 문화재 해설사의 인사말을 들으며 힘찬 박수를 보냈다.

여수 엑스포역을 출발하여 충민사로 이동하였다. 충민사(忠愍祠)는 1601년(선조 34)에 이순신을 추모하기 위해 이시언이 건립한 사우로, 그를 좌우로 해서 이억기와 안홍국이 배향되었다. 전라남도 여수시

덕충동에 있는 이 사당은 1993년 6월 1일에 사적 제381호로 지정되었고, 여수시청에서 관리해오고 있다고 말하였다. 유물 전시관에는 난중일기, 임진왜란 당시 입었던 왜 장군복, 조선 장군복, 검, 임진왜란 때 쓰였던 글이 적혀 있는 서적, 장구류 등 다양한 유물들이 전시되어 있었다.

계획된 시간에 맞추어 탑승하여 진남관에 도착하였다. 진남관은 조선시대에 객사로 지은 현존 국내 최대의 단층 목조건물이며 임진왜란 때는 삼도 수군통제영으로 사용된 조선 수군의 중심 기지였단다. 진남관은 1598년(선조 31년) 전라좌수영 객사로 건립한 건물로서 임진왜란을 승리로 이끈 수군기지로서의 역사성을 지니고 있다고 설명해주었다.

여수의 랜드 마크인 이순신광장은 이순신 장군 동상 및 전라좌수영 거북선이 고증을 거쳐 복원되어 전시되어 있었다. 전체 길이 35.3m, 폭 10.62m의 2층 구조로 체험 및 호국 역사 산 교육장으로 사랑받고 있었다. 거북선 안에 들어가서 궁금한 것들을 눈으로 확인하였다. 아래층에는 무기를 저장하고 있으며 휴식을 취하는 곳도 있었다. 세계 최초의 철갑선으로 자랑스러웠다.

다음은 선소로 이동하였다. 사적 제392호로 지정된 이곳은 지역민들의 혼이 살아 숨 쉬는 역사적인 장소로서 고려시대부터 배를 만드는 조선소가 있었으며, 조해소가 있었다고 전해진다. 특히 임진왜란 때 이순신 장군이 전쟁을 승리로 이끌게 한 거북선을 만들었던 곳으로 잘 알려지고 있었다.

20분쯤 달리니 흥국사에 도착하였다. 1195년 조계종을 창시하였던 보조국사 지눌에 의해서 창건되었다고 하였다. 이름에서 짐작할 수 있듯이 수많은 외침의 역사 속에서 호국 사찰로 많은 역할을 하였다. 임진왜란(1592년) 당시 이곳 여수 흥국사는 '의승수군'의 본부가 되었고 자운, 옥형 두 스님의 지휘 아래 약 700여 명의 3도(충청, 경상, 전라) 승려가 모여서 삼도 수군절도사인 이순신 장군과 같이 왜군을 물리치는 역할을 하였다고 해설해 주었다.

다음 도착한 곳은 이순신대교였다. 광양만을 가로질러 전라남도 여수시 묘도와 광양시 금호동 사이를 연결하는 총길이 2,260m, 너비 25.7m에 왕복 4차로이다. 여수 국가산업단지 진입도로 개설공사의 3구간으로 건설되어 2007년 10월에 착공, 2013년 2월 8일에 전면 개통되었다. 이 다리의 건설로 여수산업단지와 광양산업단지 간의 거리가 종전의 60km에서 1km로 단축되고 소요 시간도 80분에서 10분으로 단축되었다고 하였다.

엘리베이터를 타고 이순신대교 전망대로 올라갔다. 문을 열 수 없어 유리창을 통해 바라볼 수밖에 없었다. 광양의 중심 시가지를 비롯한 광양제철소와 광양 컨테이너 부두가 한눈에 들어왔다.

충무공 이순신장군 문화유적 탐방을 마치고 나니 백의종군으로 바람 앞에 등불처럼 위태로웠던 조국을 구하였으니 불세출의 영웅으로 민족의 태양이 되었다. 조상의 얼을 이어받아 남은 여생 조그마한 일이라도 조국을 위해 헌신 봉사를 하여야겠다는 마음이 온몸으로 요동쳤다. 우리 민족의 우수성을 전 세계에 홍보하여 관광객이 몰려와서 감탄사를 연발하는 것을 보고 싶다.

정선에서의 풍경

오늘은 민둥산 으악새를 보러가는 날이다. 늙으면 애 된다는 말이 맞는가 보다. 초등학교 시절 소풍가는 날 밤이면 새벽에 잠이 깨어 해가 뜨기를 기다렸는데, 오늘도 긴장해서인지 새벽 2시 반에 일어나 준비를 하면서 5시에 버스를 타러 나갈 준비를 하였다.

밖으로 나가니 어둠에 안개가 자욱이 끼었다. 오늘도 날씨는 좋겠구나 생각하며 가나안신협 산악회 모임 장소에 도착했다. 한 달에 한 번씩 조합원들의 건강을 위해서 실시하고 있다.

5시가 조금 지나 버스는 민둥산을 향해 신나게 달렸다. 9시 반에 목적지에 도착하였다. 중산초등학교를 지나 제법 가파른 길로 한참을 오르니 산속에서 노랫소리가 들렸다. 힘든 발걸음을 가볍게 해주었다. 쉼터에 오르니 희귀병 돕기 자선음악회가 열리고 있었다. 신청곡을 받아 밴드에 맞춰 가수처럼 노래를 잘 불렀다.

민둥산은 태백산맥 줄기에 위치한 전국 5대 억새풀 군락지 중 하나로, 산 전체가 둥그스름하게 끝없이 펼쳐져 광야와 같은 느낌을 자아냈다. 해발 1119m, 20만 평 가량이 억새꽃으로 덮인 은빛 물결은 가히 장관을 펼쳐내었다. 아~ 으악새 슬피 우니 가을인가요. 저절로 흥얼거렸다. 으악새는 새가 아니라 억새의 경기도 사투리란다. 가슴이 탁 트이는 시야 덕분에 가을 뿐만 아니라 사계절 등산객으로 붐비는 명산이라고 했다.

가을이면 황금 노을과 은빛 물결이 가을바람과 함께 일렁이는 모습이 장관을 이루는 억새 군락지가 조성되어 있어 힐링 산행지로 인기를 끌고 있다. 특히 이곳은 억새에 얽힌 일화가 많은데, 하늘에서 내려온 말 한 마리가 주인을 찾아 보름 동안 산을 헤맨 자리에 참억새만 났다는 설과 마을 사람들이 산나물이 많이 나게 하려고 매년 한 번씩 불을 질렀기 때문에 억새만 자란다는 일화 등이 있다.

한참을 올라 7부 능선에 다다르니 나무 한 그루 찾아보기 힘든 구릉지다. 멀리 정상을 바라보는 이 지점부터 억새 산행의 하이라이트다. 초가을에 이삭이 패기 시작한 억새가 10월 중순이면 드넓은 평원을 하얗게 뒤덮는다. 다 자란 억새는 어른 키를 훌쩍 넘는다. 부드러운 능선을 따라 오르는 길은 가도 가도 끝없는 억새의 바다다. 정상에 오르는 동안 지억산, 함백산, 지장산, 가리왕산, 태백산 등 사방이 산으로 둘러싸인 풍경이 함께하였다. 은백색으로 빛나는 한낮의 억새가 만추의 서정을 전한다면, 황금빛으로 물든 해질녘 억새는 아련한 슬픔마저 느껴지게 한단다.

정상에 오르니 민둥산 표지석에서 인증샷을 하느라 많은 등산객들이 줄을 서서 기다리고 있었다. 금강산도 식후경이라 했던가. 팔도에서 모여든 수많은 사람들이 푸짐하게 펼쳐놓고 점심하는 모습은 구경거리가 되었다.

억새 군락지를 지나는데 뒤를 돌아보니 햇빛에 반짝이는 은빛물결은 탄성이 터져 나왔다. 누가 띄웠는지 드론이 날고 있었다. 이상하게도 높은 상공을 돌다가 내가 있는 곳으로 내려오더니 사진을 촬영하였는지 잠시 멈추는 듯 하면서 높이 날아가고 있었다. 내가 모델이 되었단 말인가 기분이 좋았다. 갈림길을 지나 삼내약수터에 도착하니 3시쯤 되어 정선 5일장으로 향하였다.

끝자리 2, 7일에 열리는 정선 오일장은 1966년 개장, 국내 대표 전통시장으로 자리 잡은 정선의 명물이다. 넉넉하고 푸근한 시골 인심이 넘치고, 곤드레 나물과 더덕, 황기 등 농산물도 구입할 수 있어 인기다. 다양한 전과 콧등치기, 올챙이국수, 감자옹심이 등 산촌 먹거리를 맛보는 재미도 빼놓을 수 없다. 묽은 메밀 반죽에 배추를 얹어 지진 메밀부침개, 다진 김치를 넣은 메밀전병, 고소한 녹두전, 달콤하고 쫀득한 수수부꾸미를 한 접시에 담은 모둠전이 정선오일장의 대표 별미다. 오일장 외에 토요일마다 주말장이 서고, 매일 상설 시장도 열린다. 오늘은 토요일이라 사람들이 많았다.

정선 5일장에서는 전국 각지의 토속 품도 구경할 수 있다. 봄에는 냉이, 달래 등과 같은 각종 산나물이 입맛을 돋우고, 여름에는 찰옥수수와 감자 등 강원도에서 나는 맛있는 구황작물이 눈길을 훔친다. 가을에는 머루와 같은 산 열매들이 많이 나오고, 겨울에는 민물고기로 끓인 매운탕과 매콤한 메밀전병, 추위를 달래줄 옥수수 술 등이 눈에 띈다. 주어진 40분 동안 쇼핑하면서 한 바퀴 돌아 나왔다. 눈은 풍년인데 입은 흉년이 되고 말았다.

자연이 주는 선물

전주에서 7시에 출발한 버스는 신나게 달렸다. 남해 선구마을에 도착하니 10시가 넘었다. 보호수로 지정된 350년쯤 된 팽나무는 14m 높이로 많은 사람들의 쉼터 역할을 하고 있었다. 둘레에서 준비운동을 하고 산행 길에 올랐다.

낙뢰산과 운산을 지나니 1km쯤 되는 암릉능선이 나타났다. 칼바위를 걸으며 남으로는 시원하게 펼쳐진 남해바다를 바라보니 행글라이딩을 타고 날아가고 싶은 마음이 충천했다. 북으로는 마주보는 장등산 사이에 임포리가 자리잡고 있는 아기자기한 모습이 보였다.

응봉산472m는 매봉이라고 부르고 가천마을까지 이어지는 6개의 암봉으로 이루어진 작은 공룡능선의 아기자기한 암릉길의 재미와, 그 아래로 내려다 보이는 다랭이마을의 풍경과 아름다운 남해바다를 조망하면서 산행할 수 있었다.

설흘산 488m는 옛 이름은 소흘산이라고 하였다 하고 정상에는 봉수대가 지키고 있었다. 경상남도 기념물로 지정되어있는 이 봉수대는 폭 6m 너비 7m로 사각형이다. 왜구의 침입과 재난을 알리기 위해 이용하였을 것으로 보인다.

반대편 응봉산 육조능선 암봉은 설악의 공룡능선 축소판같이 바라보이고 남해바다 앵강만이 한눈에 들어오고 서포 김만중의 유배지인 노도와 사천 삼천포까지 바라보이는 최고의 조망 산이다.

가천마을에 도착하니 3시 반이었다. 가천마을 다랭이 논은 설흘산과 응봉산아래 바다를 향한 산비탈 급경사에 108층 680개의 곡선형태의 다랭이 논으로 조성되어 있었다. 바다와 조화를 이루어 빼어난 농촌 문화경관을 형성하고 있어 경관적 가치가 뛰어나 2005년 국가명승 제15호로 지정되었다.

선조들이 농토를 한 뼘이라도 더 넓히려고 산비탈을 깎아 곧추 석축을 쌓고 계단식 다랭이 논을 만든 까닭에 아직도 농사일에 소와 쟁기가 필수적인 마을이며 마을 인구 90%이상이 조상대대로 살아오고 있었다.

힘들게 농사짓던 땅이 지금은 천혜의 자연 경관을 자랑하는 대한민국을 대표하는 관광지가 되었다. 한 평이라도 더 농사짓기 위해 석추를 세워 논밭을 일궈온 선조들의 지혜로 탄생한 다랭이논! 남해 다랭이 마을이 한국인이 꼭 가봐야 할 2015년 한국 관광 100선에 선정되었다.

"쥐구멍에도 볕들 날 있다."는 말이 눈으로 확인하는 현장이 되었다. 조상들께서 쌀 한 톨이라도 더 생산하기 위해 피땀 흘린 노력으로 이곳 후손들을 잘 살 수 있는 터전으로 바꾸어 놓은 것이었다. 이른 봄 해풍을 맞고 자란 시금치를 길가에 가지고 나와 할아버지 할머니가 팔고 있는 것을 볼 때 갑자기 부모님 모습이 떠올랐다.

내 고향에도 비가오지 않으면 모내기를 할 수 없는 천수답이 있었다. 어느 해에는 7월 5일 쯤 많은 비가 내려 모내기를 한 기억도 있다. 못자리에서 모가 너무 자라서 윗부분을 잘라 심었었다.

어느 해는 모내기를 하였는데 가물어 벼가 타들어가고 있었다. 웅덩이에서 물을 길어 지게로 날라 부어 보았지만 갈증만 더하는 것 같았다. 그때의 말라가는 벼의 안타까운 모습은 지워지지 않아 아른거린다.

사람들의 힘으로 어렵게 농사를 지었지만 비료가 없어 생산량은 형편없었다. 그리하여 보릿고개를 맞이하게 되어 허리가 휘어지게 되는 것이었다. 지금은 경지정리가 되어 물을 마음대로 쓰며 기계화 영농으로 생산량을 늘리고 있다.

"사람은 자연보호 자연은 사람보호"

자연은 아낌없이 우리에게 많은 혜택을 주고 있다는 것을 다랭이 마을에서 찾았다. 나의 고향은 어떻게 하여 살기 좋은 곳으로 만들까? 전국에서 찾아오는 명승지가 되기를 꿈꾸어 본다.

독일 마을

다랭이 마을에서 출발한 버스는 4시 반쯤 되어 독일마을에 도착하였다.

1960~70년대 어려운 시기에 독일에 광부, 간호사로 파견되어 우리나라 경제발전에 헌신한 독일 거주 교포들이 고국으로 돌아와 조국의 따뜻한 정을 느끼며 노년을 보낼 수 있도록 2000년부터 2006년간에 걸쳐 남해군이 조성한 교포정착촌 마을이었다.

독일 마을은 천연기념물 제150호인 물건방조어부림을 바라보며 남해군 삼동면 물건리와 봉화리 일대 약 90,000m²의 부지에 걸쳐 조성되어 있었다. 남해파독전시관은 전국 지방자치단체 중에서 '파독'을 주제로 건립된 유일한 전시관으로 2014년 6월 28일 개관하였다.

지난 1960년대 우리나라는 1인당 국민소득이 76달러로 세계 최빈국이었으며 실업률이 30%에 달하는 실정이었다. 가난을 극복하기 위해 20kg 가방 하나 들고 이역만리 독일로 떠난 광부 · 간호사들! 그들은 낯선 땅에서 최소한의 생활비만 남기고 받은 월급의 80% 이상을 고국의 가족들에게 송금하였으며, 그들이 흘린 땀과 눈물은 우리나라

경제 발전의 원동력이 되었다

남해 파독전시관에 들어서니 지하로 타임터널이 연결되어 최근 우리나라 경제발전 모습에서 출발해 시간을 거슬러 올라가며 1960년대 파독의 역사적인 순간을 만났다. 50여 년간 대한민국의 역경 극복과 영광의 모습들을 볼 수 있었다. 헌정의 벽에는 파독전후의 기록사진들을 보며 파독 광부 · 간호사들의 발자취를 볼 수 있었다

파독광부들이 "글릭아우프(독일어로 살아서 돌아오라는 뜻)"를 외치며 들어갔던 탄광의 모습과 채탄 사운드 연출로 파독광부의 삶을 느껴보는 공간으로 우리나라 광부들이 일했던 독일의 대표적인 탄광 사진들이었다.

광부의 젊은 날 활동 장면은 지하 1,200m 막장에서 섭씨 30도를 웃도는 뜨거운 지열을 참으며 희망을 잃지 않았던 파독 광부들의 고단했던 삶을 볼 수 있었다. 광산유물 대부분은 주한 독일대사관이 독일 현지에서 수집하여 기증하였다고 하였다

한국 나이팅게일의 삶에서는 아픈 상처 속에서도 파독 간호사들은 한국 특유의 성실과 친절을 바탕으로 새롭고 낯선 삶에 적응하며 살았다. 독일 생활의 향내가 배어 있는 유물들이 간호사들의 삶을 되새기게 하였다. 파독 간호사들의 병원생활 모습과 낯선 땅 독일에서 적응해가며 보낸 삶의 흔적들을 생활 유물을 통해 생생하게 볼 수 있었다

아름다운 젊은 날 그리움의 종착역 공간에서는 낯선 땅 독일에서 고국을 그리워하며 보냈던 젊은 날의 모습과 남해 독일 마을에서의 삶을 볼 수 있었다. 남해 독일 마을은 파독 광부 · 간호사들에게 고국으

로 돌아오고자 하는 소망을 이루게 한 그리움의 종착역을 끝으로 밖으로 나왔다.

관람을 마치고 나오면 독일 공방의 모습 그리고 맥주광장의 모습들을 만나볼 수 있었다.

낯선 땅 독일에서 자신들을 다독였던 어록을 통해 광부 · 간호사들의 고뇌와 의지를 느낄 수 있었다. 파독의 시대적인 배경과 파독 광부 · 간호사들이 독일에서 흘린 땀과 눈물을 생생하게 볼 수 있었다.

오늘날은 무대가 바뀌고 말았다. 동남아 개발 도상국가들이 우리나라에 들어와 3D 업종의 일을 하면서 모국의 발전에 힘쓰고 있다. 그러나 세계경제는 갈수록 경쟁이 치열하여 어렵게 진행되고 있다. 자연환경의 파괴로 기후가 변하여 폭염과 홍수가 세계 각지에서 일어나고 있다. 그리고 모두가 자기나라 보호무역을 펼치고 있어 수출로 먹고사는 우리나라는 위기에 처하고 있다. 그러나 위기가 기회가 된다는 말처럼 새롭게 변화되어야 할 것이다.

다시 한 번 새마을 운동 정신으로 모두 일어서 또다시 한강의 기적을 이루어야 되겠다. 영광된 조국을 건설하여 후손에 물려주어야 할 책임을 느꼈다.

청남대

시니어클럽에서 봄 소풍을 가는 날이다. 어린 아이처럼 설렘으로 일찍 잠이 깨었다. 어제 봄비가 내렸는데 밖을 내다보니 비는 오지 않고 오늘 일기예보는 맑은 날씨에 기온도 21℃까지 오른다고 하였다. 내일은 또다시 비가 온다고 하니 인솔자의 말처럼 아버님 어머님들께서 덕을 많이 쌓으셔서 좋은날을 택하여 주셨다고 밝은 표정으로 감사함을 전했다.

우리 버스 두 대는 전주 톨게이트를 지나 2시간 동안 신나게 달렸다. 차창 밖으로 펼쳐지는 파노라마는 내 마음이 푸른 하늘로 날아가는 듯하였다. 선진지 견학을 위해서 청주에 있는 우암시니어 클럽에 도착하니 따뜻하게 맞아주셨다. 전국 126개 클럽에서 운영을 잘하여 우수 클럽으로 알려졌다고 하였다. 운영상황을 30분 동안 영상으로 보았다. 100세 시대에 나이를 먹은 어른들도 경험과 지혜를 바탕으로 사회에 봉사할 수 있는 길이 열려 있다는 것을 느끼면서 새로운 마음가짐을 갖게 하는 의미 있는 시간이었다. 정보를 교환하면서 발전해 나가면 좋겠다고 생각하였다. 우수 사업인 할머니 손맛 도시락을 주문하고 금강 로하스 대청공원으로 버스는 달렸다.

초등학생들과 여러 관광객들이 모여들었다. 도시락을 먹으면서 맑은 하늘을 바라보며 따스한 봄볕을 받으니 할머니의 정성으로 가득한 도시락이 아주 맛있었다. 초등학교 때 어머니께서 싸주신 도시락 맛이 떠올랐다.

40분 동안 레크레이션 시간에 게임도 하고 율동도 하였다. 젊은이들의 발랄한 모습을 보면서 우리들은 한 덩어리가 되어 흥겨운 한때를 보냈다. 쌓인 스트레스를 모두 날려 보내려는 듯 억지로 폭소를 자아내기도 하였다.

버스는 달려 청남대에 도착했다. 따뜻한 남쪽의 청와대라는 뜻이라고 하였다. 바로 앞에 있는 대통령 기념관 별관으로 들어섰다. 지금까지 대통령을 지낸 11명의 사진을 차례로 보았다. 안타깝게도 오늘날 국민으로부터 존경을 받는 분이 한 사람도 없다는 것이다. 원대한 포부로 취임하여 나라를 다스리겠다고 다짐하건만 사리사욕과 무질서로 퇴임 때는 모두 원망의 대상이 되어버렸다.

인솔자를 따라 청남대 본관으로 향하였다. 마침 영춘제 기간이라서 꽃이 가득한 거리에 발걸음이 가벼웠다. 1980년 대청댐 준공식에 참석한 전두환 대통령이 주변 환경이 빼어나다는 의견에 따라 1983년 6월 착공, 6개월만인 12월에 완공되었으며 역대 대통령들은 여름 휴가와 명절 휴가를 비롯하여 매년 7~8회씩 이용하여 20여 년간 총 88회 471일을 이곳에서 보냈다고 하였다.

청남대는 충청북도 청주시 상당구 문의면에 자리 잡고 있는데, 주변에 옥새봉, 월출봉, 작두산, 소위봉으로 둘러싸여 있어 사방 어느 지역에서도 보이지 않는다. 게다가 대청호가 청남대 인근을 휘감아 둘러싸고 있어 풍수학자들에게는 '최고의 명당'으로 손꼽혔다고 하였다.

2003년 4월 18일 노무현 대통령이 충청북도로 청남대 소유권을 이양하면서부터 대통령 전용 별장에서 국민들이 찾아갈 수 있는 관광지가 되었다. 2017년 2월 17일 방문객 천만 명을 돌파하였다는 현수막이 걸려 있었다.

다섯 명의 대통령이 이용하였다는 대통령 별장 본관에 도착하니 현관에서 해설자가 관람 방법을 설명하여주었다. 사진 촬영은 할 수 없다고 하여 눈으로만 보면서 한 바퀴 돌아 나왔다. 개인 별장을 가지려면 어느 정도 사회적 지위와 경제력이 있어야 하는지 꿈같은 생각을 하면서 대통령 기념관으로 발걸음을 돌렸다.

청와대의 60% 크기로 지어졌다고 하였다.

대통령 기념관 세미나실에 600여점의 야생화가 전시되어 있었다. 스마트폰으로 아름다움을 담아보았다. 출발시간에 맞추어 아쉬운 발걸음을 재촉하였다. 하늘정원에 올라 주변 경관을 살펴보고 버스에 올랐다.

20일 후면 우리 손으로 대통령을 뽑아야 하는데 후보자가 15명이나 되었다. 한 번도 들어보지 못한 사람도 있으니 무슨 마음으로 출마하였는지 이해가 안 되었다. 이번에는 국민들이 정신을 차려 믿을 수 있고 청렴한 대통령을 뽑아야 한다. 진실과 정의로 어려운 우리나라의 현실을 극복할 수 있는 대통령. 슬기롭게 평화를 지키며 행복한 나라를 이룰 수 있는 대통령은 누구일까?

오늘은 오색 비빔밥

올 여름의 더위는 폭염과 열대야가 기록을 갱신하였단다. 호랑이처럼 무섭더니만 처서를 지나면서 하루아침에 날씨가 변해버렸다. 새벽에는 찬바람에 이불을 덮어야만 했다. 세월의 흐름 앞에서는 만물이 변하는 것은 어쩔 수 없는 모양이었다.

올해는 추석이 빨라 벌초들을 한다기에 낫과 숫돌을 샀다. 부모님 산소가 한곳에 있어 벌초를 하려는데 혼자서 안 해 보아서 의욕만 앞세운 것 아닌지 모르겠다.

매달 마지막 토요일은 30여 년 전 같이 근무하면서 시작된 등산 모임이 있다. 결혼식이 있어 얼굴이라도 보려고 긴지산으로 향하였다. 조경단 앞에서 오르다가 쉼터에서 도중하차하여 결혼식장으로 향하였다.

요즈음 결혼식은 계절에 관계없이 이루어지고 있었다. 뒷자석에 앉아 바라보니 10여 년 전에 아들이 이곳에서 결혼식을 올렸던 장면이 떠올랐다. 지금은 세 명의 손주가 장마에 물외 크듯 무럭무럭 자라고 있다. 교직원 공제회관은 나에게는 복된 장소이다.

식을 마치고 하객들에게 정중히 인사를 하고 퇴장하는 신랑 신부를 가까이 가서 보니 참 아름다운 천생연분 배필이었다. 행복한 가정 이루기를 바라며 식당으로 향하였다.

식사를 마치고 나와 이마트에 들려 빵, 과자, 음료수를 사가지고 요양병원으로 핸들을 돌렸다. 숙모님을 찾아보려는 것이다. 설날과 추석을 앞두고 3년째이다. 부모님을 볼 수 없어 대리만족 하며 위로해 주는 것이었다. 예고 없이 찾아가면 그렇게 반가워 할 수가 없다. 옆에 계시던 할머니가 얼마 전 돌아가셨고 하셨다. 인생의 무상함을 느꼈다. 숙모님은 꼭 어머니처럼 인정많고 좋으신 분이었다고 하시니 몇 달 전 본 얼굴이 선명히 떠올랐다.

가족들의 이런저런 이야기를 하다 보니 시간이 되어 일어섰다. 나를 배웅하면서 밝았던 얼굴표정이 갑자기 눈물을 훔치고 계셨다. 늙어지면 홀로되고 외로워지는 것을 막을 순 없을까? 아쉬운 발걸음을 엘리베이터에 옮겼다.

부모님이 계신 산소에 도착하니 3시가 되었다. 새로 산 낫을 숫돌에 갈았다. 예초기로 형제들이 했는데 올해는 혼자서 낫으로 풀을 뜯었다. 명절을 앞두고 이발을 하듯 정성 드려 차근차근 깎아나갔다. 지난 겨울 너무나 추워서인지 땅이 얼었다 녹으면서 잔디도 많이 말라 죽었다. 잡초를 죽이는 제초제를 이른 봄에 뿌려서인지 깨끗한 편이었다. 앞으로는 벌초하는 것을 볼 수 없을 것 같다. 전국적으로 화장률이 80%가 넘어 수목장이나 자연 장을 하게 되니까.

땀방울을 식히려 나무 그늘에서 낫을 갈다 앞을 바라보니 밭에서 어릴 적 부모님과 동생들과 같이 장난치며 고구마 캐던 장면이 점점 환하게 떠올라 사라진다. 부모님 산소를 바라보며 그 시대 힘으로 농사 지으며 고생하신 모습이 안타까웠다. 그러나 자식들이 산업전선에 뛰어 들어 열심히 살아가는 모습을 하늘나라에서 보실 땐 기뻐하실 것이다. 6시가 되어 마치게 되었다. 차에 올라 핸드폰을 보니 6시 30분에 모임이 있는데 깜박 했다. 조금 늦겠다고 전화를 하고 달렸다. 우리 아파트 라인 5명이 한 달에 한 번씩 만나 정보도 교환하고 세상 돌아가는 상황을 열내어 비판하기도 한다. 얼큰하면 토론하면서 자기 주장을 펼친다. 땀 흘리고 시장한데 한 잔의 소주 맛은 피로 회복제가 되는 듯하였다.

9시가 넘어 집에 돌아오니 하루가 길기도 하고 보람도 있었다. 무슨 일이든 즐거움으로 할 때는 몸은 힘들더라도 마음은 흐뭇하다는 것을 오늘 다시 느꼈다. 다섯 가지 한 일들이 어울려져 맛있는 비빔밥을 만든 기분이었다.

조국을 빛낸 애국자들

우리나라 사람은 식사할 때 한 손으로 숟가락과 젓가락질을 한다. 하지만 서양 사람들은 한 손에 포크, 한 손에는 나이프를 들고 식사를 한다. 그러므로 프랑스 학자 롤랑 바르트는 양 손으로 밥을 먹는 서양 사람을 고양이에, 젓가락을 쥔 손으로만 밥을 먹는 우리나라 사람을 먹이를 쪼아 먹는 새에 견준 바 있다.

포크와 나이프로 찢어 먹는 것과 쪼아 먹는 식사법은 생각의 차이와 생활의 의미를 다르게 할 수 있다. 그래서인지 한국인은 손재주가 뛰어나다. 그만큼 두뇌 회전도 빠르다, 그리고 동작 하나 하나가 섬세하고 주의 깊다. 젓가락으로 콩알을 집어 먹는 한국인의 손재주만이 줄기세포를 만드는 근본기술이라고 자랑한 때도 있었을 만큼…….

음식을 보면 우리 한식은 한 입에 들어갈 수 있도록 차려지지만 서양 음식은 만드는 주방일 부터가 자상하고 섬세한 손 끝 문화와 정성이 밑받침 되고 있다. 그리고 그 면이 동양인의 정적 생활문화와 연결된다는 것이다. 따라서 우리는 손을 귀하게 여겼고 항시 정갈하게 했다. 그러므로 양반은 소변을 볼 때도 젓가락으로 받쳐 일을 본다는 우스운 소리까지 생겼다.

젓가락은 짝을 이뤄야 한다. 한 개로는 쓸 수 없다. 그래서 상호 의존성과 호혜정신과 이웃사촌 문화가 중시되었다는 생각이다. 그런데 포크와 나이프는 개체 분리 정신의 소산으로 지나친 개성주의 즉 너는 너, 나는 나의 일만을 고집하게 되는 것 아닌가 싶다.

지난해 정초에 신문 기사가 났었고 얼마 전에는 국무총리가 말했다. 많은 청년들을 해외에 내보내 공부하고 봉사하게 함으로써 국가의 이미지도 높이고 한국 젊은이들의 세계적인 안목을 키워 큰 인재로 양성하겠다고, 그 당시 서울 모 신문사에서 기사로 뽑은 내용은 "IT청년단 1만 명 양성해 세계로"였다. 내용을 보니, 지난해 말경 몽골 다르항 시의 한 국립대학에서 키보드작업에 열중하던 졸자야(19세, 여)는 '한국인 선생님한테 컴퓨터를 열심히 배워 어린 아이들은 가르치고 싶다.'고 했다는 것이다. 그리고 그 학생을 가르친 사람은 한국 IT봉사단의 전상미(28세, 여)라고 소개되었다.

따라서 신문에서는 컴퓨터 외국어에 능하고 패기 있는 젊은 인재들이 해외로 나가 "IT코리아"의 꿈을 지구촌 곳곳에 심도록 해야 한다는 목소리가 사회 각계에서 움트고 있다고 했다. 그리고 이미 해외로 나간 연간 1,000여 명의 청년들이 이미 그 가능성을 열어 놓고 있다고 했다. 그리하여 'IT청년단은 한국의 첨단 기술과 나눔 문화를 지구촌 곳곳에 전파하는 디지털 유목민'이 될 것이라고 점쳤다.

그 길은 청년 실업 해소의 좋은 길이 될 것이다. IT강국 이미지 홍보요원의 길이 될 것이다. 그리고 장기적 경제 협력 네트워크 구축 등 동양 문화의 따뜻한 마음까지 전해진다면 현대판 비단길이 될 것이다.

대기업과 대한상공회의소에서도 적극 지원하며 병역 혜택 문제도 논의된다니 다행스러운 일이다.

산에서 길을 잃으면 계곡을 따라 내려와야 한다. 앞이 막히면 돌아가든 밧줄을 타고 올라가야 한다. 땅 끝에 서면 배를 구할 생각을 해야지 하늘만 우러러보고 조상 탓만 한다고 될 일이 아니다. 길이 보이면 먼저 달려야 한다. 이 고장 젊은이들에게 도움이 되는 정보가 되었으면 좋겠다.

참고로 우리나라의 경제 성장이 오늘에 이르기까지에는 해방 이후 농촌 여성들이 그 긴 머리를 용기 있게 잘라 팔았기 때문이다. 그 머리로 가발을 만들어 외화를 벌어들였다. 젊은 사람은 독일로 날아가서 광부가 되었고 남의 땅 간호사가 되어 코피를 쏟았다. 해외의 여러 나라로 가서 태권도를 가르친 사범들의 피눈물 나는 개척 의지가 있었다. 이분들이야말로 조국을 떠난 애국자들이었다. 10년 앞을 내다보는 청년에게 미래의 길은 열려 있다. 삶의 열쇠 말도 거기에 있을 것이다.

젊어지는 평강회

오늘 모임은 진안 운장산 휴양림 계곡이었다. 전주에서 승용차 4대로 16명이 출발하여 11시쯤 도착하였다. 한 시간 동안 계곡 길을 산책하면서 새로운 정보를 교환하였다. 3주째 불볕더위에 비가 내리지 않아 계곡은 물이 말라가고 있었다.

보름달 같은 복숭아를 하나씩 주는데 맛있게도 먹는 모습을 보면서 한 첨씩 맛보기로 받아먹는 맛도 참 좋았다. 이가 좋지 않아 입으로 베어 먹을 수가 없기 때문이었다. 숲속길이라 그래도 시원한 바람을 맞으니 기분은 상쾌하였다.

12시가 되어 되돌아와 보니 점심메뉴가 백숙과 닭볶음탕이었다. 주거니 받거니 한잔 또 한 잔 인간의 본능인 식욕을 채워주니 세상 부러울 것이 없었다. 조그마한 힘이 나비효과로 산을 옮기는 힘이 나오듯이 분위기는 하늘을 나는 기분들이었다.

즉석으로 각본 없는 추억의 가요무대가 펼쳐졌다. 유머와 곁들여 사회자의 진행으로 노래가 이어졌다. 지명을 받은 나는 남진이 부른 〈

가슴아프게〉를 술기운에 곁들여 흐드러지게 불렀다. 앙코르 받아 이번에는 최희준이 부른 〈하숙생〉으로 나의 애창곡이다. 참으로 오랜만에 불러보는 노래였다. 모두들 흥에 겨워 젓가락으로 신나게 장단을 맞추었다.

70년대 젊었을 때는 막걸리 집에서 신나게 두들겼던 장단을 오늘 다시 듣게 되었다. 타임머신을 타고 20대로 되돌아간 느낌이었다. 장기자랑 무대로 바뀐 듯 흘러간 추억의 노래들이 다시 재연되었다. 잠복하고 있었던 그리움들이 알코올의 자극을 받아 요동을 치는 듯하였다.

밖으로 나오니 자기 고향에 왔다며 한 친구가 음식 값으로 이십오만여 원을 계산하였다는 것이었다. 동창들 생각하는 마음을 생각하니 감사한 일이었다. 평상시에도 여러 곳에서 베풀기를 좋아하며 재주가 많아 바쁘게 활동하고 있다. 나도 부러워하는 친구로 닮아가고 싶었다.

그 친구가 꾸민 다래계곡으로 자리를 옮겨 2부가 시작되었다. 한 친구가 마술 시범을 보여주는 것이었다. 언제 배웠는지 시범을 보이고 설명을 해주는 것이었다. 신기한 장면들이 알고 보니 아주 간단한 기술로 우리들 눈을 속인 것이었다. 사람의 능력과 재주가 무궁하다는 것을 느꼈다. 40여 년의 교직생활을 정년하고 각자의 소질 계발과 취미 생활을 하면서 익힌 재주가 많았다.

이어서 우리 민족의 민속 놀이인 제기차기 경연이 벌어졌다. 즉석 이벤트가 이어지는 것이었다. 상금은 일만 원을 정하고 1등은 오천 원, 이등은 삼천 원, 삼등은 이천 원으로 정하였다. 한 사람씩 두 번

찬 것을 합산하여 많은 숫자부터 등수가 정해졌다. 어릴 적 닦은 실력을 발휘하는 것이었다. 1등은 47개 2등은 43개 3등 35개로 순위가 정해져 상금을 시상하였다. 대회에 나가 메달을 목에 걸고 좋아하는 것처럼 자랑스러워했다. 약속을 지키기 위한 것이었는데 효과 만점이었다. 시간은 흘러 4시가 넘어서 흐뭇한 표정을 지으면서 전주를 향해 출발하였다.

다음날 카톡을 보니 재주꾼인 친구가 스마트폰으로 동영상을 제작하여 올려놓았다. 어제 있었던 일을 다시 보니 신기하기도 하고 감동하여 펜을 들어 흔적을 남기고 싶어 생각나는 대로 적어보았다. 한 달에 한 번씩 오후에 만나 배구를 하고 저녁을 하면서 즐거운 시간을 가진다. 웃음으로 스트레스를 날려 보내 보약을 먹는 날이라며 젊어지고 있다.

만물상을 보여준다

마음이 어수선할 때는 떠난다. 뒷동산에 올라 사방을 둘러보면 기분이 상쾌해진다. 숲길을 따라 가다보면 계절에 따라 달라지는 풍경에 마음이 풍요로워진다. 복숭아꽃이 활짝 반기는 봄에는 따스한 봄볕에 희망의 속삭임을 들으며 걸었는데 오늘은 복숭아 수확이 끝나고 내년을 기다리고 있었다.

오송제를 한 바퀴 돌아오다 보면 길가 언덕 밑으로 20여 평 되는 황무지에 여러 농작물이 재배되는 것을 볼 수 있었다. 연중 어찌나 알뜰하게 가꾸는지 발걸음을 멈추게 하여 감상하게 하였다. 철에 따라 종류가 어찌나 많은지 만물상을 이루어 보여주고 있는 것이었다. 누구인지는 한 번도 보지 못해 알 수 없다. 남자인지 여자인지 나이는 얼마쯤인지 보고 싶은 얼굴이다. PET병으로 여러 가지 바람개비를 만들어 세워 놓아 보기가 좋았다. 여러 병해충을 막기 위해 터널을 만들고 잡초가 자라지 못하게 비닐도 씌우며 정성을 다하고 있었다. 땅은 거짓말을 하지 않는다고 하였다. 보기 좋게 잘 자라 열매를 맺고 있었다. 땀 흘려 일한 보람을 느끼게 한 것이다. 몸은 피곤할지라도 성취감을 느낄 때 건강한 생활은 계속되는 것이다.

오늘은 토란대 껍질을 벗겨 봉지에 넣었으며 가지와 풋고추가 길가에 진열되어 있었다. 가격표를 써 붙인 쪽지를 보고 매매되는 무인판매점인 것이다. 시장에 내다 팔기에는 양이 적고 혼자 먹기는 많아 밭에서 재배한 것을 보면서 필요한 사람에게 파는 것이었다.

돈을 벌자는 것이 아니며 자기 취미 생활을 하고 있는 것이었다. 그러나 돈은 보이지 않았다. 양심적으로 돈을 놓고 물건을 가져간 사람도 있을 것이며 물건만 가져간 사람도 있으려는지 돈만 가져갔는지 물건이 하나도 팔리지 않았는지 여러 가지 경우의 수를 생각해 보았다. 이것이 바로 선진 일등 국민으로 가는 교육현장이 아닌가 생각해 보았다. 사람이 많이 다니는 길가에 물건과 돈이 있다면 견물생심이라고 사람의 눈치를 보면서 그냥 가져가는 사람도 있을 것이다. 그러나 이 사람은 서로 믿고 도와주는, 우리 사회를 계몽하는 산교육의 현장을 마련한 것이다.

농촌에서 일 년 동안 피땀 흘려 지은 농산물을 밤낮을 가리지 않고 차를 대놓고 가져갔다는 보도를 보면서 이럴 수가 있을까 한탄스러웠다. 어려운 농촌사람을 도와주지는 못할지라도 생산비를 제하고 나면 일 년 생활하기 어려운데 어떻게 하라고 가져갔는지 알 수가 없다.

학교에서도 선생님이 감독하지 않는 시험을 치르는 학교가 있다고 한다. 가르치는 선생님과 배우는 학생들의 신뢰를 보여주는 현장인 것이다. 이 얼마나 아름다운 모습인가. 나도 학창시절 내 실력으로 시험을 본 것이 재수강을 받아본 경험이 있다. 조금만 곁눈질 했어도 되는데 그것이 싫은 것이었다.

우리나라는 인구는 많은데 국토는 아주 좁다. 그러나 이 사람같이 활용한다면 아직도 많은 땅이 기다리고 있는 것이다. 우리나라 농촌을 보면 젊은 사람이 없어 어린이들도 볼 수 없으며 고요함마저 느끼게 한다. 요즈음 귀농 귀촌 하는 사람들이 늘어나고 있다고 한다. 그러나 사전에 교육이 부족하여 성공하는 사람은 적다고 한다. 성공한 사람들은 새로운 영농기술을 개발하여 과학적이고 현대화 하면 수익을 올릴 수 있다고 한다.

다시 숲길을 걸으며 생각해 보았다. 사람들은 누구나 태어나면서 특별한 재능이 있다고 한다. 그래서 하는 일들이 조화를 이루어 사회를 구성하며 살아가고 있는 것이다. 앞으로 남은 시간 어떤 일에 열중하여 조금이라도 이웃을 도울 수는 없을까? 지금까지 많은 사람들의 도움을 받고 여기까지 왔으니 이제는 빚을 갚으며 살아가야지.

제Ⅴ부

환상의 북유럽 여행기

萬事從寬
其福自厚

모든 일에 너그러움을 좇으면
그 복이 저절로 두터워 지느니라

壬辰年 仲秋 池鳳 朴光安

만사종관 / 박광안

홍매화 / 박광안

1일
설레는 마음으로 출발

2016년 6월 21일 화

전화벨이 울렸다. 준비를 하고 있는데 약속시간이 조금 넘어서였다. 여행사 사장님의 전화를 받고 보니 마음이 급해졌다.

주방에 가보니 밥솥에 밥이 남아 있어 비닐봉지에 담았다. 15일 간 집을 떠나게 되어 냉장고에 넣어 두기로 했다. 가스레인지에는 아욱국이 남아있어 가스 불을 켜 데우기로 했는데 그냥 문을 잠그고 나섰다. 건망증이 심해서인지 집사람도 생각을 못한 것이다. 집을 나설 땐 지갑과 핸드폰과 열쇠가 있는지 확인한다. 호주머니를 만져보는 습관이 있어 만져보니 핸드폰을 만지면서도 놓고 왔다면서 다시 집으로 향하여 들어갔다.

가스불이 눈에 들어왔다. 아찔한 순간을 맞이한 것이다. 불을 끄면서 한숨을 크게 내쉬었다. 지갑은 놓고 핸드폰만 가져가는데 평상시 습관으로 하나만 손에 잡히어 다시 가지러 온 것이다. 항상 나의 갈 길에 내 발의 등이요 내 길에 빛이 되신 하나님의 인도하심으로 얼마나 감사한 일인가!

만약 그냥 버스를 타고 갔더라면 어떻게 되었을까? 이제와 상상해

보니 누군가 찜통에 곰국을 끓인다고 가스 불을 켜놓고 외출하여 화재를 일으킨 일을 들은 적이 있었다. 또한 교실에서 선풍기를 끄지 않아서 저녁에 불이 났다는 것도 들은 바 있었다. 우리 집도 불이 났을 것은 뻔한 일인데 누군가 신고하여 소방차가 출동되고 긴박한 상황이 전개되었을 것이다.

아침 여섯시에 출발하여 오후 한시 반 비행기로 러시아를 향해 출발하게 될 여정이었다. 출발 전에 연락을 받았다면 택시를 잡아 타고 집으로 왔으나 잿더미만 바라보아야 했을 것이고 비행기를 타고 출발한 후이면 되돌아 올 수도 없고 어떻게 되었을까. 바둑 한 수가 진행될 때마다 상상하기도 어려운 장면이 전개된다는데 이 상황이 어떻게 전개되었는지는 아무도 모를 일이다. 순간의 실수와 순간의 선택이 운명을 좌우한다는 말이 실감 있게 내 앞에 나타난 것이다.

이렇게 출발한 여행이 어떻게 전개될 것인가? 긴장감에서 호기심으로 변하여 차창 밖의 풍경을 바라보았다. 어느덧 버스는 신나게 달려 아침 식사하는 곳으로 안내하였다.

우리는 타성에 빠져 괜찮겠지 하는 안전 불감증으로 큰 사고를 일으킨 것을 가끔 보아왔다. 소 잃고 외양간 고친다는 속담처럼 우리는 항상 유비무환 정신을 가져야겠다고 외치고 싶다. 앞으로는 외출할 때 가스밸브는 잠겼는지 전등불은 꺼져있는지 확인하는 습관을 길러야겠다.

19년 동안 나를 품어준 보금자리여 보름동안 잘 있어 잘 다녀올게 안녕~

모스크바를 향해 출발

꿈에 그리던 유럽 여행이 시작되었다. 13시 10분 러시아항공, 좌석이 창 쪽이었다. 바라던 대로 되어 행운이었다. 구름 없이 맑은 날이어서 차창 밖에 펼쳐지는 아름다운 풍경이 마음을 들뜨게 하였다.

점심시간이 지나서인지 시장기가 들어 불평 소리가 들려왔다. 수화물가방에 먹을 것이 많이 들어있는데 어쩔 수가 없었다. 뒷좌석에서 사탕, 누룽지, 김밥을 조금씩 주어서 먹는 맛이 꿀맛 같았다. "금강산도 식후경"이라더니 실감이 났다. 3시가 넘어서 기내식으로 점심을 하였다.

한 끼도 참지 못하고 불평을 한 것이 부끄러웠다. 세계 여러 곳에서 먹을 것이 없어 굶어 죽는 사람이 많다는데 호화로운 해외 여행을 하면서 잠시 동안을 참지 못한다는 것이 어찌된 일인가? 깊이 깨닫고 뉘우쳐 생각해 보았다. 스튜어디스로부터 받은 와인 한 잔을 음미하면서 차장 밖의 풍경에 눈을 고정하였다. 비행 항로를 보니 서해 바다를 지나 중국 상공을 나르고 있었다.

지금까지 땅 위에서 살다가 하늘나라로 이민을 온 느낌이었다. 맑고 푸른 하늘에 하얀 뭉게구름이 두둥실 흘러가면서 변화무쌍한 풍경을 만들어 내는 것을 볼 때 내 몸도 그곳을 거닐고 있는 느낌이었다.

세계에서 제일 큰 나라 러시아 상공을 유유히 날아가고 있었다. 공산국가시절 대한항공이 소련이 발사한 미사일에 맞아 추락하면서 많은 인명을 앗아간 일이 생각났다. 어떤 때는 하얀 눈으로 여러 모양을 만들어 내는 것이 마치 마술사가 상상할 수 없는 장면을 연출하는 듯하였다. 솜털 같은 하얀 구름이 흘러가면서 나타나는 풍경은 지금도 머릿속에 아른거린다.

비행 고도가 낮아지면서 가뭄에 콩나듯 사람 사는 모습이 눈에 띄었다. 광활한 대지가 그대로 있어 자연 그대로였다. 저 넓은 대지, 우리나라 땅이라면 얼마나 좋을까? 우리 건설 역군들은 살기 좋은 터전으로 만들어 놓으련만 아쉬워할 뿐이다. 시차가 6시간이라서 계속 되는 장면을 감상할 수 있었다. 다섯 시에 비행기에서 내리니 해는 중천에 떠 있었다. 전주는 밤 열한시로 고요히 잠든 시간이었다.

모스코바 세르베체보 국제공항

노르웨이 오슬로에 가기 위해서 6시 20분 비행기로 환승을 하여야만 했다. 이번에도 창 쪽의 좌석에 앉게 되었다. 행운의 연속이었다. 바라는 것이 이루어진 것이다. 다른 사람들은 드나들기 복잡하다고 싫어 할 수도 있을 것이다.

비행기는 서서히 움직이기 시작했다. 출발 전 충분한 준비운동을 하듯 서서히 활주로를 향하여 따라가고 있었다. 활주로에서는 이륙과 착륙이 연속으로 이루어지고 있었다. 이륙할 때 최선을 다하는 모습을 보았다. 점차 가속을 하면서 육상선수가 100m를 있는 힘을 다하여 달리듯 비행기도 최고도로 속력을 내어 지구를 박차고 하늘로 날아오르는 것이었다. 그 무거운 비행기가 하늘로 오르다니 인간의 힘이 얼마나 큰지 알 수 있었다. 착륙하는 장면도 살펴보았다. 고도를 낮추면서 최소한으로 감속하여 지면에 가라앉아 미끄러지듯 나갔다. 충격을 최소화 하여야 하는 기술이 필요할 것 같았다.

무슨 일이든 최선을 다하는 모습은 보기가 좋았다. 순간의 실수, 한 사람의 잘못으로 수많은 사람들의 생명을 해칠 수도 있기 때문이다. 대여섯 대정도 이착륙을 눈여겨보고 있으니 우리 비행기 차례가 되었다. 눈을 감고 머릿속에서 상상해 보았다. 눈으로 본 장면을 그려보니 가볍게 하늘로 오르는 느낌이 왔다. 창밖을 보니 모스코바 시내모습이 눈에 들어왔다. 노르웨이 수도 오슬로를 향하여 부드럽게 곡예 운동을 하면서 날아가고 있었다.

오슬로의 밤하늘은 백야

오늘 하루는 이십사 시간이 아니라 서른한 시간이었다. 우리나라와 시차가 일곱 시간이었기 때문이다. 아침 여섯시에 집을 나서 오슬로 아레나 호텔에 도착하니 밤 열한시가 되었다. 꼬박 하루가 걸린 셈이다.

호텔이 깨끗하고 시설이 좋아 낮에 쌓인 피로를 씻어내기에 좋았다. 자정이 되었는데도 어둡지가 않았다. 창밖을 보니 아름다운 풍경이 파노라마처럼 펼쳐져 있었다. 하늘 끝에는 불그스름하니 보름달처럼 걸쳐있었다. 보름달이 저렇게 밝을까 저게 동쪽하늘이 맞아? 방향 감각을 알 수 없었다. 보름달은 해가지면서 동쪽하늘에 떠올라야 하는데 내가 보는 오른쪽으로 서쪽하늘에 떠오른 것이다. 처음 보는 이상한 현상이었다.

다음날 안 사실이지만 그게 백야현상으로 나타난 것이란다. 백야현상은 위도 48도 이상 90도 부근에서 생긴다고 하였다. 지구의 자전축이 오른쪽으로 23.5도 기울어져 나타나는 현상이라고 하였다.

내 인생에 처음으로 백야를 유럽의 밤하늘에서 볼 수 있었으니 이 얼마나 소중한 경험인가. 노르웨이 위도는 북위 58도에서 72도 사이에 위치하고 있었다. 6월 23일 하지축제가 열린다고 하였다. 내일이 이곳에서는 하지라고 하였다.

인생길에는 넓고도 빠르구나! 동쪽 끝에서 서쪽 끝으로~

하루 만에 딴 세상을 만나니 건강할 때 여행은 필요한 것이로구나.

2일
바이킹 박물관

6월 22일 수

호텔을 출발하여 첫 여행지는 바이킹 박물관이었다.

9~11세기 북방을 호령했던 공포의 바이킹선박이 전시 되어 있는 공간으로 오슬로 피오르드에서 발굴된 오세베르그호, 고크스타호, 투네호 등 3척의 배가 복원되어 있는 박물관이었다.

3척의 배 중 가장 크고 우아한 오세베르그(Oseberg)호는 9세기 초에 건조된 것으로 35명의 노젓는 사람과 돛을 이용해 항해하였다. 아름다운 조각으로 장식된 오세베르그호는 오사여왕의 관으로 9세기에 배 밑바닥을 제외한 다른 부분은 대부분 부패된 채 발견되었는데 원거리 항해용으로 이용된 것으로 보였다. 바이킹 박물관에 있는 바이킹 배는 지금까지 기록된 바이킹 배들 중 가장 큰데, 옛날 옛적 노르웨이의 해상 역사를 짐작하게 하였다. 배와 함께 발견된 예술품과 공예품들은 바이킹들의 문화생활을 가늠하게 해주었다.

2층에 올라가 내려다보면서 스마트폰으로 여러 각도에서 촬영하였다. 천 년 전으로 돌아가 그 세대의 생활 속으로 들어가 상상할 수 있었다. 건축기술이 뛰어났음을 눈으로 확인하는 현장으로 감격하였다.

이 박물관의 외관은 성당 같고 내부는 경외감마저 들게 하였다. 전시되어 있는 3척의 배가 오슬로 피오르드에 묻혔던 것들 이라는 게 믿기 어려울 정도이었다. 바이킹의 높은 위치에 있던 자들은 그들의 죽음이 사후의 생을 준비하는 것이라는 것을 확실히 하기 원했고 때문에 모든 필수품들을 때로는 하인들도 함께 실은 긴 배 안에 그들을 묻었다. 묻힌 배는 매장된 사람의 사회적 지위를 말해주고 있었다.

다른 나라의 역사도 배우며 신비한 여러 곳을 보면서 새로운 것을 알게 되니 마음 뿌듯하였다.

비겔란트 조각공원

구스타브 비겔란(vigelend Adolf Gustav, 1869~1946)의 작품이다.

비겔란트 조각공원은 총 면적 32만 3700m²에 조성되어 있으며 40여 년 동안 세계적인 구스타브 비겔란트가 심혈을 기울여 만든 200여 점의 화강암 작품과 수많은 청동 작품으로 되어 있었다.

입구부터 끝까지 인간의 탄생과 죽음에 이르는 다양한 조각품들이 있었다. 로댕에게 조각을 배웠다고 하며 유언에 따라 무료로 입장할 수 있으며 사시사철 항상 많은 사람들이 모이는 것 같았다

공원 앞에는 비겔란트의 동상이 서 있는데 실제 키의 크기라고 하였다.

그의 작품 세계는 인간의 탄생과 죽음, 희로애락, 생로병사 등이 다양하게 표현되고 있으며 인간의 삶에 많은 생각을 하였다.

'모놀리트(Monolith)광장'은 이 공원의 하이라이트이다. 모놀리트는 무게 260t, 높이 17.3m의 거대한 화강암 기둥에 121명의 남녀노소가 서로 정상을 향해 기어오르기 위해 안간힘을 쓰는 모습들이 부조돼 있는 탑이다. 서로 떨어지지 않기 위해 밀치는 모습이 있는가 하면 어

느 한 편에서는 떨어지는 사람을 끌어올리는 모습도 보이고, 정상을 쳐다보며 기도하는 듯한 슬픈 얼굴도 보였다.

위의 작고 수직으로 서 있는 사람으로부터 아래쪽으로 내려오며 몸집이 커지고 수평을 이루는 자세를 통해 갓난아이로부터 죽음에 이르는 노인을 표현한 것이라고도 한다. 인생살이의 욕망과 투쟁과 슬픔을 화강암 기둥 하나에 응축시켜 놓은 것이었다. 인간의 힘이 이렇게 왕성함을 보면서 나의 미약함을 느끼게 하였다.

스마트폰으로 웅장한 모습을 찍으면서 사람의 손으로 얼마나 많은 고생을 하였을까 상상하기도 힘들었다. 추억을 간직하기 위해 단체 사진도 찍었다.

'인생은 짧고 예술은 길다.' 비겔란은 가고 없어도 그의 작품은 영원토록 수많은 사람들을 감동시키고 있었다.

오슬로 시청사

노르웨이 오슬로의 상징. 오슬로 시 창립 900주년 기념으로 1931년에 착공하여 제2차 세계대전에 중단 되는 우여곡절 끝에 1950년에 완성되었다고 하였다. 2개의 탑을 가진 이 건물의 내외 벽은 노르웨이의 대표적인 예술가들에 의한 그림과 조각으로 장식되어 있었다. 모두가 멋진 작품들이며 특히 주목할 만한 것은 독일군 점령하의 고뇌를 표현한 것이 많아 국민 감정을 잘 나타내고 있다는 점이었다.

정문을 열고 홀 안으로 들어가니, 넓고 높은 공간이 눈 앞에 펼쳐졌다. 여기가 매년 12월 10일에 세계의 이목을 집중시키는 바로 이 곳인가. 잠시 눈을 감고 떠올렸다. 홀에 모여든 손님들과 전 세계 방송사들, 왕실 가족들, 그리고 그 앞의 수상자들까지. 1990년에 수상 장소가 이곳으로 옮겨진 이래 이 상의 주인공은 이 곳에 서서 수상 연설을 했었다. 2000년에 고인 되신 김대중 대통령의 연설 모습을 떠올려 보았다. 이제 눈을 뜨고, 홀 안의 그림들을 하나하나 바라보았다. 벽에 그려진 그림들은 모두 노르웨이에 관련된 내용들이었고, 보통 그림이 아니었다. 크기도 크기지만, 이런 곳에 어떻게 그림을 그렸을까. 몇몇 태피스트리나 액자 속 그림을 제외하면 이런 큰 그림들 모두가 마른 벽에 직접 그린 프레스코화라고 하였다.

'작은 크기의 그림도 어려운데, 이런 큰 벽이라고하니 오죽할까.' 싶었다. 그런데 시청사는 몇 술 더 떴다. 하나가 아니고 건물 전체를, 2차 대전 때문에 10년까지 걸렸던 큰 작업도 불사해 가며 건물의 건축부터 내부까지, 독립한 조국을 위해 똘똘 뭉친 노르웨이 예술가들의 역작이었다는 걸 생각한다면, 이 곳을 단지 시청 건물로만 볼 수는 없었다. 그렇다. 오슬로 시청사는 시민들을 위한 하나의 거대한 '예술 작품'으로 만들어진 것이었다. 우리는 그 작품들을 공짜로 감상하고 있으니 얼마나 감사한 일인가.

다른 부분 노벨상은 모두 노벨의 모국인 스웨덴 스톡홀름에서 선정하고 수상하는데 유독 노벨 평화상은 오슬로 의회가 선정하고 수상한다. 이는 노벨의 유언 때문이라고 하였다. 2층에는 뭉크의 〈인생〉이라는 그림이 걸려 있고 전시물을 무료로 관람할 수 있으며 창밖으로 오슬로 피오르드를 볼 수 있다는데 오늘은 행사관계로 입장할 수 없어 아쉬운 발걸음을 돌렸다.

우리나라 두 번째 노벨평화상 수상자는 누구일까? 통일이 되는 날 탄생할 것이다.

3일
브르겐 거리와 어시장

6월 23일 목

브리겐 지역은 노르웨이 베르겐의 구 항구에서 밝게 칠해진 목조 건물 수십 채가 바다를 향해 일렬로 늘어선 지역이다. 날카롭게 솟은 지붕을 한 똑같은 외양에 색깔만 다른 중세풍의 건물들이 있는 이곳이 1979년 세계문화유산으로 지정된 브리겐, 노르웨이어로 항구를 의미하는 지역이다.

브리겐은 중세 한자동맹 소속 상인들이 거주하면서 무역활동을 하던 한자동맹의 북해지역 사무소였다. 이곳에 처음 사무소가 생긴 것은 1360년이며 이를 계기로 이후 400년 동안 지역의 해상 무역 중심지로 번영을 누렸다고 하였다.

한자 동맹 시절의 중심가에는 독특한 목재 건물들이 남아 있으며, 역사 지구는 유네스코에서 지정한 세계문화유산으로 등록되었다. 피오르드식 해안관광의 출발점이 되고 있는 베르겐은 화려한 자연경관과 더불어 각종 미술관 · 박물관이 있는 문화 도시이다.

한자 박물관은 베르겐 시가 항구 도시로서, 예부터 어업과 해외무역이 발달, 14세기에는 한자동맹에 가세하여 더욱 발전을 거듭한 것을 기념하기 위한 박물관이다. 시장 북쪽 브리겐 거리에 위치하며, 1702년 건립된 시내에서 가장 오래된 목조 건물이다. 12세기에 건축된 성마리아 교회가 있다. 성마리아 교회는 베르겐에서 가장 오래된 건물로 로마네스크 양식 교회 건물의 진수를 보여주고 있었다.

이곳 어시장은 한자동맹(도시동맹) 시절에 젊고 잘생긴 독일계 청년 상인들이 집단으로 몰려와 장사를 시작했고, 당시 귀족 부인들을 상대로 거위 간이며 연어 알, 케비어, 질 좋은 바다가재 요리 등 고급음식을 값싸게 판매함으로써 이들 귀족 부인들에게 인기 있는 시장이 되었고, 뒤에는 귀족 부인들이 일부러 젊은 독일계 청년들이 보고 싶고 그들과 이야기 하고 싶어 모여들었기에 어시장은 더욱 크게 번창하였단다.

산업화가 진행되고 현대적인 의미의 무역이 발전하면서 중세적인 무역을 대표했던 브리겐은 무역항으로는 의미를 상실했다. 다만 당시의 건물들 중 일부가 남아 해상무역 중심지로서의 영화와 생활상을 짐작하게 할 뿐이었다.

지금까지도 그 때의 독일의 후손들이 이곳에서 장사를 하고 있다고 하며, 옛 모습과 형태를 그대로 지키며 이어가기에 세계 각국의 관광객들이 모여드는 유명한 관광지로 남게 되었다고 하였다.

어시장에서는 수많은 생선이 진열되어 있었으며 즉석 요리를 하여 먹는 관광객들이 즐거운 시간을 만끽하고 있었다.

일 년 중 280일 정도 비가 내린다는데 오늘도 어김없이 비가 내려 우산을 받고 한 바퀴 돌아 발걸음을 재촉하여 버스에 올랐다.

로맨틱 산악열차

스무 개의 터널과 아홉 개의 정거장을 지나면서 그림 같은 자연을 볼 수 있었다.

노르웨이 피오르드 깊숙한 마을 해발 1m에서 시작한 세계 최고 걸작 플롬 산악열차를 타고 가면서 푸른 초원에 펼쳐진 집들과 울창한 숲, 위용이 대단한 뮈르달 폭포를 지나면서 붉은 요정이 갑자기 나타났다 사라지는 연출로 이야기가 있는 아름다운 동화 속 풍경이 펼쳐졌다.

프롬에서 뮈르달로 올라가는 중간쯤에 기차가 정차를 하자 웅장한 물소리와 함께 효스폭포 라고 불리는 거대한 폭포가 물보라를 풍기며 환상적으로 펼쳐지고 있었다, 노르웨이의 낭만열차라고도 불리고 있는 프롬 열차 관광에 이 효소폭포도 중요한 명소였기에 기차는 이곳에서 10분정도 정차하였다.

효스폭포의 높이 93m, 전체 길이가 700m에 이르는 폭포의 일부분이다. 열차가 10분간 정차하는 동안 폭포에서는 노르웨이 신화에 등장하는 요정 훌드라를 재현 관광객들의 볼거리를 제공하고 있었다,

전설에 의하면 어느 날 밤 신비로운 음악소리와 함께 훌드라가 나타나 목동을 유혹, 훌드라 요정을 따라간 남자들은 양으로 변하여 훌드라 요정과 함께 폭포 속으로 사라져 버렸다는 이야기다.

효스폭포에서 퍼포먼스를 하고 있는 훌드라 요정들은 노르웨이 발레 스쿨의 학생들이라고 하였다.

발걸음 옮기기 복잡한 곳에서도 사진을 찍느라 북새통이었다. 여러 나라에서 모여든 사람들이 엮어내는 진풍경도 볼만하였다. 이것이 바로 구경거리로구나 생각하였다.

송내 피오르드

노르웨이는 '북쪽으로 가는 길'이란 뜻이다. 북쪽 끝 일 년에 280일 정도 비가 오고, 태양이 남반부로 내려가면 흑야의 어둠에 쌓여 있어 살기 힘들지만 복지는 최고인 나라였다.

송내 피오르드를 보는 것이 이 나라 여행의 핵심이다. 그것은 빙식곡이었던 강 하류부가 해수로 침수되어 형성한 좁고 긴 후미를 말하며, 협만이라고도 한다. 높은 산의 골짜기를 따라 발달해 있는 빙하가 빙식곡으로, 그것에 의하여 형성된 U자형의 깊은 골짜기이다. 종단면이 U자형을 이루고 있으므로 양쪽 곡벽이 급한 절벽을 이룬다.

세계에서 가장 긴 송내 피오르드는 길이가 204km이다. 그 중 경관이 제일 멋진 구간만 잘라서 두 시간 정도 버스로 유람하였다.

좁고 긴 지형 탓에 피오르드의 바다는 언뜻 산을 휘감아 도는 강처럼 느껴진나. 하지만 시신을 멀리 두면 수평선에 맞닿아 있고 갈매기도 날아든다. 거울 같이 잔잔한 수면 저 편에 굽이굽이 보이는 만년설을 이고 있는 뭉툭 잘린 바위산들에서 끝없이 바다로 쏟아지는 크고 작은 폭포가 장관이었다.

세계 어느 곳에서든지 사람이 살 수 있게 창조되었다. 모든 사람들이 구경하면서 사용한 여행비로 이곳 사람들이 생활할 수 있어 얼마나 다행스런 일인가.

4일
빙하 박물관

6월 24일 금

1997년 프리츠커상 수상자인 스베레 펜(1924년생)은 특히 콘크리트와 목재를 독자적이고 창조적인 방법으로 다루는 저명한 건축가이다. 노르웨이 빙하박물관은 펜의 놀라운 비전과 콘크리트의 유연함에서 잊을 수 없는 강한 인상을 풍긴다.

이 박물관은 북유럽의 가장 큰 빙하인 요스테달 빙하 아래의 계곡에 세워졌으며, 그 형태 역시 근처의 빙하를 연상시킨다. 박물관 내부에서 방문객들은 눈과 얼음에 대한 실험을 경험하고, 요스테달 빙하에 대해 배운다.

빙하의 생성과정과 조사 연구하는 모습을 이보카프리노가 제작한 20여분짜리 빙하탐사 다큐멘터리를 감상하니 우리들이 알지 못하는 신비한 것을 많이 볼 수 있었다.

둘러싸인 산지를 닮은 이 박물관은 마치 그 자리에서 자연적으로 생겨 자라난 것처럼 보인다. 창문은 크기도 모양도 다양하며, 외벽은 기울어져 층이 졌고, 스키 슬로프처럼 생긴 길고 낮은 차양이 입구를 장식하였다. 내부는 긴 사각 형태의 전시 회랑과 원주형의 강의실로 구성된다. 구조의 다양함으로 인해 전체 구조물에서는 역동성이 느껴진다. 여러 각도와 정면에 가파르게 경사진 차양은 박물관을 둘러싸고 있는 산을 연상시키면서 콘크리트와 자연의 환상적인 조화를 보여주었다.

이곳은 1994년 올해의 유럽 박물관으로 지정되기도 했단다. 어떻게 빙하가 이 지역의 환경을 조각하는지에 대한 이야기를 나누기 위해, 이곳에 건축물을 짓는다는 것은 건축가 자신에게도 최선을 다해 임할 수 있는 보람된 일이었을 것이다.

옥상에 올라 사진을 찍으며 사방의 풍경을 감상하는 맛은 비길 데 없었다.

고난의 연속

세계에서 제일 크고 오래된 요스테달 빙원의 한 자락인 뵈야 빙하를 감상하고 게이랑에르로 이동하는데 산악도로가 아주 험하였다. 조심스럽게 달리던 버스가 이상하다며 정차를 하고 살피니 버스 하체 스프링이 작동하지 않아 더 이상 갈 수 없다고 하였다. 교통도 불편하고 서비스 시설이 없어 아주 난감하였다. 기사님께서도 여러 곳에 연락을 하였으나 시간이 많이 소요될 것 같아 당황한 표정이었다.

버스에서 내려 주변 풍경을 감상하면서도 언제 출발할지 시간은 자꾸 흘러가고 있었다. 기사님께서 버스 바닥으로 누워서 여러 곳을 살피더니만 응급조치를 하였다며 출발하였다. 2시간 이상을 길에서 기다리는 마음은 누구나 답답하였을 것이다. 누구를 탓할 수도 없고 오히려 기사님의 최선을 다하는 모습을 보니 안타깝기도 하였다.

한참을 달리는데 내리막길 커브에서 승용차와 접촉사고를 내고 말았다. 급한 마음에 안정이 안 되어서 인듯하였다.

보험처리를 하고 출발하였다. 한참을 가는데 많은 차량이 움직이지 못하고 서 있었다. 사고가 난줄 알았는데 낙석이 내려앉아 치우고 있는 중이라고 하였다.

평상시는 통제하다가 관광철인 여름에만 개방한다고 하였다. 점심시간이 지나 불평의 소리가 나오기 시작하였다. 주변에 식당이 없고 간식할 매점도 없어 기다릴 수밖에 없었다. 순조롭게 진행되던 여행이 오늘은 고난의 연속이었다.

어찌하여 하루 동안에 어려운 일이 계속되는 것일까? 희로애락이 되풀이되는 우리네 인생 여정이나 다름이 없었다. 순응하며 극복하면서 나아가야 할 수밖에 없는 일 아닌가. 3시 반이 되어서야 게이랑에르에 도착하여 점심식사를 하였다.

여행 일정에는 지장이 없다면서 5시에 유람선에 탑승 피오르드 절경을 감상하였다. 쌓인 피로를 훌훌 날려 보내니 상쾌한 기분이었다. 이렇게 좋은 절경을 감상하기 위한 대가를 치른 것이라고 마음속으로 생각하면서 감탄사를 연발하였다.

게이랑에르 피오르드

게이랑에르는 노르웨이 서부에 있는 작은 관광도시이다. 도시 주변을 둘러싸고 있는 수많은 산들 사이로 피오르드의 가장 끝머리에 자리잡고 있는 작은 도시이다. 게이랑에르 항을 통해, 각처에서 크루즈를 타고 어부, 관광객에 이르는 수많은 사람들이 방문하였다.

게이랑에르 피오르드는 세계적으로 특별한 경치를 갖고 있어서 2005년에 UNESCO의 세계유산으로 지정되었다. 우리는 게이랑에르에서 유람선을 타고 게이랑에르 피오르드의 헬레쉴트 까지의 구간을 관광하였다.

피오르드 주변 높은 산 위에서 떨어지는 수많은 절벽폭포가 피오르드의 웅장함을 더해준다. 특히 일곱 자매 폭포는 가장 유명하여 이곳을 찾는 사람들이 빼놓지 않고 보는 곳이다. 1,000미터가 넘는 산들로 둘러싸인 게일랑에르 피오르드는 노르웨이에서 가장 유명한 피오르드 중 하나이다.

게이랑에르 피오르드는 해안에서 육지 쪽으로 구불구불하게 휘어지면서 들어간 피오르드의 가장 깊숙한 곳에 위치해 있으며 깎아지른 듯이 서 있는 산들로 둘러싸인 비경이었다.

유네스코 자연유산으로 등재된 게이랑에르 피오르드는 최고 해발 1500m의 거대한 산맥들 사이에 끼어 16km의 길이로 그 장엄함을 보여줍니다. 빙하기 말기 1-3km 두께의 거대한 빙하가 해안선을 침식하여 만들어내 자연의 조각품이었다.

게이랑에르 피오르드 관광은 게이랑에르 마을에서부터 헬레쉴트까지 20km 구간의 아름다운 경치를 약 1시간에 걸쳐 유람선이나 페리를 타고 지나며 감상하는 것이 핵심이다.

지금부터 100만 년 전 북유럽은 두께 천 미터가 넘는 빙하로 덮여 있었는데, 그 빙하의 두께가 점차 늘어나면서 무게를 견디지 못하고 계곡 아래로 흘러내렸다. 그때 거대한 빙하는 계곡 사이의 하천 바닥을 파 내려가면서 계곡을 마치 칼로 절단한 것처럼 수직으로 깎아내렸고 그곳에 바닷물이 들어와 피오르드가 형성된 것이란다. 북해에 접하고 있는 노르웨이의 해안선에는 수백 개의 피오르드가 있고 그 거리를 합하면 1,750km나 된다고 한다.

자연의 신비함에 모두들 탄성을 자아내고 있다. 그러나 인간에 의해 자연이 파괴되어 가고 있으니 앞으로 어떻게 될 것인가?

5일
홀멘콜렌 스키 점프대

6월 25일 토

홀멘콜렌은 스키로 유명한 곳이다. 1952년 동계올림픽 때 스키 점프 경기가 열렸던 곳으로 1892년 이후 매년 3월의 일요일마다 열리는 스키점프 축제가 유명하다.

홀멘콜렌 스키 점프대는 해발 412m의 언덕에 높이 솟아 있으며 시내 중심가에서 조금 벗어나면 멀리 우뚝 솟은 모습이 보인다. 높이 56m로 엘리베이터로 정상에 오르면 사방이 유리로 되어 있어서 주위를 한눈에 볼 수 있다. 정상에서 바라보는 오슬로의 시내와 피오르드가 일품으로 스키를 타기 위해 매년 세계 각지에서 관광객들이 몰리고 있다. 점프대의 도약 지점을 보면 점프 후 그대로 오슬로 피오르드에 흡수되어 버릴 것 같은 느낌이 든다. 점프장이 있는 3층 건물 안에는 스키 박물관이 있다. 여기에는 2,500년 전에 사용된 스키 부품부터 현재의 스키에 이르기까지 스키에 관한 모든 것들이 전시되어 있었다. 난센과 아문센이 북극과 남극에서 사용했던 기념비적인 장비도 함께 전시되어 있었다. 박물관 앞에 있는 동상은 난센 동상인데 점프와는 직접적인 관련이 없다고 하였다.

또 박물관을 향해서 왼쪽 간판에 그려져 있는 토끼가 스키를 타고 있는 것같은 그림은 4,000년 전 북극권 근처의 바위에 그려져 있던 것이다. 또한 홀멘콜른 북쪽 트리반 언덕에는 87m 높이의 북유럽 최대의 전망대인 트리반 타워가 있었다.

1892년에 개장했고, 세계에서 가장 오래 된 역사를 가진 스키점프 경기장이다. 매년 약 1백만여 명의 관광객이 찾는 관광지이며, 스키점프 가장체험관, 박물관, 기념품점들의 다양한 부대 시설을 갖추고 있다.

해발 412m의 스키 점프 타워에서 오슬로 주변의 경관을 돌아보니 시원한 바람에 마음의 풍요로움을 마음껏 누렸다.

칼 요한스 거리

이 거리의 이름은 19세기 초 스웨덴과 노르웨이의 왕을 겸한 칼 14세 요한의 이름을 따서 지었으며, 동 · 서 거리로 나뉘어 있다. 오슬로역이 동쪽 끝, 오슬로 왕궁은 서쪽 끝에 위치하며 중앙에는 국회의사당 건물이 있었다.

칼 요한스 거리는 약 1.3km에 이르는 거리로 오슬로 중심부를 동서로 가로지르고 있는 최대의 번화가 이었다. 노벨 평화상 수상자들이 머무르는 다는 그랜드호텔도 눈에 들어왔다.

이 거리의 끝 언덕 위에 왕궁을 건립한 '칼 요한' 왕의 이름을 땄다고 하였다. 상점과 레스토랑이 즐비하며 중앙역과 왕궁을 연결하고, 거리의 중심에는 국회의사당이 있었다.

오늘이 마침 토요일이라서 동성애자 축제 퍼레이드가 펼쳐지고 있었다. 많은 사람들이 나와 구경하며 환호를 지르고 있었다. 문신하고 분장한 모습이 마치 고릴라 같이 보였다. 무엇이 좋아서 미친 듯이 고성방가를 하는지…….

세계 제일의 복지국가에서도 이런 광경을 볼 수 있다는 것이 내 마음 속에서는 이상야릇한 감정이 일어났다.

DFDS SEAWAYS

우리 일행은 덴마크를 찾아가기 위해 꿈에 그리던 크루즈 여행을 시작하였다. DFDS SEAWAYS라는 최고의 시설을 갖춘 여객선으로 어마 어마한 규모다.

스칸디나비아해 노르웨이 오슬로와 덴마크의 코펜하겐을 운항하는 크루즈로서 길이 170.6m, 넓이 28.2m, 속도 40km, 승객수 2026명, 룸수 637개, 450대의 차량을 실을 수 있으며, 4개의 레스토랑, 면세점, 3개의 바와 수영장, 사우나, 헬스클럽 등을 갖춘 초호화 유람선이었다.

호화유람선 DFDS를 타고 16:30에 출발하여 코펜하겐에는 익일 09:40 도착 예정이다. 시간이 되니 소리도 없이 서서히 움직인다. 점점 노르웨이가 멀어진다. 오슬로 피오르드를 미끄러지듯 지나가고 있었다. 오슬로 피오르드는 스카게라크 해협(길이 240km, 너비 130~145km) 북쪽의 노르웨이와 남쪽의 덴마크 유틀란트 반도 사이에 남서, 북동쪽으로 뻗은 직사각형 꼴의 해협이다.

8층에 있는 지정된 방을 찾아가니 침대 방마다 욕실과 화장실이 딸려 있는 한마디로 작은 호텔방이었다. DFDS 페리 내에선 와이파이도 가능하긴 한데 7층에서만 된다고 하였다.

여장을 풀고 시작되는 저녁 식사 또한 우리의 마음을 즐겁게 하였다.

7층에서 20시에 시작하는 2부 저녁식사를 하였다. 분위기도 좋고 맛있는 것도 많이 진열되어 있었다. 레스토랑의 창 쪽으로 자리 잡아 바다를 바라보면서 저녁 식사를 하였다. 해산물 종류가 정말 많았고, 내가 좋아하는 연어도 많아 실컷 먹었다. 육해공군을 다 먹어볼 수 있는 기회이기도 하였다. 이름도 알 수 없는 온갖 고급요리와 각종 채소와 과일들을 한 없이 먹을 수는 기회였다. 아마도 북유럽의 문화인가 보다.

저녁을 너무 많이 먹고 마신 탓에 배가 불러와 걷기위해 10층 선상을 한 바퀴 도는데 갑판에는 사람들의 물결이다. 생각보다 큰 규모는 아니었지만 구경하는 재미는 쏠쏠했다. 크루즈를 타고 할 일이 없는 사람은 식사 전후 타임에 이곳에서 시간을 보내는 듯 했다.

집사람이 면세점 구경을 하자고 하여 7층으로 내려왔다. 한 바퀴 돌아보았으나 마음에 드는 물건이 없어 하나도 살 수 없었다. 우리나라 사람들에 맞지도 않을 뿐 아니라 면세점이라 하여도 값이 비쌌다. 집사람은 여자들 일행과 같이 다니기에 나는 밖으로 나왔다.

벤치에 앉으니 10시가 지났는데도 해는 수평선 끝에서 지지 않고 불그스름한 빛으로 바다를 염색한 듯하였다. 어둠을 밝히는 황혼 빛이었다. 달처럼 생긴 태양을 바라보며 깊은 시름에 잠겼다. 나의 일생과 견주어 보았다. 칠순을 맞이한 지금 지나온 세월 타임머신을 타고 돌아다녔다. 수평선 너머로 잠길 시간이 얼마쯤일까? 해가 지면 또 나도 가야 하는가…….

수없이 이어지는 크고 작은 섬들, 산이 없이 밋밋한 곳에 숲이 가득하고 집이라야 한두 채 많아야 몇 채 바닷물이라도 밀려들면 모두 물속에 잠길 것 같았다. 눈앞을 스쳐가는 풍경이 아름다워 마음이 황홀해졌다.

6일
인어공주 동상

6월 26일 일

'세계 3대 황당 관광'이라는 것이 있습니다. 코펜하겐의 인어공주, 독일의 로렐라이 언덕, 벨기에 오줌싸개 동상이 바로 그것입니다. 그 첫 번째인 인어공주 조각상이 이곳에 있습니다. 사랑하는 사람을 위하여 목소리까지 팔아서 인간이 되었는데 왕자는 다른 여자와 결혼해 버렸습니다. 망연자실해서 자살해 버리는 인어공주 이야기를 듣고 나의 마음에도 이해하기 힘들었습니다. 물론 지금도 공감할 수 없지만 말입니다. 와서 보는 사람들은 모두 실망하고 돌아가지만 어쨌든 코펜하겐에 와서 이걸 보지 않고 그냥 가는 사람은 없다고 합니다.

코펜하겐을 상징하는 작은 인어상은 안데르센의 동화 인어공주에서 동기를 얻어 1913년에 만들어졌다. 덴마크의 유명 발레리나를 모델로 하여 에드바르드 에릭센에 의해 만들어진 작품이란다.

약 80cm의 작은 동상이나 코펜하겐을 찾는 모든 관광객들이 꼭 들르는 관광 명소이다. 버스에서 내리는데 사진을 찍으려고 스마트폰을 찾으니 나오질 않았다. 호텔에서 나올 때 확인하지 않아 놓고 나온 것 같아 성질이 바짝 났다. 순간 여행 기분이 가라앉아 동상을 한 번 쳐

다보고 발걸음을 돌렸다

몇 차례에 걸쳐 훼손되는 수난을 겪었으나 계속 복원되어졌으며, 카스텔레트 요새(성채터)에서 해안을 따라 약 300m정도 떨어진 해안가에 위치해 있었다.

덴마크, 코펜하겐에 와서 첫 번째 본 작은 인어상이 많은 관광객들의 기대가 무너지는 소리들이 들리지만 우수에 젖은듯 한 모습이 여운을 주며 왠지 가련해 보이기만 하였다.

허전한 마음으로 버스에 올라 다시 가방을 샅샅이 찾아보니 스마트폰을 볼 수 있었다. 침착하지 못하고 분노를 참지 못한 것이 후회되었다.

게피온 분수대

게피온은 북유럽 신화에 나오는 여신이다. 아말리엔보 궁전에서 약 500m 떨어진 곳에 위치해 있는 게피온의 분수는 북유럽 신화에 등장하는 여신이 황소 4마리를 몰고 가는 역동적인 모습을 하고 있다. 이 분수는 1908년에 제1차 세계대전 당시 사망한 덴마크의 선원들을 추모하기 위해 만들어졌다고 하였다.

게피온 분수대는 1908년 칼스버그 재단이 코펜하겐 시에 기증한 것으로, 덴마크 예술가 안데스 분드가르드가 디자인했다. 게피온 분수대는 처음 시청사 광장에 설치하려고 했으나, 계획을 바꿔 항구가 바라다 보이는 시타델부근에 세웠다고 한다. 이후 1999년부터 분수의 보수가 이뤄지고 있다.

게피온 분수대는 덴마크 동부의 섬, 수도 코펜하겐이 위치한 셸란 섬의 유래에 관한 신화를 표현하고 있다. 4마리의 황소를 몰고 있는 여신의 조각상은 이곳 덴마크 동부의 섬, 수도 코펜하겐이 위치한 질렌드 섬의 탄생 신화에서 나온 것이다.

질랜드 탄생 신화에 따르면 스웨덴 왕은 밤에 이 지역을 경작할 수 있도록 여신, 게피온에게 약속을 하였다고 한다. 여신은 그녀의 네 아들을 황소로 변하게 한 뒤, 땅을 파서 스웨덴과 덴마크 핀 섬 사이를 흐르는 바다에 던져 질랜드 섬을 만들었다. 그래서 질랜드의 모양과 크기가 스웨덴의 베네렌 호수 모양과 비슷한 모습을 띠게 되었다고 전해지고 있다. 굴뚝 없는 산업인 관광개발이 중요함을 느끼게 하였다.

늬하운

뉘하운은 덴마크 코펜하겐을 대표하는 관광 명소다. 원래는 지금부터 4세기전 코펜하겐 중심의 광장과 바다를 연결하기 위해 5년간의 대 공사로 건설한 인공 운하라고 하였다. 이곳 뉘하운도 상선의 선원들과 어부들로 북적이던 전형적인 부둣가 마을이었다. 하지만 오늘날 뉘하운은 그 때의 기억은 역사로 남기고 그 자리를 세계의 수많은 관광객이 찾는 관광 명소로 변모했다.

운하 양편의 집들은 그 색상이 다양하고 아름답다. 건물들도 다른 듯 각기 다른 모습을 하고 있다. 거리에는 카페나 레스토랑이 대부분이다. 많은 관광객들로 거리의 카페, 식당들은 활기가 느껴졌다. '새로운 항구'라는 이름의 늬하운은 옛날에는 선술집이 있었지만 지금은 레스토랑 거리로 인기가 높은 1673년에 완성된 인공 항구이다. 운하 북쪽으로 파스텔풍의 아름다운 건물들이 이어지면서 항구의 경관을 더욱 매력적으로 만들고 있다. 동화 작가 안데르센이 1835년에 '어린이들을 위한 동화집'을 썼으며, 안데르센의 기념관도 있다. 이곳에서는 인어공주 상을 보기 위한 유람선을 탈 수도 있고 저녁에는 레스토랑에서 덴마크의 유명한 칼스버그 맥주 한 잔을 무료로 마실 수 있다고 하였다. 짧은 시간 눈요기만 하고 이동하였다. 패키지의 일정에 맞추어야 하니 어쩔 수 없었다.

7일
스톡홀름 시청사

6월 27일 월

전 세계인이 부러워하는 최고 복지국가로 요람에서 무덤까지 생활의 대부분을 국가에서 지원한다. 스웨덴은 5세기 바이킹 부족이 세운 국가로 10만여 개 섬으로 이루어진 나라이며, 1523년 독립한 이후 북유럽을 대표하는 선진국이다. 스톡홀름 시청사는 세계에서 가장 아름다운 시청 건물로 손꼽히는 곳으로 1923년 라구나르 오스토베리에 의해 세워진 후스톡홀름 시내 최고의 랜드 마크 골든 홀은 1800만개 이상의 금박 모자이크로 장식된 곳이다. 스웨덴이 주도하는 노벨상은 세계인이 존경하는 가장 위대한 상이다. 매년 12월에는 노벨상 시상식 및 축하 만찬이 열리는 곳으로도 유명하다.

멜라렌 호수의 쿵스홀멘섬 남쪽에 위치한 스톡홀름 시청사는 스웨덴의 유명한 건축가 라그나르 오스트벨리가 설계한 것으로 1911년 착공하여 12년만인 1923년 완공된 건물이다. 내셔널로만 건축 양식으로 붉은 벽돌 800만 개와 1900만개의 금도금 모자이크를 사용하여 일반적인 시청사라고 하기에 놀라울 정도의 규모와 아름다운 장식으로 치장 되어 건물은 외관 자체도 예술품이었다.

길쭉한 창문과 반달형의 작은 창문, 수많은 성인의 조각들을 보노라면 시청사가 아닌 유럽의 궁전을 보는 듯 106m 종탑에는 3개의 왕관 모형이 있다. 스칸디나비아 3국(스웨덴, 덴마크, 노르웨이)의 국왕을 상징하는 왕관이라고 하였다

스톡홀름 시청사는 리다르프예르덴의 제방 위에 아름답게 서 있었다. 외스트베르그의 우아한 작품은 그 입지를 완벽하게 보강하고도 남았다. 두 개의 안뜰은 사무실과 의전용 공공 공간을 연결해주며, 그 위로는 우아하고, 위로 갈수록 완만하게 좁아지는 106미터 높이의 탑이 서 있었다.

내부는 스웨덴의 예술과 수공예에 바치는 건축적 찬가이다. 열다섯 쌍의 어두운 대리석 기둥이 열주를 이루는 '왕자의 갤러리'는 스웨덴의 오이겐 왕자가 직접 그린 프레스코화로 장식되어 있기 때문에 그런 이름이 붙었다는 것이다. '푸른 홀' 그 훌륭한 벽돌 미장 위에는 원래 푸른색 석고가 발려 있었다. 은지붕 있는 안뜰로, 보통 연회장으로 쓰인다. '황금 홀'은 위엄 있는 공간이었다. 16세기 프랑스 퉈르올 태피스트리가 시민들의 결혼식장으로도 쓰이는 타원형 홀을 장식하고 있었다. 스톡홀름 시의회 의사당은 바이킹의 배를 연상시키는 열린 천장을 자랑하고 있었다.

바사 박물관

스웨덴에서 가장 오래된 전함으로, 바사왕가의 구스타브 2세가 재위하였던 1625년에 건조되어 1628년 8월 10일 처녀항해 때 침몰한 전함 바사호가 전시된 곳으로, 스톡홀름의 스칸센 서쪽에 자리 잡고 있었다.

1990년 7월 15일에 개관하였으며, 스웨덴 국립 해양 박물관 재단에 소속되어 있었다. 당시 스웨덴은 북유럽 발트해 주변 제국 건설에 분주해 막강한 해군력을 절실히 필요로 했기 때문에 전함 건설에 총력을 기울였다.

바사 호는 그 당시 건설된 전함 중의 하나인데, 바사는 길이 69m, 높이 48.8m, 탑승 가능 인원 450명, 탑재 가능 대포 수량 64개에 이르는 거대한 배로 제작되었으며, 동시에 300kg 이상의 포탄을 발사할 수 있는 강력한 화력을 지니고 있었다. 그러나 국내외 귀빈 등 많은 사람들이 지켜보는 가운데 진수식을 하자마자 열린 포문 사이로 물이 스며들어 수분 만에 침몰하고 말았다.

이 사고로 배에 승선하고 있던 150여 명 중 30여 명이 익사했다. 침몰한 바사 호는 1956년 해양고고학자인 안데스 프란첸에 의해 발견되어 333년 만인 1961년에 인양되었는데, 인양된 배에서 25구의 유골이 발견되었다.

바사 호는 1962년부터 임시 박물관에 있다가 1988년에 새로운 박물관으로 이전하여 1990년 바사박물관으로 개관하였다. 이곳은 스칸디나비아에서 관광객들이 가장 많이 찾는 박물관으로, 바사 호에 관련된 자료와 수장품 등이 전시되어 있었다.

관람객들은 배의 선박 바닥을 받치는 재목인 용골(keel)에서부터 꼭대기까지 총 6곳의 서로 다른 위치에서 바사를 감상할 수 있었다. 박물관은 총 4층으로 이루어져 있으며, 각 층에서는 바사의 준공, 취항, 침몰, 인양의 각 과정을 설명하고 있었다.

우리나라의 거북선은 이보다 더 화려한 역사적 사실을 간직하고 있는데 우리는 무엇을 하고 있는가. 세계인이 몰려와 볼 수 있는 박물관을 만들어야겠다.

감라스탄 지구

스톡홀름 시내가 내려다보이는 언덕에 위치한 구시가지 감라스탄 지구는 왕궁, 대광장, 대성당, 노벨박물관 등 다양한 볼거리를 제공하고 있었다,

중서 유럽의 골목골목을 직접 만나볼 수 있는 곳이 드물기 때문에 감라스탄지구는 스톡홀름을 방문하는 수많은 여행객들이 발길이 아침부터 저녁까지 끊이지 않으며 다녀온 많은 사람들이 가장 인상 깊은 곳으로 꼽는 곳이 감라스탄 지구이다. 스웨덴의 옛 모습과 정취를 고스란히 간직한 감라스탄은 하나의 거대한 옥외 박물관 같았다. 작은 섬이지만 고딕, 바로크, 로코코 등 다양한 양식으로 건축된 고풍스러운 건물들이 즐비하였다. 옛 건물을 개조한 레스토랑과 카페들도 이색적이었다. 구불구불 이어진 골목길은 여유롭게 산책을 즐기기에 그만이었다. 중세의 향기가 물씬 풍기는 거리를 걷다 보면 16세기 유럽의 어느 마을 속에 와 있는 듯하였다. 실제로 감라스탄은 13세기에 형성되어 지금까지 명성을 이어 온 곳으로, 건물 외벽에서 묻어나는 세월의 흔적 하나하나가 살아 있는 역사다. 지금은 스톡홀름

의 부자들이 모여 사는 고급 주택가로 거듭났지만 그리 부담스러운 분위기는 아니다.

감라스탄 구시가의 중심은 중세 분위기가 남아 있는 대광장이다. 노벨 박물관, 노벨 도서관, 증권 거래소 등 주요 명소들이 작은 광장을 둘러싸고 있었다. 분위기 좋은 카페와 레스토랑도 늘어서 있었다. 여름에는 수많은 관광객과 거리로 나온 예술가들로 활기가 넘치고 겨울에는 광장 주변에 크리스마스 마켓이 들어서있다. 지금은 한없이 평화로워 보이는 광장이지만 1520년 '스웨덴 대학살 사건'이 발생한 비극의 현장이기도 했다.

대성당과 이웃하고 있는 왕궁 역시 13세기에 처음 지어졌다. 원래는 요새였으나 왕궁으로 발전했다. 1697년 대화재로 큰 피해를 입은 후 오랜 공사를 거쳐 1740~1754년에 지금의 모습을 갖추게 되었다.

현재는 스웨덴 왕족의 공식 집무실이자 스톡홀름을 방문하는 국빈들의 연회 장소로 사용된다고 하였다.

호화 유람선 탈린크

스톡홀름 시내를 돌아보고 에스토니아 수도 탈린을 가기위해 탈린크 실자라인에 탑승하게 되었다. 북유럽에서부터 우리 24명을 일주일 동안 싣고 달려주던 스웨덴 기사는 이곳까지만 함께하고 아쉬운 작별 인사를 했다. 물가 비싼 북유럽은 생수 한 병에 2유로지만 이분은 1유로에 제공해 주신분이다. 정 많은 우리 한국 사람들은 석별의 정을 달래며 언제 볼 수 있으려는지 모르지만 굳은 악수를 하며 웃음의 선물을 건네주었다.

이번에 이용할 크루즈는 탈린크 실자라인 주식회사의 탈린크이다.

탈린크는 스톡홀름을 출발하여 탈린으로 가는 여정은 약 15~16시간이 소요되며 중간에 Aland 섬의 항구를 경유하여 간다. 탈린크 실자라인 주식회사는 연중 발트 해 지역을 항해하며 다양한 서비스를 제공하는 주도적인 승객 크루즈 회사라고 한다.

탈린크라는 회사는 1989년 소련과 핀란드의 투자로 설립되어 1990년 에스토니아 탈린과 헬싱키 루트를 시작으로 91년 에스토니아의 독립을 계기로 사업을 확장하게 되었다. 발전을 거듭한 탈린크는 2007

년 실자라인과 합병하여 AS Tallink Grupp의 계열사로 탈린크 라는 회사가 되었다. 특히 탈린크 실자라인은 DFDS와 같은 초호화 유람선으로 일명 '천당을 잇는 탈린크'라고 불린단다.

오늘 우리가 이용하는 크루즈는 탈린크 발틱 여왕 호다. 2009년 4월 24일 탈린에서 스톡홀름으로 처녀 항해한 비교적 최신형 크루즈로 발틱해의 초호화 여객선이었다. 12층 규모로 길이가 212m, 폭이 29m, 승객수용 인원이 2,800명이다. 그리고 927실의 캐빈 수를 거느린 대형 크루즈 선이다.

에스토니아의 수도 탈린은 스톡홀름에서 바닷길로 500킬로 떨어진 곳으로, 배로는 15시간이 걸린다. 그중 스톡홀름의 근해를 벗어나는 데만 5시간 정도 걸린다는데, 아무래도 스톡홀름이 섬과 섬 사이로 이루어져 있기 때문으로 보인다.

특히 6층에서는 국제 패션, 취향과 향기를 찾을 수 있는 쇼핑 거리를 만날 수 있다. 각종 상점에서 선물, 보석, 옷, 장난감, 기념품, 세면도구, 전자 제품 등을 쇼핑할 수 있고, 화장품 부티크에서 유명한 향수, 화장품, 스킨케어 브랜드를 만나볼 수 있다. 슈퍼마켓은 와인, 맥주 등 각종 주류와 담배, 과자 및 식품 등을 팔고 있었다.

우리가 살아가는데 경험이 산 지식임을 알게 되었다. 오슬로에서 코펜하겐으로 운행했던 DFDS SEAWAYS에서 느꼈던 것처럼 감격이 덜했다. 망망대해로 변화가 없어서인가. 그래서 처음이 중요한가 보다. 친구들과 선상에서 맥주를 마시면서 바닷가 풍경을 바라보는 맛은 색다르게 감미로웠다.

음식도 조리해서 처음 먹을 때 맛이 아주 좋았는데 그 다음에 먹을 때는 느낌이 다른 것처럼 크루즈 항해도 비슷하다고나 할까.

8일
에스토니아 탈린 역사지구

6월 28일 화

산이 없는 에스토니아에서 가장 고지대는 이런 야트막한 언덕이다. 톰페아 언덕은 아름다운 탈린의 올드타운이 한 눈에 들어오고, 보석보다 빛나는 발트 해의 모습도 볼 수 있어서 올드타운에서 가장 인기 있는 관광지라고 할 수 있었다.

탈린 가장 높은 곳 톰페아 언덕 위에서 아래를 내려다보고 있는 톰페아 성의 꼭대기에는 덴마크를 필두로 이곳을 지배해오던 권세가 어디에 있는지 보여주는 깃발이 매달려 있었다. 그러나 지금은 에스토니아 공화국의 국회의사당으로 쓰이고 있고 에스토니아의 삼색기가 펄럭이고 있었다. 이 아름다운 도시는 이제 엄연히 에스토니아인 들의 소유가 되었음을 만방에 공표하고 있는 셈이다.

탈린 고지대 전체는 '톰페아'라는 이름으로 불린다. 톰페아 언덕에서 가장 중요한 건물은 바로 언덕의 이름을 지어준 '톰페아 성'이 될 수 있겠으나, 툼페아성은 해안가 석회암 절벽 위에 위치해 있었다. 성곽은 두께 3m, 높이 15m로 도시를 감싸며 4km나 뻗어 있고, 현재 이 성은 국회 건물인 만큼 일반 관광객들의 출입은 어렵다.

가이드가 강조하여 말하면서 이곳은 소매치기가 많으니 각별이 소지품에 조심하라는 것이었다. 좁은 장소에서 많은 사람이 붐비어 걸어 다니기가 복잡할 정도였다. 세계 어느 나라든지 관광지엔 소매치가 있다는 것을 알고 보니 여행자는 부자이고 소매치기하는 사람은 가난해서 그럴까. 아무튼 불노소득은 바람직하지 않은 것은 분명한 것이다.

리가의 구 시가지

탄린에서 점심을 하고 달려 5시간 만에 라트비아의 수도 리가에 도착하였다. 버스에서 내려 바로 저녁식사를 하였다. 7시가 되었어도 해는 중천에 떠 있었다. 식사 후 구시가지 관광에 들어갔다.

유네스코 세계문화유산으로 등재된 여행지라서 더욱 특별하고 들릴 만한 가치가 있는 여행지였다. 구시가지 관광은 필수이고, 123m의 첨탑을 보유하고 있는 피터대성당, 여행자나 무역 상인들이 머무는 동안 연회장소로 사용되었던 700여년의 역사를 지닌 검은머리전당, 석조건물 중 가장 오래된 삼형제와 화약탑 라트비아의 자유와 해방을 싱징하는 지유의 어신상, 스웨덴사람들이 이곳을 점령했을 때 세웠다던 스웨덴의 문도 둘러보았다.

우리나라 면적 반 정도의 규모를 가진 작은 나라이지만, 라트비아 바로 옆에 있는 두 나라, 리투아니아와 에스토니아 사이에서 나름 경제와 행정의 중심지의 역할을 하는 곳이기 때문에 가장 활기찬 분위기를 가진 나라로 알려진 곳이다. 특히 리가는 2013년 트래블러스가 선택한 아름다운 도시이며 여러 나라의 침략으로 굴곡 많았던 역사의 흔적을 느낄 수 있고, 다양한 문화가 잘 어울려져 있는 매력적인 곳이었다.

라트비아 리가의 구시가지 역시 유네스코 세계문화 유산으로 지정되어 있다. 색감이 핑크, 노랑, 하늘색 등으로 화사하고 아기자기한 리가의 구시가지이었다.

래디슨 블루 다우가바 호텔에 여장을 풀었다. 여행 중 가장 크고 화려했다. 첫날 오슬로에서 신기한 백야현상을 보았는데 오늘밤도 리가의 밤하늘은 시내의 불야성과 어울려 한편의 파노라마가 연출되고 있었다.

냉장고에는 음식이 가득차 있고 테이블 위도 진열되어 있었다. 커피포트가 있어 물을 끓여 컵라면으로 소주 한 잔 하는 맛은 그런 대로 좋았다.

아침을 마치고 키를 반납하면서 가이드한테 '물을 한 병 사용하였다.'고 하였다. 카운터에 가서 말하니 4유로을 지불하였다. 다른 사람들은 하나도 사용하지 않았다는 것일까? 물은 괜찮겠지 생각한 것이 그만 비싼 물 사먹은 꼴이 되었다.

9일
룬달레성

6월 29일 수

1795년 이 지역이 러시아 제국에 흡수되자 예카테리나 2세가 자신의 연인인 주 보프공에게 선물로 하사했다. 제1차 세계대전 때 독일이 병원과 사령관 사무실로 이용하였다.

라트비아 독립 전쟁이 한창이던 1919년 심하게 손상되었고 1920년 일부가 학교로 이용되었다. 1933년 라트비아 국립역사박물관이 인수하였고, 제2차 세계대전 후 곡물 창고가 들어서고 공작의 식당이었던 곳을 학교 체육관으로 사용하는 등 험하게 다루다가 1972년 들어서야 룬달레궁 박물관이 들어섰다.

라트비아 바로크 시대의 대표적 건축물이었다. '라트비아의 베르사유'라고 불릴 정도로 화려한 바로크 양식의 궁전으로 라트비아 귀족들의 생활을 보여주었다. '황금의 방', 무도회장인 '흰 방' 등 138개 있으며 벽장식이 매우 화려하였다

룬달레라는 이름은 '평화의 계곡'을 뜻하는 이 일대 옛 독일식 지명 루헨탈이 라트비아 식으로 바뀐 것이다. 우리나라엔 '룬달레성'으로 많이 알려져 있는데 어딜 보나 궁궐이어서 룬달레궁이 정확할 것

같다.

룬달레궁은 1735년 지금 라트비아의 서남부, 쿠를란트공국을 다스리던 7대 군주 에른스트 요한 폰 비론 공작이 여름 궁전으로 지었습니다.

15세기 말부터 룬달레에 있던 고성과 주변 땅을 사들여 성을 허물고 새로 세웠다고 하였다. 궁안을 보려면 입장료를 내고 들어가야 하였다. 잘 가꾸어진 수목과 꽃을 보며 넓은 정원을 한 바퀴 돌아 나오니 한 시간쯤 걸렸다.

소련으로부터 독립된 지 25년 되었지만 개발 도상국가로 도로 사정은 좋지 않았다. 한 시간 구경을 위해 세 시간 버스를 타게 된 것이다. 그래서인지 아침에 가까운 해변에서 쉬었다 가자는 의견도 나왔으나 언제 다시 올 수 없으니 일정대로 하자고 하였다.

파루느 해변

해수욕장의 모래는 희고 부드러우며, 해안은 우리나라 서해안 같이 깊지 않고 파도도 잔잔해서 가족단위 피서지로도 각광을 받을 듯하다. 가이드가 시키는 대로 바닷물의 염도를 알려고 맛을 보니 짜지 않았다. 빙하가 녹아서 만들어진 바다이기에 짜지 않아 겨울에는 꽁꽁 얼어붙는다고 하였다.

양말을 벗고 발트 해변을 걸으니 모래가 보드라워 촉감이 좋았다. 일광욕을 즐기며 해수욕하는 유럽인들을 만날 수 있는데 햇빛을 볼 수 있는 여름 한철은 많은 관광객이 붐빈다고 하였다.

북구의 해수욕장에는 파라솔이 없다. 많은 사람들이 바다 사자처럼 모래사장에서 뒤척이며 햇볕을 즐기고 있었다. 파르누는 해마다 수많은 피서객이 모여들어 종종 에스토니아의 여름 수도로 불리는 에스토니아 제일의 휴양도시라고 하였다. 특히 파르누 비치는 따뜻한 바닷물과 얕은 해변을 갖고 있어 가족 피서객이 많이 찾는다고 한다. 또한 이곳은 파르누 중심가로부터 십여 분이면 도착할 수 있는 접근성이 좋은 해변으로 유명하다고 하는데 앞으로 개발할 여지가 많았다. 이곳 모래사장은 경사도가 얼마나 낮은지 사람 얼굴이 안 보일 정도로 멀리 나가도 무릎정도입니다. 화장실은 1달러의 돈을 내고 들어가야 했다. 시설도 좋지 않아 붐비고 있어 다섯 명이 숲속에 들어가 일을 보자는 말에 따라가서 나오는데 스릴은 있어도 너무 얄궂은 행동이었다. 질서를 지키지 않으면 벌금이 아주 많다고 하였다.

10일
암석교회

6월 30일 목

암석을 쪼개고 깎아서 만든 핀란드의 수도 헬싱키에 있는 암석교회. 원래의 이름은 템펠리아우키오 교회이다.

교회 안에 들어가면 온 벽이 다 다듬어 지지 않은, 거칠거칠한 암석들이다. 암석이 표면의 느낌을 살려두기 위해서 교회 장식을 최소화하고 본연의 건축 소재를 유지했다고 한다. 거칠거칠한 암석 사이에는 이끼가 막 피어있을 것 같고, 원시적인 동굴로 들어가는 느낌도 났다. 화려하게 장식해둔 교회로는 조금 다른 숭고한 느낌이 들었다.

이런 자연적인 느낌을 많이 주는데, 건축 양식은 모더니즘이라고 하였다. 대표적인 현대 건축양식 건물 중 하나라고 하며 재료 그대로를 이용하고 꾸미지 않고 최소한으로 최대의 시각적 효과를 얻어서 그런 걸까?

석굴암 같이 동굴 형식으로 축조한 것이 아니고 거대한 바위를 깨어 내고 그 자리에 지붕을 덮어 지은 교회로 띠모와 뚜오모 수오말라이넨 두 건축가 형제의 역발상의 설계로 1968년 놀라운 건축미와 실용성과 현대적 미로 명소가 되었다. 지붕 일부를 유리로 덮어 자연 채

광이 되어 밝고 아늑한 느낌이 들며 구리 관을 뱅뱅 돌려 지붕을 이었는데 음향효과가 좋고 여기서 결혼식과 연주회가 열리는 복음주의 루터교 교회라고 하였다.

우리나라 교회와 비교하면서 스마트폰으로 중요한 곳마다 담아왔다.

시벨리우스 공원

시벨리우스는 부모님의 권유로 법과대학에 입학하였으나 자기가 바라는 꿈을 이루기 위해 유학을 하였다고 한다. 소질을 살려 음악공부를 열심히 한 결과 세계적인 음악가가 되었다고 한다.

핀란드가 낳은 세계적인 작곡가 시벨리우스를 기념하기 위해 만들어진 공원이다. 공원에서 가장 눈길을 끄는 것은 24톤의 강철로 만든 파이프 오르간 모양의 시벨리우스 기념비와 그 옆의 시벨리우스 두상이다. 핀란드의 대표적인 여류 조각가 엘라 힐투넨이 1967년 시벨리우스 사후 10주년을 기념해 만든 것이다. 은빛으로 빛나는 600개의 강철 파이프는 마치 시벨리우스의 음악을 시각적으로 보여주는 것 같은 효과를 내고 있었다. 이 기념비와 시벨리우스 두상은 공원의 상징물이자 헬싱키를 대표하는 명물이 되었다. 시벨리우스는 조국 핀란드에 대한 사랑과 민족의식 고취를 주제로 한 곡들을 작곡해 핀란드인들에게는 더욱 의미가 깊은 작곡가이다. 특히 1899년에 작곡한 핀란디아는 러시아 지배를 받던 핀란드인들의 민족의식을 고취한 작품으로 그의 대표작으로 꼽힌다. 시벨리우스의 대표작인 〈핀란디아〉는 러시아 정부에 의해 연주가 금해지기도 했다.

해변에 세워진 넓은 공원을 시간상 다 둘러볼 수 없어서 안타까웠다. 이곳에서도 가랑비가 내려 아쉬움을 더해주었다.

원로원 광장

알렉산드르 2세 동상을 중심으로 헬싱키 대성당과 정부 청사 등이 이 광장을 둘러싸고 있는데, 대부분 19세기에 지이진 건물이라 멋스럽다. 현지인들의 만남의 장소로 이용되며 카페와 기념품 숍이 많아 여행객들도 즐겨 찾는다.

헬싱키를 상징하는 정사각형 모양의 광장으로 40만개의 화강암이 바닥에 깔려 있다. 이 광장은 러시아 황제 "알렉산드르 2세" 동상을 중심으로 앞쪽은 상가(경제), 우측은 대학(교육), 좌측은 정부청사(정치), 뒤쪽은 헬싱키 대성당(종교) 으로 둘러싸여 있다. 핀란드의 핵심이라 할 수 있는 이곳에 러시아 황제 동상이 버티고 있는 이유가 뭘까?

역사는 거슬러 올라가 1155년 핀란드는 스웨덴 십자군에게 정복되어 스웨덴의 일부로 병합된다. 이때 스웨덴은 핀란드어 말살 정책을 펴 핀란드어 사용을 금지시킨다. 1809년 나폴레옹 전쟁기간 중 스웨덴이 러시아에 패배함으로써 핀란드는 러시아의 자치령으로 전락하고 만다. 러시아 황제 "알렉산드르 2세"는 핀란드 통치 전술 일환으로 핀란드어를 공식적으로 사용할 수 있게끔 해 주었단다.

1917년 러시아 볼셰비키 혁명 때 러시아의 혼란기를 틈타 어부지리로 같은 해 독립하기에 이른다. 독립과 동시에 동상 철거를 시도했지만 "알렉산드르 2세"야 말로 잃어버린 핀란드어를 되찾게 해준 은인이라는 여론이 우세하여 철거하지 못하였다고 하였다. 베푼 은혜 위에 은혜로 돌아온 것이다.

헬싱키 대성당

카를루빙 앵겔이 설계한 루터파 교회의 총본산으로 루터란 대 성당이라고도 한다. 1852년 러시아 지배하의 자치령으로 있었을 때 지어졌으며 22년의 공사 끝에 완공되었다.

건립 당시에는 성니콜라스 교회라고 불렸다. 밝은 녹색의 돔과 웅장한 상아빛 건물, 그리고 푸른 하늘의 조화가 완벽에 가깝도록 아름답다. 중앙 돔은 네 측면 어디에서도 보이며, 아연으로 만들어진 지붕 위에는 예수의 12제자의 동상이 있었다.

오늘날 핀란드 인구의 85%가 루터파 교회의 신자로 등록되어 있는 만큼, 이곳에서는 각종 국가적인 종교행사가 거행되며 전시회, 파이프오르간 연주회 등 대학과 시민들의 문화공간으로서의 역할도 겸한다. 특히 성당 안 뒤편 상단에 위치해 있는 파이프오르간의 웅장한 모습이 장관을 이루고 있었다.

헬싱키 마켓광장의 뒤편엔 헬싱키에서 가장 오래된 역사를 지닌 지역이 자리하고 있었다. 그 중에서도 대표적인 곳이 원로원 광장이다. 헬싱키 하면 가장 먼저 떠오르는, 헬싱키의 상징과도 같은 헬싱키 대성당이 있는 곳이다. 헬싱키 대성당이 있는 원로원 광장은 핀란드가 러시아 공국이었던 시절, 러시아의 황제 알렉산더 2세의 명으로 1818 ~ 1852년 사이 요한 알베르트 에는 스트롬과 칼 루드빅 엥겔에 의해 만들어진 광장이다. 광장의 주변은 헬싱키 대성당(북쪽) 외에도 정부 종합청사(동쪽), 헬싱키 국립대학(서쪽), 대통령 관저(남쪽) 등이 둘러싸고 있으며 광장의 중앙에는 이 광장을 만들게 한 알렉산더 2세의 동상이 세워져 있다.

1894년 세워진 광장 중앙의 알렉산더 2세 청동상은 1917년 핀란드가 러시아로부터 완전히 독립한 후, 식민시대의 아픔을 청산하기 위해 철거하고 핀란드의 독립 영웅 만네르 하임 장군의 청동 기마상으로 대체할 것을 고려하기도 하였으나 똑같은 아픔이 다시는 반복되지 않도록 기억하자는 의미에서 동상을 철거하지 않고 그대로 두기로 결정, 지금까지 보존하고 있다고 하였다. 용서와 포용의 정신은 새로운 역사를 기록하고 있었다.

11일
여름 궁전

7월 1일 금

여름 궁전은 상트페테르부르크에서 약 30km 떨어진 핀란드만 해변에 위치하고 있다. 표트르대제가 계획적으로 파리의 베르사이유를 본떠 만든 궁전으로, 당시 러시아 제국의 위엄과 황제의 권위를 과시하기 위한 목적이었다.

표트르대제의 명령으로 1714년 착공 150년이나 지난 후에야 공사가 끝이 났다고 하였다. 러시아와 유럽 최고 건축가들과 예술가들이 총동원되어, 20여 개의 궁전과 140개의 화려한 분수, 7개의 아름다운 공원이 만들어졌다. 지금 이곳은 많은 러시아 사람들과 외국인의 관광지로 잘 알려져 있다.

상트페테르부르크는 운하의 도시이다. 먼 옛날 온통 늪지대인 이곳을 원래는 스웨덴 땅으로 러시아 표트르 대제가 암스테르담을 본떠 운하도시로 만들었다. 표트르 대제는 도시를 만들기 위해 유럽의 여러 도시를 방문 했단다.

상트페테르부르크는 관광객 수입이 1조원을 넘어섰다고 합니다. 놀라운 것은 옛것을 그대로 보존하고 있다는 것. 관광객을 끌어들이려고 뭔가 새로운 것을 시도하지 않고 오로지 옛 모습으로 승부를 한다는 것이다. 우리나라가 배웠으면 하는 부분입니다. 언덕 위의 궁전 테라스 난간 앞에서 핀란드만 쪽으로 보이는 전경이 일품이었다. 계단식으로 만들어진 조각상과 분수가 아름다운 조화를 이루고 있는 분수대를 지나 푸른 녹음의 아래 공원 사이로 핀란드만까지 연결된 운하가 눈에 들어왔다.

이 운하는 핀란드만까지 연결되어 있는데 예전에는 초청객들이 이 운하를 통해 배를 타고 여름궁전까지 들어왔다고 하였다.

여름 궁전의 중심 공원은 핀란드 만과 접해 있는 아래 공원으로 공원의 폭이 500m나 되는 평지에 아름다운 가로수 길과 각가지 모형의 분수, 그리고 작은 궁전들을 숲 속과 분수 사이 곳곳에 세워져 아름다운 운치를 더해주고 있었다. 운하 끝에 이르니 핀란드만의 바다가 펼쳐지고 선착장에는 유람선이 정박하고 있었다. 약속된 장소에 12시까지 가야하니 발걸음을 돌렸다. 1시간 동안에 다 돌아보기에는 너무 바빴다. 300년 전의 건축 기술과 그 웅장함은 오늘날 보는 이들마다 감동하고 있었다.

니콜라이 궁전 식당

여름 궁전의 웅장함을 자유 관람하고 12시 15분에 식당에 도착하였다. 니콜라이 궁전 식당에 들어서니 3층까지 붉은색 카페드가 깔린 계단을 오르게 되었다. 궁전이라 특이한 방식으로 건축되어졌다.

8명씩 앉게 되어 있는 원탁에 둘러앉았다. 중국식으로 코스요리였다. 은은하게 울려 퍼지는 피아노 연주를 감상하며 식사를 하니 지금까지 느껴보지 못한 분위기였다.

서빙하는 청년을 보면서 놀랐다. 양손에 음식을 담은 접시를 몇 층으로 쌓아가지고 온 것이었다. 마치 서커스를 보는 것 같았다. 만약 하나라도 떨어뜨리면 음식이 바닥에 흩어질 텐데 아슬아슬하기도 하고 존경스럽기도 하였다. 인간의 능력은 상상할 수 없었다. 무슨 일이든 한 가지 일에 열중하면 달인이 되는가 보다.

귀에 익은 소녀의 기도 연주 소리에 얼굴을 돌려 바라보니 엷은 미소를 지은 천사와 같은 피아니스트와 눈이 마주쳤다. 평화스러운 얼굴이었다. 악보도 없이 여러 곡을 이어 연주하는 손을 보니 자유로이 하늘을 나는 기분이었다. 나의 마음의 밭을 깨끗하게 해주었다. 오늘 같은 점심은 처음이라 감격스러웠다. 이와 같이 새로운 경험을 할 수 있는 것이 여행의 목적이요, 유익이라고 생각하였다.

네프스기 대로

네프스키 대로는 상트페테르부르크에 있는 번화가로, 네바 강에 위치해 있다. 명칭은 '네바 강의 거리'란 뜻이다. 상트페테르부르크의 모든 길들은 넵스키 대로로 통한다는 말이 있을 만큼 해군성에서 알렉산드르 넵스키 수도원까지 4.5km로 뻗어 있는 이 거리에는 호텔, 레스토랑과 카페, 상점들, 음악당 등이 위치하고 있었다.

원래는 습한 늪지대였던 이곳은 1710년에 처음으로 길이 뚫리게 되면서 상트페테르부르크를 대표하는 문화, 상업의 중심지이자 가장 아름다운 거리 중 하나로 손꼽히게 되었다. 거리에는 19세기에 건축된 화려하면서도 아담한 건물들이 그대로 보존되어 있어 더욱 운치가 있었다

인공적으로 연출되었지만 화려한 건축물과 근현대가 교차하는 상징성 때문에 세계적인 관광지로 알려져 있다. 상트페테르부르크를 대표히는 문화, 상업의 중심지이자 가장 아름다운 거리 중 하나로 손꼽히기도 한다. 화려한 건물 외형 때문에 볼거리가 많았다.

정해진 자유 시간에 많은 것을 보려니 다리보다 마음이 항상 바쁘다. 백화점에 들러 한 바퀴 돌면서 쇼핑을 하였다. 보는 것으로 만족하였다. 정해진 시간이 되었는데 한 사람이 오지 않았다. 낯선 거리인데다 너무 화려하여 분간하기가 어려웠다. 가이드가 한참 후에 찾아오게 되었다. 화장실에서 나와 헤맸다는 것이다.

12일
겨울 궁전

7월 2일 토

상트페테르부르크에 있는 러시아 최대의 국립미술관으로 로마노프 왕조 때인 1764년 설립되었다. 원시시대부터 르네상스와 근세에 이르는 작품을 망라하여 작품을 소장하고 있었다.

네바 강을 따라 길게 위치해 있는 박물관으로, 총 250여만 점의 전시품이 진열되어 있어 유럽 문화를 집대성한 곳이라 할 수 있다. 에르미타주 박물관은 겨울 궁전, 작은 에르미타주, 옛 에르미주, 극장, 새 에르미타주 5개의 건물로 구성되어 있으며 원시문화사, 고대그리스, 로마, 동방, 러시아, 서유럽미술, 화폐전시, 중앙아시아의 스키타이문화와 16세기~19세기의 유럽 예술품을 많이 소장하고 있으며 다빈치, 라파엘로 등 르네상스 화가에서부터 렘브란트, 모네, 고흐, 세잔, 드가, 피카소의 작품에 이르기까지 보물 같은 작품들이 많았다.

또한 러시아 황제의 초상화, 지하 보물실에 전시된 제정시대의 황제 가족들의 보석과 왕관들도 놓치면 안 되는 볼거리이며 1분에 1개씩을 본다 해도 11년이 걸린다고 하였다.

러시아의 겨울 궁전은 러시아의 마지막 여섯 황제가 살았던 장소이며, 현재는 세계적으로 유명한 에르미타슈 미술관으로 알려져 있습니다. 바로크 양식의 겨울 궁전과 신고전주의 양식의 에르미타슈는 상트페테르부르크를 대표하는 궁전이기도 하다.

18세기 중반에 표트르 대제의 딸 엘리자베타 여제의 명으로 지어졌으며, 예카테리나 여제가 수집한 미술품을 보관하기 위해 겨울 궁전 옆에 '은자의 집'이라는 뜻의 에르미타슈가 지어졌다.

1764년 예카테리나 2세가 겨울 궁전 옆에 소에르미타쥐를 짓고 황실 미술품을 보관한 것을 시작으로 그 후 미술품의 수가 늘어남에 따라 지금의 규모를 갖추고 1971년 러시아 혁명 이후 국립미술관이 되었다.

영국의 대영박물관, 프랑스의 루브르 박물관과 함께 세계 3대 박물관으로 꼽히고 있다. 1922년부터 국립 에르미타주 박물관으로 명명된 이곳은 현재 1020여 개의 방에 레오나르도 다빈치, 미켈란젤로, 라파엘로, 루빈슨, 피카소, 고갱, 고호, 르누와르 등의 명화가 전시되어 있고, 이태리와 로마 등지에서 들여온 조각품들과 이집트의 미라부터 현대의 병기에 이르는 고고학적 유물, 화폐와 메달, 장신구, 의상 등 300만 점의 소장품이 전시되어 있다고 하였다. 혼자서는 찾아다닐 수 없을 정도로 복잡하였다.

로스트랄 등대

로스트랄 등대는 1805~1810년 사이에 프랑스 건축가 장 프랑소와 데도몬에 의해 만들어졌다. 해군 중앙 박물관 앞 비르쥐바야 광장에 남과 북에 두 개가 세워져 있었다.

이 등대는 1805년부터 1810년까지 고전주의 시대에 만들어진 것이다. 해전의 승리를 상징하는 기념물이 이 등대다. 기둥은 32m 높이로 바실리섬 곶에 있다. 등대 기둥 옆에 세워진 4개의 조각물은 러시아의 큰 강 4개를 상징한단다. 네바 강, 볼가 강, 드네프르 강, 볼 코프 강을 상징한단다. 기둥 위에는 등을 켜는 장치가 있다.

붉은색 등대로, 해군 박물관 광장에 있다. 맨 위에는 기름 등잔이 있고, 뱃머리 형상이다. 아래쪽에는 포세이돈 상이 있다. 전쟁에서 승리 시 적의 선박 뱃머리를 잘라 붙였다는 설이 있다.

로스트랄이란 라틴어로 뱃머리라는 뜻이다. 이것은 고대 그리스와 로마의 해전에서 승리를 기념하여 원주를 세우고 포획한 배의 뱃머리로 기둥을 장식하였던 것에서 그 이름이 유래 되었다고 한다. 높이 32미터의 로스뜨랄 원주는 그리스 로마 시대의 '해전 기념 원주'를 본떠서 원주를 빙 둘러서 8개의 뱃머리 모양 장식이 있었습니다.

러시아가 바이킹 왕국으로 명성을 떨치던 과거의 스웨덴과의 해전 시 침몰시킨 스웨덴 뱃머리를 잘라다가 등대에 붙여놓은 것이다. 이는 러시아의 국가적 자부심의 표증이자 세계 최강으로 군림하던 바이킹 해군과의 전투에서 승리하였음을 기념하는 등대다. 전쟁은 냉정한 것 승자와 패자의 결과는 뚜렷이 나타나고 있었다.

표트로 파블롭스키 요세

표트로대제는 자신의 꿈을 실현하기 위해 징치의 중시지인 모스크바에서 상트뻬쩨르부르그로 천도를 결심하고 핀란드 만, 네바강 어귀 늪지대에 인공적인 도시를 건설하여 러시아의 가장 찬란하고 대표적인 문화유산을 탄생시켰다.

철저히 현실적이고 실용적인 사람인 표트로대제는 공과 사를 엄격히 구분했으며 자신의 아들이 공과 사를 구분하질 못하고 우둔하다는 이유로 페트로 파블롭스키 요새에 감금시킨 진정한 개혁 군주였다. 이곳에는 표트르대제부터 알렉산드르 3세까지 역대 황제들이 매장되어 있었다.

표트르 대제가 스웨덴 군으로부터 러시아를 지키기 위해 세웠다. 스웨덴군의 침입을 막기 위해 페트로 파블롭스키 요새는 상트 페테르부르그 건설 당시 맨 처음 만들어 졌으며 요새 안에 성당, 박물관 등이 있었다.

이 요새로부터 발트 해 인근을 안정시켜 놓은 후 이곳에 새로운 수도를 짓기 시작했다. 적의 공격으로부터 이 도시를 방어하기 위하여 네버강변에 1703년 만든 피터 파블로프스크 요새와 그 요새 안에 1712~1733년에 걸쳐 완성한 폴 대성당 까지 포함해서 이렇게 불린다. 또한 이 요새에는 이 도시에서 가장 높은 121.8m의 뾰족한 황금색 첨탑이 서 있었다.

황무지를 개척하여 이루어 놓은 놀라운 현장이었다.

13일
세르기예프파사드

7월 3일 일

7개의 성당 건축물과 11 개의 방어 탑으로 이루어져 있다는 〈성 세르게이 삼위일체 수도원〉 높은 성벽으로 둘러싸여 있었다.

모든 나라에는 정신적 문화적 지주 역할을 하는 곳이 있다. 세르게예브 파사드(자고르스크)는 수세기에 걸친 러시아인의 정신적 긍지와 영혼의 안식처 역할을 하고 있는 러시아 정교 중심지이다. 시내 중심에 트로이체 세르기예프 대수도원이 세워져 있고, 16세기에 축조된 성벽이 주위를 둘러싸고 있었다. 그 안에는 14~18세기에 세워진 사원도 여럿 있다. 대수도원 중앙에 위치하는 우스펜스키 사원은 이반 4세의 명에 의해 1585년에 완성된 것이다. 이는 모스크바의 크렘린의 것을 모방하여 만든 것이다. 사원 내에는 17세기의 프레스코화 등이 있다. 1423년에 완성된 트로이츠키 사원은 루블료프의 벽화가 있다.

러시아 문화의 꽃이라 불리는 '황금 고리' 세르기예프 파사드, 세르기예프 수도원 설립과 함께 당시 많은 신자들이 이 지역으로 유입이 되었습니다. 인구가 늘어나면서 상업, 수공업, 경공업 등이 발전했는데요. 현재는 러시아의 역사, 종교보호지구로 지정되어 있으며 황금 고리(모스크바 북동쪽에 있는 고대도시의 총칭)의 일부로 관광업이 발달해 있었다.

유네스코 세계문화유산으로 지정된 아름다운 중세의 모습을 그대로 간직한 도시다. 12세기부터 18세기까지 독특한 양식으로 지어진 건물들이 잘 보존되어 있었다. 모스크바 여행에서 요즘 떠오르고 있는 러시아 여행지로 사랑받고 있는 곳이다. 구경할 것은 많고 시간은 한정되어 있어 수박 겉핥기로 어디서나 아쉬움이 많았다.

많은 사람이 모인 분수대에서 물을 받다가 일행 중 한 사람이 지갑을 소매치기 당하였다고 하였다. 어느 나라든지 소매치기 기술에는 순간의 방심으로 당하고 마는 것이다.

바라보비 언덕과 모스크바 국립대학교

러시아 모스크바에 있는 모스크바 강의 오른쪽 기슭에 있는 언덕. 모스크바 시가지와 모스크바 강을 한눈에 내려다 볼 수 있는 곳이다. 톨스토이의 《전쟁과 평화》에는 나폴레옹이 이 언덕에 올라 모스크바 시내를 내려다보는 광경이 묘사되어 있었다. 모스크바에서 가장 높은 곳 중 하나이지만 높이는 해발고도 220m 정도밖에 안 된다

모스크바 국립대학 앞에 있으며 레닌 언덕으로 불리는데 예전엔 참새들이 많아 참새 언덕이라 불리기도 한단다. 해발 115m로 이곳에서 모스크바 시내를 볼 수 있으며 모스크바에서는 제일 높은 곳이지만 우리 기준으로는 언덕도 아니고 조금 지대가 높은 곳이다. 모스크바 국립대학은 1755년 로마노소프가 설립하였으며 러시아 최고의 대학이다. 세계적으로도 15위권에 드는 명문대학으로 지금의 건물은 1953년 스탈린 양식으로 지어졌다. 스탈린 양식이란 고딕양식를 현대 고층 건물에 적용한 것으로, 사회주의 국가의 예술적, 기술적 우수성을 전 세계에 알리고 고풍스럽고 웅장함을 나타내기 위함이었다고 한다.

이곳 모스크바 대학출신 7명이 노벨상을 받았다고 한다.

언제 다시와서 이 언덕에 올라 모스코바 시내를 바라볼수 있으려는지 발걸음이 떨어지지 않았다.

14일
크렘린 궁전

7월 4일 월

역사 기록에 따르면 모스크바의 크렘린 궁전은 1156년에 건설되었고, 다른 기념물들과 뛰어난 조화를 이루었다. 1263년에 모스크바 공국이 설립되고 1328년에 블라디미르 공국이 모스크바로 이전한 이래로 이곳은 정치, 종교 권력의 중심지였다.

14세기~17세기 러시아와 외국의 뛰어난 건축가들이 건설한 궁전으로, 대공이 거주한 왕실이자 종교적 중심지였다. 크렘린 궁전은 13세기 이래로 러시아의 가장 중요한 역사적, 정치적 사건들과 깊은 연관이 있다고 한다.

러시아 역사를 함축하고 러시아 권력의 중심지인 크렘린 궁전은 다양한 명소로 구성되어 있었다. 길이 2,235m에 이르는 성벽과 18개의 망루, 성모승천 대성당, 천사 대성당, 성모수태 대성당, 황제와 군대가 싸움을 끝내고 귀환하던 입구인 트로이츠카야 탑, 스파스카야 탑, 이반대제의 종루 등 21개의 명소로 구성되어 있는 모스크바를 대표하는 건축물이다.

13세기부터 상트페테르부르크를 건설할 때까지 모스크바의 크렘린 궁전은 러시아 역사의 주요한 사건들과 직접적이고 분명한 연관이 있는 장소였다. 크렘린 궁전 성벽 안에는 다수의 독특한 건축물과 조형예술의 걸작이 많이 있었다.

크렘린 안 여러 성당 내부는 사진을 찍지 못하게 엄격히 통제하고 있었다. 크렘린 안에는 성모 수태고지 사원, 황제들 가족의 교회인 황족교회, 성모승천 사원, 총주교 궁전 및 12사도 교회 등 다양한 정교회 건축물이 자리 잡고 있었다.

크렘린 궁전은 삼각형 모양의 성곽에 둘러싸여 있으며, 성벽에 5개의 문과 29개의 탑을 증축하였다. 푸틴대통령이 집무하는 곳도 보이는데 가까이 갈 수 없어 바라만 보았다.

붉은 광장

모스크바 중심에 있는 크렘린과 붉은 광장은 거대한 제국 러시아를 상징하는 장소로 유명한 곳이란다. 세계 어디에서도 볼 수 없는 독특한 경관이 매력적인 모스크바 여행 필수 코스이다.

러시아 모스크바의 크렘린궁전 동쪽에 있는 노천광장. 오랫동안 정치사와 사회사의 구심점이 되어 왔고 처형, 시위, 폭동, 연설 등의 무대가 되었으며, 특히 노동절 행사와 10월 혁명 기념일 행사가 유명하다. 남쪽에는 대통령관저와 블라디미르 레닌의 미라가 보존되어 있는 레닌묘, 서쪽에는 국립역사박물관, 동쪽에는 러시아정교회 성당인 성 바실리 성당과 처형 장이였던 로브노예 자리가 있었다. 길이는 500미터이고 너비는 120미터이다

붉은 광장은 아름답다는 의미에서 파생된 뜻으로 붉은 이라는 의미를 지니며 동시에 중요한 이라는 뜻을 담고 있다. 러시아인들에게 붉은색은 아름다우며 동시에 중요한 의미를 지니는 색이기 때문이다.

15세기 말부터 크렘린 정면의 광장이 되었으며, 차르의 선언이나 판결, 포고가 내려지던 역사적으로 매우 중요한 의미를 지닌 곳이다. 예

전에는 상업 광장, 화재 광장 등으로 불리다가 17세기 말부터 '아름다운 광장'이라는 이름으로 바뀌었다고 한다. 모스크바 여행에서 절대로 빼놓을 수 없는 상징적인 곳이다.

붉은 광장에 있는 상트 바실리 대성당은 러시아정교회 예술의 가장 아름다운 건축 기념물이다. 러시아 건축물은 크렘린 궁전 양식의 영향을 받았으며, 특히 이탈리아 르네상스 건축양식의 영향도 찾아볼 수 있었다.

특이한 무명용사의 묘를 보면서 공원을 한 바퀴 돌아 나왔다. 레닌의 묘는 공개하는 시간이 있으며 시간이 많이 걸린다고 하였다.

레닌의 시신은 1924년 사망 후 냉동 보관되었으며 그 후 방부 처리되어 현재까지도 차가운 유리관 안에서 '전시' 되고 있었다. 이렇게 전시되고 있는 레닌 시신의 누적 참배객은 1천만 명을 넘었다고 하였다.

15일
모스코바 출발, 인천으로

7월 5일 화

지녁 9시에 러시아 항공은 모스크바를 출발하여 인천으로 향하였다. 15일간의 긴 여정이었지만 떠나려니 어쩐지 아쉬움이 남는다. 언제 다시 올 수 없을 것으로 생각하기 때문일지도 모른다.

명상에 잠기며 잠을 청하여 보았다. 모두들 피로한 듯 소리가 없다. 하나님이 창조하신 아름다운 세계를 무사히 여행을 마치게 하시니 얼마나 감사한일인가. 여행은 시간과 금전과 건강이 받쳐주어야 한다는데 앞으로 또 다른 해외여행을 떠나려는지, 궁금증을 풀어주고 새로운 것을 보며 느끼는 즐거움은 누구나 누리고 싶은 욕망일 것이다.

다음날 11시가 조금 넘어 인천 공항에 도착하였다. 가방을 찾는데 이상하게도 하나가 나오지 않았다. 마지막쯤 나왔는데 검색대로 가보라는 것이었다. 가방을 끌고 가는데 이상한 소리가 자꾸 들렸다.

검색대에 가서 가방을 열어보더니만 과일이 들어 있는 봉지를 내놓는 것이었다. 가지고 들어오지 못한다는 것이었다. 가이드가 말했다는데 듣지 못하였던 것이다. 다행히 과일봉지만 내놓고 가라고 하였다. 균이 묻어 들어와 병이 전염될 수 있기 때문이라 하였다. 기다리는 일행들에게 미안하기도 하고 창피하기도 하였다.

첨단장비로 알아내는 기술을 보고 깜짝 놀랐다. 마지막 장식이 씁쓸하게 되었다. 교묘하게 숨겨온 밀수품도 찾아내는데 설마 하는 어리석은 생각은 버려야 할 것이다.

제Ⅵ부 성경. 예배기록

국화 / 박광안

소나무 / 박광안

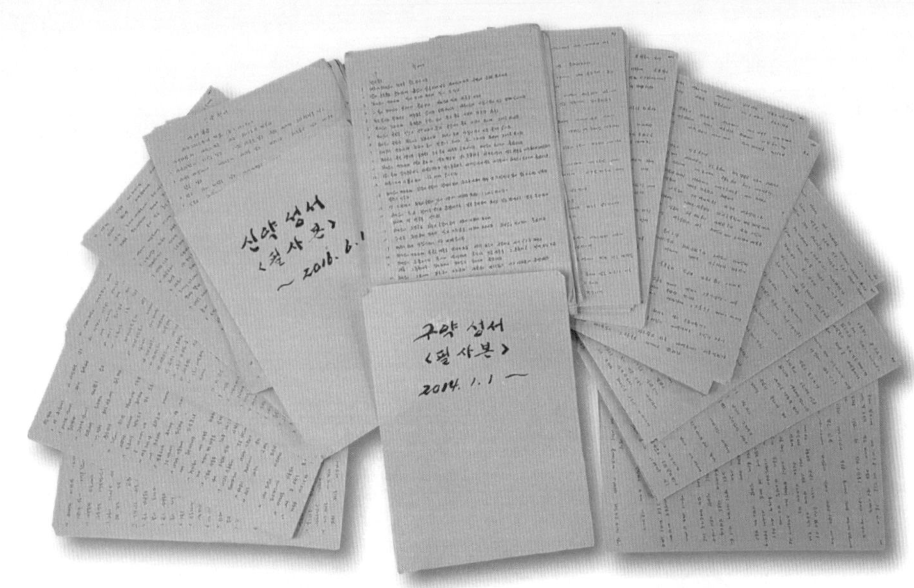

성경 필사 / 박광안

심령이 가난한 자는 복이 있나니
천국이 그들의 것임이요
애통하는 자는 복이 있나니
그들이 위로를 받을 것임이요
온유한 자는 복이 있나니 그들이 땅을
기업으로 받을 것임이요
의에 주리고 목마른 자는 복이 있나니
그들이 배부를 것임이요
긍휼히 여기는 자는 복이 있나니 그들이
긍휼히 여김을 받을 것임이요
마음이 청결한 자는 복이 있나니
그들이 하나님을 볼 것임요
화평하게 하는 자는 복이 있나니 그들이
하나님의 아들이라 일컬음을 받을 것임이요
의를 위하여 박해를 받은 자는 복이 있나니
천국이 그들의 것임이라
마태복음 5장 팔복의 심령

팔복의 심령 / 박광안

2014년 새해를 맞이하며

새해 일출을 맞으러 뒷산에 올랐다. 싸늘한 날씨인데도 30여 명이 모였다. 어린아이부터 할아버지까지 부부가 같이 온 사람도 있었다.

잠시 후 해는 구름 사이로 환한 얼굴을 내밀었다.

2014년을 알리는 해를 보면서 모두들 기뻐서 함성을 질렀다. 처음 보는 사람들도 가족처럼 한마음이 되어 기뻐하는 표정들이다. 모두들 소원 성취를 위해 기원하는 모습을 보면서 나도 눈을 감고 묵상에 잠겼다. 새해를 맞이하여 가족 건강 지켜주시고 화목하게 하시며, 맡은 일에 충실하며 봉사하면서 서로 사랑하도록 기도하였다.

돌아오는 길에 올해부터 목표를 정하고 실천할 것을 생각해 보았다. 새해를 맞이하고 한 해를 보내면서 세월이 빨리 흘러간다고만 하였다. 누구나 새해를 맞이하여 목표를 세우나 며칠 후 용두사미가 되어 버린다고 후회한다.

올해는 신앙생활을 적극적으로 하기 위해 성경필사를 시작하자.

주일 예배시간에 목사님의 설교를 듣기만 할 것이 아니라 중요 내용을 메모하여 다시 보면서 회개하는 시간을 자주 갖기로 하였다. 교회에서는 성경읽기를 하여 월말에 읽은 것을 보고하기로 하였다. 그리고 매주 두 구절씩 성경말씀 카드를 주면서 월말에 암송하여 한 달 분을 적어내는 시간을 마련하여 실천하였다.

사위와 딸이 개척한 교회에 지금까지는 부모로서 의무감과 남의 눈을 의식하여 어쩔 수 없이 끌려 교회에 다녔다. 무슨 일이든지 하고 싶어서 하는 일과 마지못해 억지로 하는 일은 엄청난 차이의 결과를 나타낸다는 것을 경험해 보았다. 또한 신앙생활에서 어려운 것이 십일조 봉헌이다.

우주만물을 창조한 하나님께 감사하는 뜻으로 가장 기본적이라고 목사님은 강조하셨다. 물질적인 십일조뿐만 아니라 시간적으로도 하루 2시간이상 성경읽기와 하나님과 대화인 기도하기를 권면하였다.

인간적으로 생각하면 자식에게 배우며 훈계를 들으려니 가슴에서 거부감이 일어날 때도 많았다. 그것은 아직 내가 수양이 되지못하였다는 것을 나중에야 깨달았다.

위인들의 말씀에 제자가 스승을 앞지르는 것을 보고 스승이 기뻐하는 청출어람이 있고 불치하문으로 아랫사람에게 물어보는 것을 부끄럽게 생각하지 말아야 한다고 말했다.

그것이 바로 된 사람의 태도라는 것이다.

1주

신앙생활의 예

2014.01.05.

내가 네 안에 네가 내 안에 함께하는 한해가 되어야 한다.
하나님을 만나야 한다. 하나님을 경외하여야 한다.
영과 진리로 예배드린다. 믿음 충만.
성령 충만 하나님의 임재를 경험해야 한다.
모든 만물의 근원은 하나님 것이다.
하늘의 기준으로 살아야 한다. 하나님을 향한 방향성이 중요하다.
누가 나를 불렀느냐가 중요하다.
표적을 보고 믿는 자는 어린아이 신앙이다.
나타나는 현상에 빠지지 말라 거룩해지면 나타난다.
보지 않고 믿는 믿음이 진짜이다. 재물과 겸하여 섬길 수 없다.
돈을 쫓아가지 말고 따라오게 하여야 한다.
십일조는 감사해서 이웃 사랑을 위해서 제사장을 위해서 축제를 위해서 구제를 위해서 한다. 말씀 안에 거하라 말씀을 배워라.
권세 내 것으로 만들라. 인생에는 영광과 고난이 있다.
성경은 지혜를 준다. 기도하지 않으면 죄.
믿음으로 구하고 낙심하지 말라.
교회 중심. 하나님 중심.
첫 열매 쓰다 남은 것 안 됨.

2주

생수의 강이 흘러나오리라

01.12.

우리의 뿌리는 하늘이다. 땅의 사람이 아니라 하늘의 사람이다.
땅의 사람의 특징은 자기 정체성이 결여하여 어디서 오는 줄을 모른다. 바울은 바로 듣고 바로 믿어라. 바른 복음은 진리 체계로 체계가 서지 않으면 구멍이나 새고 있다.
말씀으로 살고자 하는 관심이 있어 살면 열매가 있다.
뜬소문에 흔들리지 마라. 세상 시스템에서 하나님의 시스템으로 살아야한다. 말씀의 생명은 무엇이든 견디게 한다.
말씀이 내 삶에 열매가 나타난다. 청빈의 은사가 있다.
연단의 과정에서 가난은 저주가 아니다.
장애자는 불행한 것이 아니라 불편할 뿐이다.
십자가 앞에 서야 완전하다. 여명을 보고 십자가로 가야 한다.
어둠가운데 있는 자들 바리세인과 제사장들이 예수님을 죽인 주동세력들이다. 기득권상실이 두려워 예수님을 죽였다.
하나님을 안다면서도 예수님을 모르는 사람들이다.
진실한 회개가 필요하다.
하나님의 사람들은 하나님의 갈증이 있어 생수강의 물을 마시라.
생수의 강이 온 세상에 흘러야 한다.
영생의 영원한 물.

3주

간음 중에 잡혀온 여인의 교훈

01.19.

부흥하는 도시는 범죄가 없다. 예루살렘에서 음란의 사건.
하나님의 말씀을 자기 유익을 위해서 쓰면 안 된다.
간음하다 잡히면 남자 여자를 다 죽인다. 여자만 잡아온 것은 미리 작전을 짠 것이다. 자기들의 기득권을 지키기 위해 예수를 죽이려 했다. 율법의 탈을 쓰면 독약이 된다. 신앙이 율법으로 가면 회개가 어렵다. 올무와 수렁에 빠뜨리고 있다. 사람으로는 할 수 없으나 하나님은 할 수 있다. 보이는 것을 믿으면 믿음이 아니다. 기복 신앙으로 간다. 죄를 지면 노출되어 회개 하여야 한다. 하나님은 우리를 항상 관찰하고 있다. 어떻게 극복할 것인가 죄의 용서에 대한 확증이 있어야 한다. 주님으로부터 의롭다함을 얻는다.
우리는 항상 현장범이다. 죄는 역사하고 있다.
사단에 대해서는 분노해야 한다. 죄에 대해 민감하게 대처해야 한다.
하나님이 우리를 시험 하는 데는 의도가 있다.
우리가 하나님을 시험해서는 안 된다. 나는 괜찮다는 교만을 버리고 겸손해야 한다. 말씀 먹고 회개하고 순종하며 엎드리는 삶.
우리는 현장에 잡혀온 간음한 여자 같다.
의미 있는 삶을 살다가 죽어야 한다.

4주

빛의 사람

01.26.

나는 세상의 빛이다. 나는 스스로 있는 자다.
빛의 사람은 주님을 계속 따르는 것이다.
예수는 생수다. 영원히 목마르지 않다.
나는 생명의 떡이다. 하나님은 항상 현재에 존재하신다.
살아가는 이치가 진리이다. 모두 수용해야 한다.
묻지 마라 증명의 대상이 아니다. 그분을 받아드리면 자녀가 되고 받아 드리지 않으면 관계가 없다. 하늘로 사는 방법을 가르쳐주는 것이다. 하늘의 지혜를 받으라 하나님의 언약은 일방적이다.
하나님과 예수님은 본질이 같다. 해와 햇빛은 같다.
빛의 사람은 어둠에 다니지 않는 것이다.
세상 사람은 어둠에 있는 줄을 모른다.
예수님은 소피아 지혜자이다.
생명의 빛을 얻으리라 빛을 받으면 변화되어 생명의 열매를 맺는다.
빛의 사람은 생명의 빛을 얻는다. 우리는 빛을 받는 결단이 필요하다.
빛을 받지 않으면 어둠가운데 있게 된다.
멈춤 없이 계속 가야 풍성한 열매를 맺는다.
하나님의 목적을 잃어버리지 말라.
성령이 아니고는 예수를 주라 할 수 없다.

5주

위에 있는 사람과 아래에 있는 사람

02.02.

아래에 있는 사람은 뿌리가 땅에 있기 때문에 죄 때문에 죽는다.

하나님은 지식적으로 아는 것이 아니라 체험적으로 안다.

거듭난 자는 뿌리가 땅에서 하늘로 바뀌었다.

나는 하늘의 시민권자이다.

죄의 삯은 사망이다.

위에 있는 사람은 세상의 방법대로 살지 않고 하늘의 방법대로 산다.

누구든지 주의 이름을 부르는 자는 구원을 받으리라.

믿음에 대한 확증이 있어야 한다.

나는 하늘에 속한 생명이다. 하늘의 소리만 들린다.

예수를 바라보면 두렵지 않다. 하늘의 양식을 받아먹어야 한다.

하늘의 사람은 하늘의 소리만 듣는다.

선포하는 것을 받아드려야 변화된다.

방향성이 중요하다. 하나님은 한순간도 우리를 놓치지 않고 있다.

내가 사람을 죽이는 말을 하는가, 살리는 말을 하고 있는가.

하나님의 음성을 듣고 말하여야 한다.

신앙생활은 머리로 해서는 안 되고 가슴이 뜨거워야 한다.

믿음의 크기는 성령 충만의 정도이다.

성령으로 살면 육체의 욕심이 사라진다.

6주

하늘로 사는 사람은

02.09.

하늘로 사는 사람은 믿음으로 사는 것이다.

교회는 영적 체육관이다.

애굽에서 430년간 노예생활을 한 이스라엘 백성을 탈출하게 하셨다.

광야에서 40년간 세상의 떼를 벗기는 시간이다.

요단강을 건너 가나안에 들어가는 것은 성화의 단계이다.

죄를 버리고 거듭난 사람으로 들어간다,

신선한 성품을 가진 자. 예수님을 닮은 자 .

안식에 들어가기를 힘쓰라. 기도생활을 하여야 한다.

믿음의 안식 사랑의 안식 후에 섬기는 자가 된다.

기쁨의 안식이 된다. 오직 의인은 믿음으로 말미암아 살리라.

교회를 세우고 영권을 세우는 자가 되어야 한다.

진정한 믿음은 말씀 안에 거하라.

무에서 유를 창조. 죽은 자를 살리신 바랄 수 없는 것을 바라는 것.

하나님의 믿음을 가지라. 믿음은 내가 만들 수 있는 것이 아니라.

하나님의 선물이다. 말씀이 우리가 사는 물꼬를 터야 한다.

그들이 참 제자가 된다.

믿음으로 거하는 자. 모든 것에 자족하기를 안다.

세상에 굴복해서는 안 된다.

7주

믿음으로 사는 사람

02.16.

잘 듣고 잘 믿음으로 순종합시다.

하나님에게로 집중 하나님의 자녀이다. 예수님처럼 만드는 것.

믿음을 포기하는 것은 관념이다. 아브라함의 믿음의 조상을 보라.

말씀에 거하는 것. 제자가 되어야 구원을 받는다,

그러면 진리를 안다. 말씀대로 살고자하는 결단.

기도하며 회개할 때 영이 열려 하나님 말씀을 들을 수 있다.

진리가 자유롭게 한다. 진리를 받아드리고 그대로 사는 것.

그렇지 않으면 죄의 종이 된다.

하늘로 사는 사람은 결핍의 문제로 고통 하는 것이 아니다.

하나님은 풍성히 주시는 분이다. 하늘의 사람은 존재에서 양식이 나오는 것이다. 말씀이 열매를 맺지 않으면 가짜 믿음이다.

자기가 가지고 있고 말하는 것을 준다.

듣는다는 것은 순종하는 것이다.

정직한 영을 주시옵소서!

성경을 정확히 보고 정확히 믿어야 한다.

거룩한 것이 흘러내릴 때 받으면 된다.

범죄자를 판단하지 말고 주님의 의도를 생각하라.

성도의 삶은 은혜로 산다.

8주

아래로 사는 사람

02.23.

삼위일체 하나님. 하나님과의 관계성. 하나님으로 사는 삶.
계속 하나님을 영접하는 상태가 영원이다.
하나님과의 수직적 관계를 맺으면 수평적인 것은 열린다.
진리는 참이다. 거짓이 섞이지 않았다.
하나님을 의뢰하는 기도를 하여라. 하나님께서는 완전해야 한다.
하나님은 우리를 찾고 있다. 오늘이 중요하다.
하나님은 외모를 보지 않고 중심을 본다.
남이 보지 못하는 것을 보는 것이 비전이다.
하나님이 주시지 않은 것은 야망이다.
선악은 하나님만이 판단할 수 있다.
의인과 믿음과 삶이 이어져야 한다.
믿음이 없이는 예수님을 만날 수 없다.
자기는 없어지는 세상으로부터 구별된 자이다.
하나님의 모습이 살아가면서 드러나는 것이 경건이다.
육적인 안목으로는 영적인 안목이 들어오지 않는다.
이단을 잘 보면서 판단해야한다. 내수 준으로 말하면 안 된다.
하나님은 항상 현재에 존재한다. 하나님이 없이는 만족함이 없다.
영으로 채워져야 한다. 십자가 외에는 자랑 할 것이 없다.

9주

영적 소경이 되지 말라

03.02.

인과응보의 법칙-죄를 지으면 고난을 받는다.

예수님은 우리 가족 내 친구로서 내안에 계신다.

기독교는 종교가 아니므로 종교인이 되어서는 안 된다고 한다.

교회는 사람이 세우는 것이 아니라 성령으로 세운다.

틀을 깨야 한다. 하나님의 마음을 받아 드려야 한다.

나는 세상의 빛이다. 눈먼 자로 살아서는 안 된다.

영안이 열리면 마음이 커진다. 나면서부터 소경은 누구의 죄인가.

율법적인 흑백 논리에 빠지면 안 된다.

아기의 죄도 아니요, 부모의 죄도 아니며, 하나님의 의도하심이 있기 때문이다. 믿음으로 말씀을 보아야 한다.

거룩하고 흠이 없이 하나님의 영광으로 살아야 한다.

하나님의 안목으로 보아야 한다. 하나님과 함께할 때 이루어진다.

종교의 허무성 나에 유익이 되어야 믿는다.

하나님을 믿는 사람은 하나님만 의지해야 한다.

율법에 빠지면 본질이 안 보인다.

하나님도 생명이어야지 종교가 되어서는 안 된다.

나를 포기해야 하나님이 보인다. 영적인 소경이 되어서는 안 된다, 영안이 열려야 한다.

10주

성령님이 임해야 회개한다

03.09.

양과 염소의 구별은 목자의 음성을 듣는 자가 양이다.
세상과 벗은 하나님의 원수다. 성령님은 우리와 친하기를 원한다.
선한 목자와 거짓 목자. 기득권을 지키기 위한 목자가 거짓 목자이다.
예수님이 선한목자라고 선포하였다. 참 목자는 진리다.
선한 목자의 하늘의 소리를 들어야 한다.
문을 통하여 들어가지 않으면 절도요 도둑이다.
거짓 복음을 전하는 자가 도둑이요 이단이다. 저주를 받아 죽으리라.
미혹의 영은 본질을 보지 못하게 한다. 삯군은 주인이 아니고 고용된 목자다. 위기가 오면 도망간다. 내양이 아니기 때문에.
하늘의 위업을 받은 자가 후사 상속이다. 하나님의 기업은 나의 기업이다. 하나님의 자녀는 하나님의 말씀을 듣는다.
내가 선한목자 내가 너를 안다.
양은 앞을 보지 못하나 청각은 발달 하였다.
목자의 음성을 잘 구별한다. 목자가 양의 이름을 하나씩 불렀다.
다른 목자의 소리를 들으니까 하나님의 음성을 못 듣는다, 자기 이름을 부를 때 못 들었다. 예수의 십자가의 피가 나를 구원 하였다.
들은 말씀을 흘려 떠내려 보내지 말라.
예수님의 온전함을 믿음으로 받아드려야 한다.

11주

불신앙에서 떠나라

03.16.

불신앙은 믿지 않는 것이다.

주님이 말씀하면 받아드리면 구원이요 거부하면 심판이다.

예수를 믿는 것은 받아드리면 안다. 머리로 믿는 것은 아니다.

하나님이 돌보지 않으면 죽는다. 생명 관계이다. 항상 어린아이 같아야한다. 주님을 필요해서 찾으면 안 된다. 성령체험을 하여야 한다.

오늘도 네가 나를 찾아 주어서 고맙다.

왜 유대인들은 믿지 않았는가. 내 양이 아니기 때문이다.

믿음이 큰 복이다. 불신앙의 뿌리를 잘라내야 한다.

듣는 자와 순종하는 자는 같다. 주인의식을 가져야 한다.

위기가 있을 때 알 수 있다. 양과 목자는 생명줄이 연결되어 있다.

좋은 것을 함께 해라 기도하는 것. 서로가 친구가 되어 주어야 한다.

주님을 사랑해서 따라간다.

영생을 주노니. 하나님을 의존하는 신들 모인 곳이 교회다.

왕과 같은 제사장 하나님을 유업으로 받은 후사.

표적과 능력이 있어야 믿는다. 내가 행하는 일을 보고 믿어라.

영광의 십자가를 보는 자만이 주님의 새 백성이 된다.

12주

하나님의 안목을 가지라

03.23.

반복적으로 들으면서 내 것으로 만들어야 한다.

계속 조금씩 새로워져야 한다. 내가 새로워져야 모든 게 새로워진다.

믿음은 성장해야 한다. 오래 참음이 중요하다.

믿음은 성령을 받아야 한다. 반드시 열매가 있어야 한다.

나를 믿는 자는 영원히 죽지 않는다. 영원한 생명을 빼앗길 수 없다.

왜 고난을 주셨는가 보라. 고난을 통하여 어떤 은혜를 주시려는지 알게 하옵소서.

요동하지 말라. 불신앙은 나의 정체성을 모르기 때문이다.

나의 정체성은 하나님의 자녀이다.

의심은 마음으로 다툰다. 하나님과의 단절이 죽음이다.

단절의 문제를 어떻게 대처할 것인가.

원인을 찾아라, 충격을 피한다.

하나님의 영광 하나님의 선을 발견하는 인간의 가능성을 배제시키는 안목. 하나님이 일하실 때를 분별하는 안목.

문제의 본질을 아는 안목을 가져라. 문제 자태의 해결이 아닌 성장에 있다는 안목을 가져라. 이는 너희로 믿게 하려 함이라.

예수님의 온전함을 믿음으로 받으라.

13주

죽음의 문제 어떻게 할 것인가

03.30.

고난이 왔을 때 어떻게 대처하는가.

예수님의 눈으로 모든 것을 볼 수 있어야 한다.

문제를 만나면 회피하지 말고 직면해야 한다.

예, 아니오를 분명히 하라. 하나님 앞에 정직하게 살면 모든 것이 해결된다. 믿음은 정확하게 대충하면 안 된다.

주님과 동역하려면 헌신과 행위가 필요하다.

하나님 혼자서 하는 일 아니라 우리와 함께 합력하여 선을 이룬다.

걸림돌을 해치워야 한다. 화해하고 헌금해라. 믿음이 있어야 풀린다.

하나님을 내 안에 가두어서는 안 된다.

믿음이 선물이다. 구원은 선물이 아니다. 믿음을 통하여 구원으로 간다. 믿음은 노력으로 만들어지는 것이 아니다. 기도하고 감동하면 실천해야한다. 믿음의 기도가 필요하다. 겨자씨만한 믿음은 작은 믿음이 아니라 진실한 믿음이다. 순수한 믿음을 가져야한다.

예언적 선포-하나님은 직접 찾아와 일하신다.

영생은 오늘이다. 지금 영생이 없으면 죽어서도 없다.

믿음을 가지고 기도해야 한다. 믿음이 없는 기도는 중언부언한다.

문제를 완전히 풀어놓아야 한다.

다시는 그 문제를 오지 않도록 점검해야 한다.

14주

당신도 산을 옮길 수 있다

04.06.

믿음 생활 왜 믿음이 중요한가, 구원받을 수 있다.

믿음의 창시자는 하나님이다. 하나님의 믿음을 가지라

모든 믿는 자에게는 믿음이 있다. 믿음을 시인하고 선포하여야 한다.

선포하면 그대로 된다. 어떻게 구원받는 믿음을 가질 수 있는가.

믿음은 모든 사람의 것이 아니다. 성경을 읽으면 지혜가 온다.

믿음은 말씀 복음 믿음은 말씀을 바로 듣는다. 읽고 되새김한다.

하나님이 주신 것을 드러내야 한다.

회개를 통해서 구원이 선물이 아니라 믿음이 선물이다.

율법과 은혜에 대한 그릇된 3가지 오해.

율법이 아니라 은혜로 구원받는다. 믿음은 뿌리요 행함은 열매이다.

복음의 본질과 의롭다 함의증거.

주님과 함께 죽고 주님과 함께 사는 것이 믿음이다.

아브라함은 하나님의 모형 이삭은 예수님의 모형이다.

믿음은 한쪽으로 치우치면 안 된다. 믿음은 하나님의 소유다.

우리의 노력으로 만들어지는 것이 아니다.

공동체의 정체성을 알아야 한다.

우리의 뿌리는 하늘이다.

15주

네 가지 헌신

04.12.

왕으로 오신 주님께 마리아의 헌신을 통해 주님이 왕임을 증명한다.
일의 헌신-마르다의 헌신 하나님이 드리는 헌신이 가장 아름답다.
어떤 것도 포기할 수 있다. 하나님을 사랑하지 않으면 세상 것이 보인다. 하나님이 없다 하는 사람은 어리석은 자이다.
믿음은 갈망이 있어야 한다. 분주와 염려 근심이 있어 하면 안 된다. 자기 일이라고 생각해서이다. 자기 의를 드러내기 때문 자부심이 있어야한다.
존재적 헌신- 나사로 죽었다. 살아난 부활 바울도 나는 날마다 죽는다. 성도는 삶에서 드러나야 한다. 절제 단정 아담하고 보기 좋아야 한다. 믿지 않는 자에게도 선한 증거가 있어야 한다.
가짜헌신- 유다헌신 하나님의 영광을 위해서 하지 않으면 가짜이다. 자기일이 목적이 되면 안 된다.
옥합헌신-마리아의 헌신 사랑하면 갈망하고 감격의 눈물과 회개가 있고 옥합을 깨는 헌신을 한다. 사랑하는 사람에게는 헌신을 한다. 사랑하는 사람에게는 이길 수 없다. 하나님을 사랑하는 것을 계산해서는 안 된다. 명령의 충동 마리아는 말씀을 경청했다.
굳게 붙잡아야 한다. 말씀은 사람을 살리는 에너지가 있다.
날마다 주 바라기가 되어야 한다.

16주

부활의 주님을 만나자

04.20.

부활의 첫 번째 만남–평강을 주셨다.

사단은 우리에게 두려움과 공포를 준다. 믿는 자는 자신감으로 두려움을 통과할 수 있다. 너희는 평강이 있을지어다. 승리했습니다.

하나님을 두려워해야 한다.

의인은 일곱 번 넘어져도 일어선다.

십자가를 통과해야 부활이 있다. 평강주고 확증하고 기쁨이 있다.

제자들은 주님을 보자마자 기뻐하였다. 확신을 주셨다.

사명을 주셨다. 사명에 성령의 능력을 주셨다. 교회가 온전해야 한다.

부활후 두 번째 만남–공동체의 분리는 불신앙을 가져온다.

교회는 교재가 있어야 한다. 관심을 가져야 한다.

나는 하나님의 자녀이다. 나는 공동체이다.

보지 않고 믿는 믿음을 가져야한다.

성령이 임하는 믿음 자기 수준의 믿음은 하나님을 못 본다.

예수가 왕인 것을 믿어야 한다.

인정하지 않는 자는 적그리스도이다.

하나님의 언약은 반드시 이루어 진다.

율법은 죄를 깨닫게 하지만 해결할 수 없다.

새로운 것을 받아들여야 한다.

17주

주님이 왕으로서 받을 영광

04.27.

사랑은 인생을 살아가는 열쇠이다.
왕으로서 주시는 사랑 주님은 군림하기 위해서 온 것이 아니다.
구원 주 평화의 왕으로 오셨다. 정치적인 메시야이다.
목마르지 않는 물을 주사 복 받기 위해서 믿으면 하나님을 이용하게 된다. 믿는 자는 탐욕이 없다. 믿음의 분량으로 살아간다.
인자가 영광을 얻을 때가 왔다.
오해된 영광 많은 것이 아니고 없는 것, 죽는 것이다.
주님과 니고데모의 만남. 주님과 수가성 여인의 만남.
진정한 영광 한 알의 밀알이 땅에 떨어져 썩지 아니하면 한 알 그대로이되 썩어죽으면 많은 열매를 맺는다.
예수님의 죽음은 인류를 살리셨다.
십자가는 능력이요 지혜이다. 미련하고 거리끼는 것은 세상이다.
세상에서 잃은 것은 반드시 채워주신다.
영광을 보게 하옵소서!
아담의 원죄는 누구나 받지만 주님은 부르짖는 자만이 만날 수 있다.
영광을 영접하는 자의 삶. 섬김의 삶을 산다.
하나님의 사랑을 맛본 자는 그분을 섬길 수밖에 없다.

18주

영광을 받아들이지 못한 사람들

05.04.

눈이 멀고 완고했기 때문이다.

십자가의 사랑 영광을 만나지 못한 사람이 불행하다.

주님의 사랑이 행복의 열쇠이다.

영광을 받아들이지 않으면 심판이다.

나의 주권이 하나님에 있다는 것을 인정하는 것, 거룩하지 못하면 주를 보지 못한다.

요한사도는 방향성을 말한다. 불신앙의 죄가 크다.

표적은 영광의 일부분이다. 결단이 중요하다.

신앙생활은 주님과 사는 것이다. 죄의 결과 성령 훼방 죄는 용서받지 못한다. 빛을 받아들이지 못하면 어둠으로 간다.

우리 영혼도 기경하여야 한다. 심판을 우리가 자초한다.

아직 심판받지 않았다. 하나님을 향해 있어야 말씀이 들린다.

하나님은 기다리고 있다. 전깃불보다 햇빛이 영광이다.

삼위일체 하나님의 역동성 사랑 은혜 위로의 하나님 사람의 영광을 보지 말아야 한다. 하나님의 영광을 보자.

예수님처럼 섬기는 자가 되어야 한다. 섬김을 받으러 온 것이 아니라 섬기러 왔다. 섬김을 통해서 사랑을 증명해야 한다.

가장 좋은 길은 사랑의 길이다.

19주

완전한 사랑

05.11.

인생 성공의 열쇠- 인생을 가장 위대하게 산 사람들의 정점은 사랑이다. 완전한 사랑은 결과와 상관없이 품는 것이다. 완전한 신앙은 사랑이다. 인생은 사랑으로 산다. 쇼팽은 자기 손을 극히 사랑했다.
영혼을 세우는 것을 우선순위로 하라. 생수의 강이 사방으로 흐르게 하라. 자기를 돈 사랑하기 때문에 부패한 세상이 되었다.
사랑은 죽음과 같다. 사자같이 담대해라 사랑 안에 두려움이 없고 완전한 사랑이 두려움을 쫓는다. 완전한 사랑은 품는 것이다.
십자가의 사랑 은혜 위에 은혜라 결과보다 과정이 중요하다.
우리는 이미 구원받고 축복을 주셨다.
드러내는 것이 중요하다.
나를 미워하는 사람에게 기도할 줄 아는 사람이 되어야 한다.
빛을 비추며 영향력 있는 사람이 세상에서 되어야 한다.
숯불이 모여야 모닥불이 된다.
자기의 의를 드러내는 사람이 많다.
완전한 사랑은 내수 준에서 할 수 없는 것이다.
목회자는 정확한 말씀과 기도를 한다.
불신앙으로 기도하지 않는다,
내가 기도하면 움직이신다.

20주

사랑하지 않는 사람

05.18.

말씀은 먹는 것이다. 말씀과 믿음을 삶과 결부시키지 않기 때문에 변화가 없다.

베드로의 배반. 사랑의 반대말은 무관심이다.

갸롯유다는 주님의 사람을 잃어버리고 배반한 이유 복음을 들었으면 전해야한다.

사랑 가운데 오는 기도이다. 사랑을 잃으면 진리를 죽인다.

갸롯유다의 배반한 이유는 순간순간 그리스도의 사랑의 요구에 반응하지 않았다. 인내하며 단련해야 한다. 늘 버리고 포기해야 한다.

회개하지 않았기 때문이다. 주님의 말씀에 반응하지 않았다.

말씀을 환영하여 받아들여야 한다. 말씀을 거부하면 심령이 딱딱해진다. 자기 생각대로 사는 것은 율법이다.

의인은 없나니 하나도 없다. 탐욕 때문에 회개하지 않았다.

초대 총회장 베드로의 반응으로 탐심은 우상이다.

자기 생각의 포기. 하나님께 마음 두기.

헛된 자만심에서 벗어나야한다.

내가 너희를 사랑한 것과 같이 서로 사랑하라.

세상이 하나님을 알지 못하기 때문에 핍박당하는 것이다.

사랑은 계산적이 아니다.

21주

예수님이 아버지께로 가다

05.25.

하나님이 성령의 모습으로 오심으로서 사랑을 확증하셨다.
인간으로 오신 예수님을 만나야 한다. 예수님이 아버지께로 가다.
그래서 성령이 다시 오신다. 예수님은 염려로 가득한 제자들에게 무엇을 믿으라 하는가. 예수님이 처소를 예비하러가는 것.
도마는 염려 때문에 하나님을 의심함.
두마음 베드로는 주님을 세 번 부인하리라.
영원히 거할 처소를 마련하기 위하여 먼저 가신다.
예수님이 반드시 다시 오셔서 영접하시는 것.
예수님이 계신 곳에 우리도 있게 하시는 것.
종말적 신앙 계속 주님을 영접해야 한다.
아멘 주예수여 어서 오시옵소서!
영혼을 믿지 않으면 죄가 된다. 하나님이 계시기 때문에 천국이다.
우리의 마음이 산만하고 내가 길이요 진리요 생명이다.
그리 아니실지라도 나는 지킨다. 빌립은 이성적이다.
삼위일체 하나님 하나님의 살아계심의 일들 너희가 나를 사랑하면 계명을 지키리라. 기도의 능력 사랑 기도하면 만나주신다.
영원히 거할 처소를 마련하기 위해서 가셨고 다시 오신다.
세상을 분별하지 못하느냐.

22주

성령은 누구신가

06.01.

예수님이 하늘로 가심은 우리에게 복이다. 성령이 오시기 때문이다. 성령은 또 다른 보혜사이다. 예수님은 나의 훌륭한 코치이다.
넘어지면 일으켜 세우며 역사 속에 오셨고 가셨다 성령과 같이 살아야 한다. 우리의 처소를 준비하기 위해서 가셨다. 성령은 거룩하신 영이다. 말씀 능력 기적. 하나님은 머리로 만나는 것이 아니다. 방언과 능력이 있다. 골고루 균형이 있어야 한다.
알로스-같은 종류의 다른 것 앙꼬빵. 크림빵.
헤페로스-다른 종류의 다른 것 비빔밥. 비빔국수.
파라클레오토스-영원토록 함께 있게 하시다.
임재하시고 내주하시는 성령, 위로자, 상담자, 대언자, 변론자, 의지하면서 살아야 한다. 양은 목자의 음성을 들어야 한다. 염소가 되어서는 안 된다. 믿음으로 살면 고난 중에도 평강이 있다. 고아처럼 버려두지 않는다. 스스로 하지 않는다. 성령은 진리의 영이다. 진리는 하나다. 굳은 마음을 제거하고 부드러운 마음으로 변한다. 성령은 가르치는 영이다. 성령의 일하심. 기름 부으심. 깨어있으면 음성이 들린다.
짐엘리엇 선교사 - 영원한 것을 위해서 영원하지 않는 것을 포기하게 하는 사람은 바보가 아니다.
우리가 주님의 제자인 증거는 서로 사랑할 때이다.

23주

성령이 임함으로 얻는 유익

06.08.

생명 연합이 이루어진다.
내가 아버지 안에 너희가 내안에 내가 너희 안에 있는 것.
말씀과 성령을 믿음으로 받아야 한다. 인격체이다.
성령이 없으면 교회가 아니다.
생명 연합은 주님과 실질적인 생명교류가 일어나는 것이다.
성령님은 항상 내 곁에 계신다.
세상을 사랑하지 말라 하나님의 이미지로 창조되었다.
감동도 믿음이다. 율법적 신앙은 자기생각으로 한다.
하나님은 영원히 현재로 계신다. 믿음이 성장해 가야 한다.
믿음이 정체되면 고통스럽다. 사랑은 순종을 전재로 한다.
나의 계명을 지키는 자라야 나를 사랑하는 자이다.
즉각적으로 자발적으로 순종할 때 기쁨이 있다.
평강이 임한다. 내가 너희에게 주는 것은 세상이 주는 것과 같이 아니
하리라. 성령이 임하면 사단이 헤치지 못한다.
사단이 역사하는 것을 알아야한다. 환란이 와도 반드시 이긴다.
승리자이다. 하나님이 택했기 때문에 구별된 자이다.
이해 시키려하지 말며 선포하라.

24주

어떻게 생명교류를 할 것인가

06.15.

주님과 성령님과 같이 생활하라

성령에 따라 움직이는 교회가 되어야 한다. 성령만이 하나가 되게 한다. 성령님이 내주해야 열매를 맺는다.

시냇가에 심은 나무가 철을 따라 과실을 맺으며 달마다 열매 맺게 하신다. 풍성한 열매를 맺는다. 열매가 없는 나무는 뽑혀죽는다.

신앙생활은 항상 오늘이다. 현재가 중요하다.

하나님의 자녀가 되어야한다. 후사가 되어야 한다.

어린 아이처럼 살아야 교류가 이루어진다.

그들의 열매로 그들을 알게 되리라.

성령을 통한 생명의 교류. 생명의 연합을 위한 것이다.

생명을 유지하기 위해 흘려 보내야 한다.

활짝 열고 받으라, 살리는 것이 영이다.

생명교류는 어떻게 할 것인가. 하나님은 환영하면 오신다.

생명을 주신다. 코드가 맞아야 한다.

정확히 교제한다. 불신이 없어야 한다.

억지로 하지 말고 즐겨서 해야 한다. 말씀을 가르치는 자와 말씀을 받는 자는 좋은 것을 함께해야 한다. 성령이여 내 안에 오시옵소서. 동행 하옵소서. 잠깐 기도는 교제가 아니다.

25주

풍성한 열매를 맺는 비결

06.22.

하나님의 말씀이 내 안에 거하는 것이다. 말씀으로 산다는 것이다.
하나님은 완벽하신 분이다. 부족함이 없다.
성령은 진리의 영이다. 하나님의 말씀이 역사하신다.
하나님의 말씀을 수용하라 권세가 있다.
담대하고 확신이 있고 자신감이 있어야 한다.
쓴 뿌리를 제거해야 한다.
기도는 하나님이 원하는 것을 구하라. 내 정욕으로 구하면 안 된다.
현재의 열매를 맺어야 한다. 사랑 안에 거하는 것이다.
순종하는 것이다.
친구를 사랑하면 면역성이 생긴다.
청결한 마음 진실한 믿음 선한 양심 사랑이 눈덩이처럼 커져가야 한다.
사랑 안에 거함으로 인한 유익은 무엇인가.
기쁨으로 충만하게 된다. 내 기쁨이 너희 안에 있어 영의 성장이 온다.
종이 아니라 친구가 된다.
나를 미워하는 사람에게 기도할 줄 아는 사람이 되어야 한다.
빛을 비추며 영향력 있는 사람이 세상에서 되어야 한다.
숯불이 모여야 모닥불이 된다. 자기의 의를 드러내는 사람이 많다.
좋은 나무가 되어 풍성한 열매를 맺어야 한다.

26주

성령이 내주하는 사람들의 모습

06.29.

시대를 구별하지 못하느냐 믿음의 궁극적인 목표는 사랑이다.
영성의 극치 하나님은 사랑이시다. 사랑의 능력을 입어야 한다.
사랑으로 편안한 삶은 없어도 위대한 삶을 살게 한다.
주님이 핍박당했기 때문에 우리도 핍박당하는 것이다.
신성한 성품에 참여 하는 자 존귀한 자이다.
하나님이 원하는 삶은 핍박을 당한다.
장차 다가올 영광과 비교될 수 없다.
환란은 하나님과 같이 가까이 갈 수 있는 기회이다.
돈을 사랑해서는 안 된다. 필요한 것이다.
본질적으로 우리는 다르기 때문에 세상은 우리를 이해 못한다.
하나님이 슬퍼하는데 우리가 기뻐할 수 없다.
말씀이 삶에 기준이 되어야 한다.
내가 화평을 주는 것이 아니라 검을 주러왔다.
이리가운데 보내는 양이다. 목자의 음성을 듣는다.
어둠은 빛을 싫어한다. 하나님이 원하는 옷을 입어야 한다.
타협하지 말고 극복해야한다. 삶으로 증명해야한다.
하나님을 사랑하지 않으면 하나님을 모르는 자이다.

27주

성령이 임하시면

07.06.

예배와 기도에 집중하자.

하나님을 경외하자 내가 떠나는 것이 너희에게 유익하다.

믿음과 결부시켜야 한다. 그가 와서 죄에 대하여 알기 의에 대하여 깨닫게 심판에 대하여 권세.

3S 교리- 사단Sadan 세상Secular 자아Self.

죄에 대하여 죽는 원리는 내 자신에 대해서 죽는 것이다.

비난의 소리를 들을 때는 회개해야 한다. 관계가 없을 때도 긍휼히 여겨야 한다. 1만달란트 삭감 300달란트 빚. 죄의 심각성 주님사랑에 보답. 우리 생각이나 말로 모든 일에 규정한다.

고치지 않을 때 슬퍼하신다. 성령님의 탄식하시는 것을 깨달아 죄를 고쳐야 한다. 내가 죽으면 죄가 오지 않는다.

의에 대하여 아버지께 간다. 의는 예수그리스도이다.

사랑의 손길 경험해야 한다. 내가 죄인이라는 것을 깨달아야 한다.

큰 그릇은 모든 사람을 받아드리는 것이다. 심판에 대하여 세상임금이 심판을 받았다. 주님이 다스리는 삶이 안식이다.

죄에게 틈을 주면 안 된다. 심판의 권세가 없으면 사단에 눌려서 산다.

더 아름답게 착하게 하지 않는 것이 죄이다.

하나님은 실질적이고 인격적이다.

28주

죄의 속성들과 죄를 죽이는 방법

07.13.

죄는 상대적이지 않고 절대적인 것이다.

하나님의 존전 앞에서 의로운가 알아야 한다.

죄는 하나님의 표적에서 벗어난 것이다. 하나님과 항상 같이하는 친구이다. 고독 외로움 공허함의 본질은 성령이 없기 때문이다.

하나님과 관계를 멀어지게 하는 것이 죄이다.

죄를 품고하는 기도는 듣지 않겠다.

회개 없이 축복을 원하면 안 된다. 회개는 구체적으로 솔직히 고백한다. 존재 혁명 밝은 군대로 변함 거룩하고 흠이 없는 사람이 천국에 들어간다. 죄에 대해서 죽었다. 하나님과 분리되는 것을 싫어하신다. 죄를 통과하면 죄를 이기는 힘이 커진다. 주님이 나의 모든 죄를 해결했다. 옛사람이 죽었다. 새사람이 되었다. 옛사람은 죄를 먹고 산다. 죄에 관계가 없다. 죄와 타협해서는 안 된다.

옛사람이 죽지 않으면 고통 속에 있다. 죄에게는 전세를 주면 안 된다.

주님 앞에 떳떳하지 못하므로 기쁨이 없다.

안 그런 척 위선과 외식해서는 안 된다. 어떻게 죽일 것인가 육신대로 살면 죽는다. 목이 곧은 백성이면 안 된다.

개똥참외 똘배같이 제멋대로 살면 안 된다.

성령으로 살면 성령으로 행한다.

29주

성령의 사역

07.20.

육의 삶은 우리를 죽이게 한다.
선을 행하지 않으면 죄이다. 성령이 내 안에 오면 죄를 알게 하고 의를 알게 하고 심판을 알게 한다.
말씀사역 믿음의 권세가 없으면 무기 없는 병사이다.
하나님께 마음을 열어야 역사 하신다.
하나님은 죄가 하나만 있어도 참을 수 없다.
죄가 들어올 틈을 주지말자.
성령이 오시면 모든 진리 가운데로 인도하신다. 말씀 충만 주의영이 있는 곳에 자유 함이 있다. 영은 말씀의 틀 속에 들어가야 한다.
사진이 사진틀에 성령은 말씀 안에서 말씀의 시스템을 가지자.
성경은 할 수 있는 것을 기록했다. 능력 사역 진리는 하나뿐이다.
말씀은 유일한 선택이다. 말씀이 내 안에 진리화 되면 능력이 있다.
성령의 권세는 드러난다. 본질적으로 다 드러난다.
회개사역 예수님의 부활사건 성령님의 강림사건 신랑을 빼앗길 때 금식하라.나는 깨져야 한다. 힘써 해야 한다.
나를 향해 가까이 오라 함께하겠다. 회개 다음에 오는 기쁨의 역사 교재사역 성령이 중재 역할을 한다. 우리 사정과 하나님 사정을 다 아신다. 성령 충만해야 기도한다.

30주

성령이 임하므로 성숙함

07.27.

성령님의 특징은 깨끗한 곳에만 가신다.

보화를 가진 질그릇으로 존귀한 존재이다.

성령이 임해야 회개하고 교재 한다. 신앙생활을 하면 기쁨이 온다.

성령 충만 해야 한다.

하나님께 우는 자는 세상에서 울지 않는다.

아버지에 대한 것을 밝히 이르리라 성령 충만해야 말씀을 깨달을 수 있다. 기도의 성숙함 성령이 임하면 내 의지대로 기도하지 않는다.

하나님이 원하는 기도를 해야 한다.

믿음으로 구해야 한다. 내 것을 포기해야 한다.

하늘이 갈라지는 실체를 경험해야 한다.

기도처럼 연기가 올라가는 것처럼 사랑 충만 성령 충만하지 않으면 사랑하지 않는다. 하나님이 먼저 나를 사랑했다.

잃어버린 양 동전 탕자를 찾았다.

이제는 너희가 믿느냐 평안함을 누림.

환경 조건 가진 것이 아니라 하나님과 관계성으로 살아간다.

담대해라 내가 세상을 이기었다. 뜻을 정하라 타협하지 말라.

그리 아니하실지라도 고통을 당해도 바르게 나아가라.

내가 승리자이다.

31주

예수님 자신을 위한 기도

08.03.

자신 제자 교회 공동체를 위한 기도.

때가 차매 하나님이 주신 기회 영광과 열매 분량이 채워져야 일하신다. 때를 놓치면 이룰 수 없다.

영적 안테나를 항상 켜라 영광을 주시옵소서!

십자가죽음 영광을 본 자가 영광을 돌린다.

정확한 시간에 순종해야 한다.

육체는 죄를 끌어당긴다. 죄를 이기기 위해 죽었다.

자기의 죄가 수미산보다 높다. 인간스스로는 죄를 이길 수 없다.

죄인 중에 내가 죄수다. 만민을 다스리는 권세를 주셨다.

십자가의 은혜 우리도 함께 죽었기 때문에 지성소에 들어갈 수 있다.

교회를 통해서 다스린다. 영생을 주셨다. 그분을 아는 것이다.

영접하는 자 체험적으로 안다. 하나님과 함께하기 때문에 영생이다.

관계를 맺고 있기 때문이다. 성도는 영원한 관계를 맺고 있다.

십자가 예수의 피로 가까워졌다. 상하 좌우가 화목해졌다.

공의의 하나님 죄를 심판 하신다. 죄는 멸망이다.

말씀으로 가면 갈등이 없다.

하나님에 속하면 거룩하다.

32주

제자들을 위한 기도

08.10.

하나 되게 하옵소서.

12제자와 교회와 우리들까지 위한 기도 앞으로 될 것을 보았다.

그래서 과거형으로 썼다.

먼저 우리를 끝까지 사랑했다.

목자와 양의 관계 신뢰 하나님은 결론을 기다려라.

하나님의 믿음으로 바라보라.

교회는 신뢰의 공동체이다. 사랑의 공동체이다.

성도를 볼 때 하나님의 눈으로 생각으로 본다.

삼겹줄은 끊어지지 않는다. 일흔 번씩 일곱 번 용서하라 끝까지 용서하라. 회개 용서 사랑합니다. 연합을 통해 이루어져야 한다.

자기 목적으로 움직이면 안 된다.

성령의 의지로 움직여야 한다. 악에 빠지지 않게 하옵소서!

진리로 침수했다.

거룩은 하나님에 속해 있는 것, 예수를 통해서만 자유롭다.

진리로 다스림 받는 것 제자의 정체성.

아버지의 이름을 받은 자. 순종하는 자 예수님의 권세를 받은 자.

말씀으로 징검다리를 건너야 한다. 진리와 세상은 충돌한다.

낯설어야 한다. 세상과 구별된 사람이다. 회색분자는 없다.

33주

교회 공동체를 위한 기도

08.17.

교회는 무엇을 하든지 하나님 목적이 되어야 한다.

하나 됨의 목적 고린도 교회의 교파 분열.

하나님의 목적이 아닐 때 인간의 역사로 나의 의를 주장한다.

나의 유익과 나의 자랑으로 사는 게 아니다.

사람 눈치 보지 말고 하나님 눈치를 보며 살아야 한다.

은혜로 덥히면 문제될 게 없다. 생명으로 연합되어야 한다.

사단역사는 획일적이다. 교회는 연합적으로 하나가 된다.

하나님이 우리를 사랑한다는 것을 세상이 알게 하는 것이다.

하나 됨의 방법 영광을 주어서 하나 되게 했다.

성도들은 쓰러지지 않는다. 기도가 아니면 십자가의 곁을 갈 수 없다.

자기를 들어내는 일보다 남이 싫어하는 일을 해야 한다.

성령이 임하면 낮은 데로 가게 된다.

이 세상의 외형은 다 지나간다.

겟세마네 동산의 기도 하는데도 순종하기 어렵다.

약점을 덮어버리고 장점을 드러나게 하는 게 순종이다.

성령님으로 가능하게 한다. 영 처리 하나님께 내려놓아라.

예수가 왕인 것을 인정하는 사건이다.

말씀 성취의 사건이다.

34주

이 잔을 마시기 위하여

08.24.

십자가는 자기를 깨뜨리는 것이다.

하나님의 생각을 받아드리자.

겟세마네 동산에서 기도 모든 것이 합한 것이 정상에 사랑이다.

우리의 모든 죄를 짊어지고 십자가에서 죽다.

십자가는 우리의 고난과 고통을 극복할 수 있는 힘을 주신다.

우리 안에 쓴 뿌리와 묵임을 버려야 한다.

순종으로 십자가를 지셨다. 예수님은 죄가 없는데 십자가를 지셨다.

순종은 하나님이 나를 통해서 만드는 최고의 역사이다.

낙타는 한 주인에게만 무릎을 꿇는다. 하나님을 칭송하자 축복과 저주로 나누어진다. 희생 포기 헌신 순종하다 보면 대가를 요구한다. 그 후의 영광은 비교가 안 된다. 성장하면 하나님이 하신 일을 알게 된다. 십자가의 순종은 알고 가는 길이다.

브리스길라와 아굴라 사랑했기 때문에 십자가를 진 것이다.

부모가 사랑의 실체를 보여줄 때 말로서는 안 된다.

우리가 가야 할 방향과 목적이 있다. 나의 존재가 변해야 한다.

모든 일이 십자가에서 출발하고 결론이다.

많은 사람들이 두려움과 초조함이 있다.

주님의 사랑으로 쫓아내야 한다. 부활의 생명은 두려움이 없다.

35주

십자가를 받아들일 수 없는 사람들

08.31.

무조건 순종하면 알게 하시고 더욱 순종할수록 깊이 알게 하시어 포기와 희생을 한다. 예수님은 사랑하므로 십자가를 지셨다.

십자가를 받아들이지 않고 거부하는 사람. 십자가의 부활이 없다면 모두가 헛것이다. 내 안에 십자가의 은혜가 식어가고 있다는 것을 알아야 한다. 교회는 십자가 구경하러 온 것이 아니라 십자가를 지러온 것이다. 마귀는 하나님과 나를 분리시키고 있다.

신앙생활이 무거운 짐이 되어서는 안 된다. 하나님은 우리가 같이 놀아주기를 원하신다. 사랑은 언제까지나 떨어질 수 없다.

베드로는 자신을 몰랐기 때문이다. 과신했다.

예수님은 다 들어내시어 투명하시다. 겸손해야 한다.

종교지도자들 자기들의 종교 기득권 때문에 방향성을 놓쳤다.

자기 의를 내려놓아야 하나님의 의가 들어온다.

일반 유대인늘 영적 무지 때분이다. 이해를 못했다.

예수님 스스로가 십자가를 지고 죽으셨다.

빌라도 의를 선택할 능력이 없다.

예수님이 왕인 것을 부인하는 사람이 적그리스도이다.

예, 아니오. 분명해야 한다.

이분은 진실로 하나님의 아들이다.

36주

부활 후 두 번의 만남

09.07.

십자가에서 나도 죽어야 부활이 있다.

희생과 포기가 있어야 한다. 십자가 없는 부활은 없다.

날마다 십자가 위에서 죽어야 한다. 이전 것은 지나가고 새로운 피조물이다. 꽃과 같은 인생 나누어 주어도 풍성한 열매가 온다.

첫 번째 만남 평가 있을지어다.

의인은 일곱 번 넘어져도 다시 일어난다. 손과 옆구리를 보고 확신했다. 환경 탓을 해서는 안 된다. 기도는 하나님 만나기 위해서이다. 주님의 때가 되면 바뀐다. 제자들에게 사명을 주신다. 예수님과 같이 산 자가 사도이다. 제자들에게 성령의 능력을 주어 나가게 했다.

죄를 용서하면 용서를 받고 그대로 있으면 그대로이다. 풀면 풀리고 묶이면 묶인다.

두 번째 만남. 도마가 함께 있지 않았다. 도마는 부정했다.

성도끼리 교제가 중요하다.

교회에서 물을 흐리게 하지 말고 깨끗하게 하여야 한다.

삼겹줄은 끊어지지 않는다. 보지 못하고 믿는 믿음이 중요하다.

성령이 임해야 한다. 예수가 왕인 것을 믿게 하는 것.

상속자의 권세를 주셨다.

믿고 생명을 얻기 위함이다.

37주

십자가를 지신 이유와 이룬 결과

09.14.

십자가는 만나야 하는 것이다.

신앙의 최고점이다. 하늘의 상속자가 되는 것이다.

십자가의 은혜가 있어야 한다. 십자가 앞에 서면 감동이 있어야 한다.

심령이 굳으면 느끼지 못한다. 항상 하나님을 따라가야 한다.

십자가 외에는 자랑할 것이 없다.십자가가 이끌어 가야 한다.

십자가 위에서 그 무엇이든지 내려놓아야 한다. 십자가를 지신 이유 인간의 악한 본성 때문이다. 자기 기득권을 지키기 위해서 예수를 처형했다. 죄는 꼭 일을 일으키고 만다. 죄의 뿌리를 뽑아내야 한다.

현미경으로 보면 죄를 크게 볼 수 있다.

죄에 대한 두려움을 가져야 한다. 십자가에서 내가 죽지 않으면 영광을 볼 수 없다. 영안이 열려야 한다. 자기의 악함을 볼 수 있어야 한다. 무기력한 인간의 본질 때문이다.

예수님이 왕이 되어야 한다.

십자가가 이룬 결과 십자가는 패배가 아니라 승리였다.

예수님의 인간으로서의 연약함 우리도 십자가에서 죽어야 한다.

우리의 죄를 대속하고 다 이루었다. 죄를 짓는 것을 가볍게 여겨서는 안 된다. 누가 헌신자인가를 가려낸 사건이다.

거룩하고 정결한 영혼 양과 염소가 가려진다.

38주

부활 후 세 번째 만남

09.21.

믿음에 긴장감을 가져야 한다.

하나님은 사랑이시다. 요한사도가 말하다.

21장은 사랑의 예화로 사랑의 대화 놀라움 사랑의 체험 사랑하는 법을 배워야 한다. 제자들의 연합 때문에 만나주었다.

40일 동안 있었다. 우리는 하나님 앞에 사생아가 아니다.

하나님과 자주 만나야 한다. 찾고 찾는 자가 만난다.

좌절감의 불이익 하나님 없어도 내가 할 수 있다는 교만은 악한 것이다. 다른 사람과 공동체에 불이익을 준다.

민감함이 사라진다. 상황을 보지 말고 뿌리를 보아야 한다.

내안에서 자석처럼 끌어당긴다. 아가페로 질문 필레오로 대답 고난도 유익이다. 겸손해진다. 하나님을 사랑하면 모든 것을 다 드러 내논다.

하나님께 기도하여 평강줄 때 일을 시작한다.

성령님은 항상 말씀하신데 듣지 않았다.

연약할 때 주님이 개입하신다. 풍성하다.

자기 포기와 순종 내가 잡고 있는 것을 놓아야 한다.

십자가의 영광 회개의 역사로 불신이 처리된다.

고난이 올 때 기지 말고 미리 기어야 한다.

주님이 주시는 풍성함과 위로를 안다.

행동하는 믿음 베드로의 즉시 반응.

39주

네가 나를 사랑하느냐

09.28.

세 번의 질문. 네가 나를 사랑하느냐 인생에 있어서 돈 문제가 아니라 사랑의 문제다. 사랑하면 문제될 게 없다.
돈 많으면 타락으로 간다. 하나님을 경외하라.
자살하는 사람도 사랑이 없기 때문이다. 사랑하지 않는 사람은 하나님에 속하지 않았다. 진리에 속하지 않았던 사랑하면 편하다.
사랑하지 않으면 돌아가야 한다. 사랑은 희생과 포기이다.
사랑이 들어오면 불신앙이 바뀐다.
먹기를 탐하고 세리와 죄인의 친구와 신랑을 빼앗겼을 때 금식하라.
하나님을 만나면 나의 연약함을 볼 수 있다. 하나님은 지식의 하나님으로 다 체험하신다. 하나님 앞에 부드러워야 한다.
사랑의 결과 내양을 먹이라. 사랑해야 목회할 수 있다.
사랑은 사랑으로 변한다. 사랑해야 영혼을 다스릴 수 있다.
사랑은 모든 것을 끌어당긴다. 성숙해진다.
사랑하면 부지런해진다. 사랑하면 주님을 따를 수 있게 된다.
주님을 향해 집중해야 한다. 기도도 억지로 할 수 없다.
솔로몬의 영광이 꽃 한 송이보다 못하다.
내 스스로를 보아야 한다.

40주

복음의 정체성

10.05.

정체성이란 그 대상에 대해 분명한 자세로 목숨을 거는 것이다.
바울 자신의 정체성 자신을 내려놓고 하나님을 잡아라.
성경은 시공을 초월한다.
예수님은 역사 속에 있었던 이야기다.
내 안에 믿음이 있어야 믿음이 발동한다.
갈라디아서 바울 자신의 정체성 은혜로 살아야 한다.
개혁 합법적으로 변화 혁명은 비합법적 바울의 최고 성장점.
갈라디아서 십자가에서 내가 죽고 예수님이 사시는 것.
예수님이 내안에 있어야 한다.
율법주의와 혼합주의, 다른 것과 섞이는 것.
배제주의 내가 옳다는 것.
교회는 영적 체육관이다. 자신을 핍박하는 자를 기도하라.
복음 전하기 위해서만 만나라. 나는 하나님의 자존심이다.
십자가외에는 자랑할 것이 없다. 거듭나지 않으면 하늘나라에 들어갈 수 없다. 하나님의 복을 받아 드러내야 한다.
교회를 세우기 위해서 하나님의 자녀로서 3가지 부르심.
예수그리스도의 부르심. 교회의 부르심. 선교의 부르심.

41주

미국 하늘에서의 기도

10.12.

천지만물을 창조하시고 우리들의 생사화복을 주관하시는 하나님.
미국 서부의 신비롭고 웅장한 3대 캐년을 보게 하시고 사막위에 기적을 나타내신 라스베이거스를 간직하게 하시니 감사합니다.
캘리포니아를 출발하여 워싱턴으로 향하는 비행기에서 주일 예배시간이 되어 기도드리게 하신 은혜 감사를 드립니다.
하나님은 무소부재하시며 시공을 초월하시어 임마누엘이시니 나의 힘이시오. 내 발의 등이요, 내 길에 빛이시옵니다.
미국 동부와 캐나다의 일정에도 우리 일행을 안전하게 인도하시옵소서. 이 아름다운 자연을 잘 보전하게 하시며 창조의 신비를 깨달아 항상 감사하게 하시옵소서.
이 광대한 우주에서 우리는 안개와 같이 잠시 머물다가는 나그네 인생. 땅의 것에 매이지 말고 천국에 소망을 두고 서로 사랑하게 하시옵소서.
이 천지간 만물들아 복 주시는 주 여호와 전능 성부 성자 성령 찬송하고 찬송하세. 예수님 이름으로 기도 드립니다. 아멘

42주

귀국하면서 기도

10.19.

사랑과 은혜가 풍성하신 하나님.
2주일 동안 동행하시며 우리를 인도해주셔서 안전하게 귀국길에 오르게 하시니 감사합니다.
거룩한 주일! 비행기에서 우리를 위해 베푸시는 사랑을 알게 하시고, 지난날의 교만하고 나의 힘에 의존하여 할 수 있다는 어리석음을 깨닫게 하시니 감사합니다.
눈에 보이는 물질과 향락에 빠져 주의 영광을 드러내지 못함을 이 시간 회개하오니 무엇이든지 아뢰이면 주님의 보혈로 용서하심을 믿습니다. 이번 여행을 통하여 많은 것을 보고 느끼며 새로운 길, 좁은 문으로 들어가게 하시니 감사합니다.
모든 일을 할 때마다 내 뜻대로 마옵시고 다만 악에서 구하옵소서.
나의 것을 포기할수록 주님으로 채워진다는 영적질서를 깨닫게 하시옵소서. 탐욕에서 벗어나게 하시고 섬기는 자 되게 하시옵소서.
잠깐 기도는 교재가 아니다 하신말씀.
말씀을 돌판에 새기지 말고 마음판에 새기게 하시옵소서.
깨끗하게 비울수록 새로움으로 채워지고
자유롭게 함을 진리로 받아들이게 하시옵소서.
예수님 이름으로 기도합니다. 아멘

43주

하나님으로 사는 바울

10.26.

신앙은 여론을 따라가서는 안 된다.

바울은 계시를 따라 움직였다. 바울은 선교와 인생을 사는데 목표가 없고 성령이 이끄시는 대로 갔다. 나로 살 것이냐, 하나님으로 살 것이냐, 은혜로 살 것이냐, 영적인 제사장 아들바울은 율법으로 움직이지 않았다. 율법은 더하기. 은혜는 곱하기.

자기의 힘으로 살면 힘들다. 미리 포기하면 안 된다.

너의 짐을 내게 맡겨라 율법은 얽매인다.

타협은 내 영혼에 변질이 온다. 율법은 기쁨이 없다.

겉으로 보이려 하지 말라 천국은 영혼만 들어간다.

은혜로 살면 투명하다. 영혼을 살리기 위해 훈련한다.

미혹당하지 말라 진짜를 모르기 때문이다.

하나님의 자녀가 되라 세상과 타협 하지 말라.

사람에게 난 것도 아니요. 사람으로 말미암은 것도 아니다.

한시도 율법에 복종하지 않았다. 항상 말씀으로 장악되어 살았다.

바울은 자기 사명으로 살았다. 바울은 체면을 버렸다.

복음으로 사는 모습 사람을 의식하지 말라.

순종하지 않으면 믿음이 없다.

44주

추수감사절

11.02.

신명기. 율법의 재해석. 천배의 축복.

신실하신 하나님. 석연치 아니함.

광대하신 하나님 거룩한 자가 땅을 차지한다. 진리를 가진 자.

약속을 받은 자들이 차지함. 보증을 말아야 한다.

나를 통하여 천대까지 미친다. 3대까지 영향력이 간다.

하나님은 직접 일하신다. 하나님의 간섭을 요청하세요.

무한대의 축복을 주신다. 믿음이 중요하다.

하나님은 우리를 통해 일하신다. 인정받은 자 천부장 백부장 십부장.

나는 하나님의 동역자 나는 존귀한자다. 지혜와 계시가 있는 자를 쓰신다. 순종하라 노예근성의 쓴 뿌리를 없애라. 불순종자는 저주한다.

우리는 주의 종이다. 하나님은 우리보다 앞서서 가신다.

하나님은 우리의 실수를 탓하지 아니하신다.

눈 위에서 하나님의 발자국을 따라가면 된다.

때마다 지시하는 하나님의 전술, 집중력을 놓치면 안 된다.

무엇을 어떻게 하나님께서 직접 싸우신다.

강대국을 멸절시켜 승리하게 하신 하나님 믿음과 순종으로 이루어진다. 하나님의 임재해신 지성소 십자가 보혈로 날마다 새롭게 하신다.

45주

복음의 본질 1

11.09.

복음의 본질 – 의롭게 되는 것은?

갈라디아서 칭의와 성화가 함께 일어난다는 것은?

율법의 행위로는 의롭다함을 얻지 못한다. 예수그리스도를 믿는 자가 의인이 된다. 자기가 기준이 되는 사람은 악인이다.

죄를 깨닫기 위한 것이 율법이다. 죄를 이길 힘을 주지 않는다.

율법으로는 하나님이 나를 인정하는 것.

하나님께 인정받는 사람은 사람한테도 인정받는다.

의인은 믿음으로 살리라.

거듭나서 성화의 과정을 가는 것이 거룩해진다.

영화의 단계까지 간다. 산 아래로 다시 내려왔다. 다시 타락했다.

우상으로 세상 충만 되었다.

돈을 사랑하면 일만 악의 뿌리가 된다.

빛으로 살면 핍박당하는 것이다.

하나님을 만나면 따뜻한 물이 아니라 물이 변하여 포도주 되는 것이다. 전쟁은 하나님께 속한 것. 너의 짐은 하나님께 맡겨라.

끝까지 보호하시는 임마누엘의 하나님 끝까지 책임 지신다.

하나님은 종교 아니다. 하나님을 생명으로 만나야 한다.

하지마라 하라는 율법이다.

46주

복음의 본질 2

11.16.

모퉁잇돌 교회 이삭목사님

1995년 탈북자 79세 할아버지 기도.

하나님의 기도.

하나님의 뜻으로 누가 우리를 그리스도의 사랑에서 끊으랴.

하나님의 의롭다함. 죄가 없는 상태 죄로부터 해방되었다.

예수가 주인 죄에 대하여 죽었다. 내가 죽었다. 옛 사람이 죽었다.

내 안에 더러운 것을 치워야 한다.

은혜에서 율법으로 갈아탐, 죄의 반복 습관적 의롭다 함으로 다시 반복 하지 않는다. 은혜로 살지 않으면 배반자이다.

자유란 완전히 풀어지는 것이고 완전히 구속되는 것.

죄와 죽음으로부터 풀어지는 것. 성령에 완전히 잠기는 것.

주인의식을 가져야 한다. 위기가 있을 때 알 수 있다.

양과 목자는 생명줄이 연결되어 있다.

좋은 것을 함께 해라 기도하는 것. 서로가 친구가 되어 주어야 한다.

보혈은 지금도 내 안에 흐르고 있다. 죄가 너희를 주장하지 못한다.

은혜 안에 있으면 죄에 대한 면역이 생긴다.

영원한 것을 위해 영원하지 않은 것을 버리는 것은 바보가 아니다.

믿음으로 하늘을 보아야 한다.

47주

복음의 본질 3

11.22.

의롭게 되는 것은 율법의 행위가 아니다.

사람에게 인정받는 것보다 하나님이 인정해주어야 한다.

존재에서 양식이 나오듯이 행위는 존재이며 뿌리에서 나오는 것이다.

자기의 뿌리를 뽑아야 죄의 열매가 없어진다. 죄는 마음의 숨은 동기, 입에서 나오는 것은 마음에서 나온다. 이기심에서 출발한다. 탐욕으로 기복신앙에 빠진다. 남을 위할 때 자기 이익을 생각해서는 안 된다. 자기의 유익을 구하지 않는 것이 사랑이다. 예수님은 실천한 것을 말한다. 율법의 완성 죄를 지면 율법이 고발한다. 죄를 죽이면 고발이 없다. 예수를 믿으면 바보가 되어야 한다. 율법으로 살면 억매이게 된다.

자기의 힘으로 살면 안 된다. 마지막은 사망이다.

복음의 본질- 예수그리스도를 믿는 것이다.

의인은 믿음으로 살리라 믿고 살아야 한다.

믿음은 우리의 이성으로 안 된다.

나도 십자가에서 함께 죽은 것을 알아야 한다,

주님이 우리의 모든 죄를 용서하셨다. 바울은 날마다 죽는다.

변질된 복음을 믿어서는 안 된다. 신앙은 우리의 삶이다.

아는데 그치지 않고 실천해야 한다.

48주

의롭다 함의 증거들

11.30.

성령의 증거 – 바로 듣고 바로 믿는 것

성령의 감동으로 쓰여짐. 성령세례로 주인이 바뀜 의롭다함을 입다.

사람들에 인정받고자하는 명예. 의롭다 함은 삶에 증거가 있어야 한다.

말의 변화 상처받아도 용서하는 것, 자기 힘으로 사는 것이 율법이다.

십자가를 통해서 하나님의 사랑이 나온다. 십자가를 보아도 감동이 없으면 영적 고통이 온다. 율법의 행위냐 듣고 믿음이냐. 진리체계 안에서 우리는 하나님의 자녀다. 부활의 첫 열매 예수 나의 말씀으로 와야 한다. 하나님의 눈으로 볼 때 아름답고 기쁘다. 내가 변화되면 이웃도 변화한다. 영으로 살지 않으면 육체로 산다. 아브라함의 복 우리도 받는다. 예수님을 믿으면 내 안에서 살아주어야 한다.

율법은 행함으로 의롭다 함을 얻으려 한다.

아버지가 주신 카드로 사는 것이 은혜이다.

하나님의 주신 것을 보지 말고 예수님을 보라.

바울 자신의 체험의 증거들 율법의 고통 복음의 증거 은혜 의인 믿음, 삶. 거룩하게 사는 것은 하나님의 은혜로 살다.

의롭다 함의 확증. 얽매이기 쉬운 죄를 벗어 버려야 한다.

묶임을 풀어라. 인내가 필요하다.

49주

은혜와 율법의 관계

12.07.

은혜란 하나님으로 사는 것이다.

율법은 자기 노력으로 사는 것이다. 하나님과 우리는 원래 은혜의 관계이다. 내가 강하면 하나님은 내 안에 들어올 수 없다. 나를 내려놓고 포기할 때 비워진다. 하나님과 우리는 원래 은혜의 관계이다. 복을 보는 것이 아니라 하나님을 소유하였다. 아브라함과 하나님의 관계 은혜로 충만하면 죄가 들어올 수 없다. 문제될 수 없다. 우리에게 왜 율법을 주셨는가, 범법함에 대한 최소한의 방지책이다. 은혜가 얼마나 좋은지 알게 하기 위함이다. 죄를 깨닫게 하기 위해서 율법을 주셨다.

위로는 사람이 주는 것은 영원하지 않다. 하나님이 주는 위로만이 영원하다. 회개하는 자가 위로 받는다. 나보다 먼저 온자는 도둑이다.

몽학선생 초등교사 믿음으로 의롭다 함을 얻는다.

은혜 안에 죄를 가두었다. 율법은 죄를 깨닫게 한다.

은혜로 사는자의 축복

하나님의 아들이 됨 – 후사

예수그리스도의 옷을 입게 됨 – 성숙함

그리스도 예수 안에서 하나 됨 – 공동체

유업을 이을 자가 됨 – 후사 하나님은 약속을 취소하지는 않지만 미루어진다. 거룩함이 없이는 주님을 보지 못한다.

50주

은혜와 율법의 특징

12.14.

율법의 특징 하나님을 알지 못한다.

은혜로 살아야 한다. 진리를 경험하는 것 보다 진리를 믿는 것을 말한다. 약하고 천박하다. 예수를 죽인 자가 예수를 살리는 자가 바울이 아님. 불신자와 율법적인 자는 하나님을 모르는 자는 자기 힘으로 산다. 자기 힘으로 살면 후회한다. 예정은 하나님이 고집이다.

율법은 형식주의로 알맹이가 없다. 이간시키는 이기주의다.

은혜의 특징 하나님과 우리가 서로 안다.

하나님은 내게 찾아오지만 우상은 찾아간다.

하나님의 후사가 되어야 한다. 친밀감이 생긴다.

율법은 압박감과 두려움을 준다.

부지런하여 열심을 품고 주를 섬겨라.

게으른 자는 개미한테 배워라.

기쁨이 없는 일은 하지 말아야 한다. 하나님의 일은 영적인 일이다.

사랑으로 하면 어떤 일이든지 할 수 있다. 이타적인 삶 희생적 존재가 변해야 한다. 주의 종을 선대한다. 참된 말을 할 수 있다.

예, 아니오를 분명히 하라.

사랑이 끓어오를 때 기도하고서 말해라.

고비가 올 때 통과하면 결승점에 도달한다.

51주

율법과 은혜의 성경적 증거

12.21.

왜 우리는 자유하지 못하는가.

유대교 이슬람교 천주교 기독교 75세에 아브라함을 불러 약속의 땅으로 떠남. 여종에게서 하갈에게 이스마일을 낳음.

여종과 자유 하는 여자의 비유. 물속에 잠기면 자유롭다.

좋은 주인에게 얽매여 자유가 없다. 율법은 깨닫게 해준다.

약하고 천하다. 자유의 근거는 성령으로 장악 되었을 때 지금 있는 예루살렘과 위에 있는 예루살렘 교회 은혜로 살아야 약속이 이루어진다. 믿음은 영향이 간다. 책임감 때문에 억지로 해서는 안 된다.

이 땅에서 죽어야 하늘에서 들린다. 무엇이든지 하나님보다 앞설 수는 없다. 영광의 결과 이 세상 임금이 심판을 받았다.

은혜가 떨어지면 교회가 아니다.

핍박받는 온전한 교회 육체의 욕심은 은혜로 가지 못한다.

율법으로 살지 않는 방법 잔인하게 잘라 내야 한다.

율법과 은혜로 함께 존재할 수 없다.

에스라의 부흥 자유와 평강을 주시기 위해서 불렀다.

굳건하게 서야 한다.

영광을 보아야 영광을 누린다.

하나님의 말씀은 환경을 초월한다.

성탄절

왕으로 오신 예수, 심판주로 오실 예수.

12.25.

예수그리스도의 주재권 – 만유의 주이신 예수

그리스도를 마음에 주로 모셔서 삶의 모든 영역에서 주인이 되시도록 내 모든 영역을 그분에게 맡기는 것이다.

왕으로 오신 예수 진리의 영이신 성령과 같이함.

심판주로 오실 예수, 예수는 보이지 않는 하나님 형상 만물의 머리.

기독론 부자 청년권세 어떻게 해야 영생을 얻으리이까.

죽은 자와 산자의 주와 그리스도가 되게 하셨다.

예수그리스도는 여러분의 왕이시다. 예수그리스도는 교회의 머리이시다. 장차 그리스도는 심판주로 오실 것이다.

오늘 여러분은 예수그리스도를 왕으로 섬기며 살아야 한다.

우리 심령을 기경해야 한다.

길가와 같은 심령에는 말씀이 들어가지 않는다.

하나님의 영광을 보지 못한 자는 사단의 놀림을 받는다.

우리의 왕됨을 거부한다. 예수 앞에 자발적으로 굴복해야 한다.

왜 얻기 위해서 왔다 범사에 그를 인정하라 제자가 될 때 그리스도인이 된다. 아브라함의 무조건 순종하였다 믿음의 조상.

진리가 아닌 것 사실이 아닌 것을 믿게 하는 것이 미혹이다.

주님의 보혈로 영원히 온전케 되었다.

52주

율법의 저주

12.28.

그리스도께서 아무 유익이 없다.

삶은 돌이킬 수 없다. 율법주의 행위로 사는 것 자기수준도 높은 것은 인정하지 않는다. 은혜로 살면 율법이 없다. 우리는 은혜의 십분의 일도 못 풀고 산다. 만물이 그리스도로 창조되었다.

율법전체의 의무를 지게 한다. 우리를 위해서 독생자를 보내셨다.

그리스도에게서 끊어지고 은혜에서 떨어지게 된다. 은혜는 하나님과 함께하면 된다.

자기의 힘으로 살면 쇠하여 죽게 된다. 은혜로 살면 믿음이 있다. 믿음으로 살면 사랑을 더한다. 진리를 순종하지 못하게 한다.

진짜 나를 아는 것이 중요하다. 귀신을 죽지 않고 장소만 옮기고 있다. 죄의 속성들 자기를 죽이는 것이다. 순종해야 깨끗해진다. 거룩하지 못하다. 율법을 제거시킬 해결책 요동하지 말아야 한다.

십자가 앞에 서야 한다. 나를 깨뜨려야 한다.

베어버려야 한다.

사랑으로 종노릇 해야 한다.

내가 사랑하니 너희도 서로 사랑하라.

성경필사를 마치면서

2016.6.1

창세기 1장 1절 태초에 하나님이 천지를 창조하시니라.

2014년 1월1일 시작하여 요한계시록 22장 21절,

주 예수의 은혜가 모든 자들에게 있을지어다 아멘.

2016년 6월1일 2년 5개월 만에 끝내게 되었다. B4 복사지에 볼펜으로 기록하였다.

새벽에 일어나 성경필사를 시작으로 하루를 시작하였다. 말씀을 적어가는 순간만이라도 정신이 맑아지고 마음이 정화되는 느낌이 들었다.

"말씀 먹고, 회개하며, 순종하면서, 엎드리는 삶."

"뜨거운 가슴, 날카로운 지성, 성자의 삶."이 우리 교회의 캐치프레이즈(catchphrase)다. 목표를 세우고 꾸준히 실천하니 완성할 수 있었다. 기록하면서 인간의 이성으로서는 도저히 이해할 수 없는 내용이 많았다.

광야에서 40년의 생활, 오병이어의 기적, 물로 포도주를 만든 일, 죽은 나사로를 살리신 일 등 수많은 기적 앞에서는 수긍하기 힘들었다. 인간은 할 수 없으되 하나님은 하신다.

하나님의 거룩함과 시공을 초월하는 능력을 먼지만도 못한 우리 머리로 이해할 수 없다는 것이다. 보고 믿는 것 보다 보이지 않는 것을 믿는 것이 신앙이라는 것이다.

"이해하고 믿으려는 것 보다, 믿으면 이해가 된다는 것"이다.

하나님 앞에서 나는 있을 수 없으며 그분의 영광을 위해서 살아가는 것이다.

신앙생활은 우리가 잠시 살다가는 3차원의 세계가 아니라, 영생을 누리는 4차원의 삶을 살아가고 있다는 것이다.

샘물이혼자서춤추며간다산골짜기돌
틈으로샘물이혼자서웃으며간다험한
산길꽃사이로하늘은맑은데즐거운그
소리산과들에울리운다

지봉 박광안

샘물이 혼자서 | 박광안

납매화 | 박광안

絶域春歸盡邊城雨送涼落
殘千樹艶留得數枝黃嫩葉
承朝露明霞護晩粧移床故
相近拂袖有餘香

録洪暹先生詩
池鳳朴光安

절역춘귀 | 박광안

난 | 박광안

楊柳交陰處
亭臺曲沼邊
廢書要省事
謝客怕妨眠
自在眞爲樂
誰言別有仙
晩來微雨過
高枕聽風泉

錄象村先生詩
池鳳朴光安

양유교음 | 박광안

국화 | 박광안

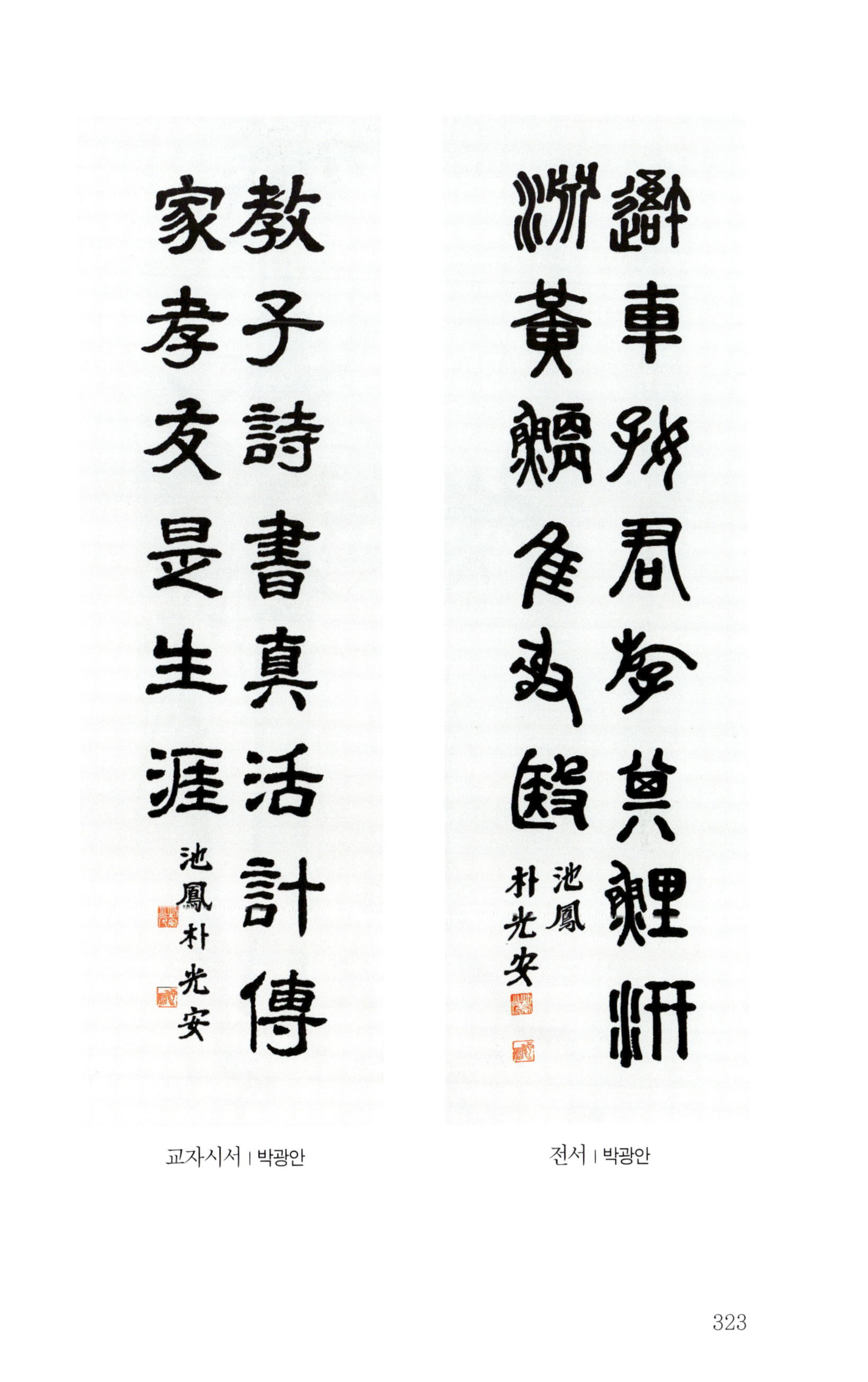

教子詩書眞活計傳
家孝友是生涯
池鳳朴光安

교자시서 | 박광안

池鳳
朴光安

전서 | 박광안

대나무 | 박광안

萬事從寬
其福自厚

모든 일에 너그러움을 좇으면
그 복이 저절로 두터워 지느니라
壬辰年 仲秋 池鳳 朴光安

만사종관 | 박광안

홍매화 | 박광안

국화 | 박광안

소나무 | 박광안

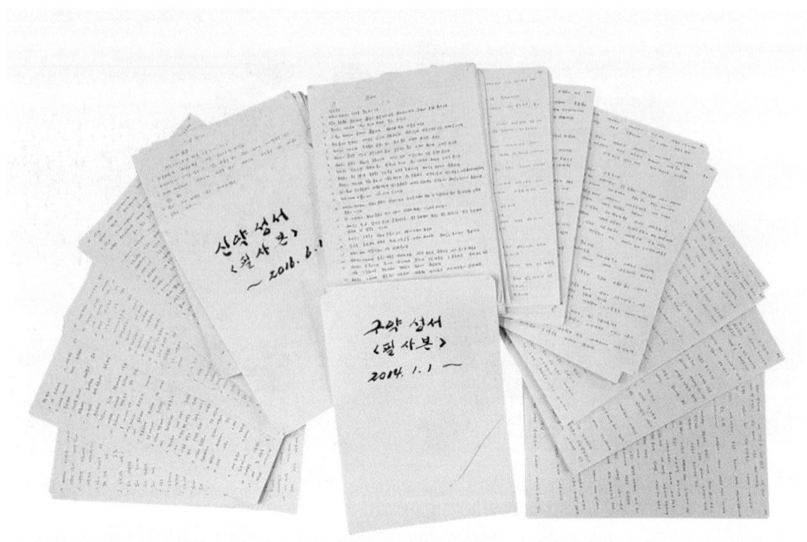

성경 필사 | 박광안

심령이 가난한자는 복이있나니
천국이 그들의것임이요
애통하는자는 복이있나니
그들이 위로를받을것임이요
온유한자는 복이있나니 그들이 땅을
기업으로 받을것임이요
의에주리고 목마른자는 복이있나니
그들이 배부를것임이요
긍휼히 여기는자는 복이있나니 그들이
긍휼히 여김을 받을것임이요
마음이 청결한자는 복이있나니
그들이 하나님을 볼것 임요
화평하게 하는자는 복이있나니 그들이
하나님의 아들이라 일컬음을 받을것임이요
의를위하여 박해를받은자는 복이있나니
천국이 그들의 것임이라
마태복음5장 팔복의심령

팔복의 심령 | 박광안